Verena Bertignoll

Kinder leben Märchen

Gewidmet
meinen Eltern
meinen Brüdern
und den Menschen, die mich begleitet
und unterstützt haben

Psychoanalyse und Qualitative Sozialforschung, Band 2
herausgegeben von: Karl Fallend (Wien/Innsbruck), Ruth Mätzler (Salzburg)

Verena Bertignoll

Kinder leben Märchen
Eine sozialpsychologisch-qualitative Studie

StudienVerlag
Innsbruck
Wien
Bozen

Deutsche Kultur
und Familie
Kultur

© 2006 by StudienVerlag Ges.m.b.H., Erlerstraße 10, A-6020 Innsbruck
e-mail: order@studienverlag.at
Internet: www.studienverlag.at

Buchgestaltung nach Entwürfen von Kurt Höretzeder
Satz: StudienVerlag/Thomas Auer
Umschlag: StudienVerlag/Thomas Auer
Umschlagbild: Ausschnitt aus „Schneewittchen und die sieben Zwerge",
  Zeichnung von Anna (10 Jahre)
Fachlektorat: Gerhard Benetka

Gedruckt auf umweltfreundlichem, chlor- und säurefrei gebleichtem Papier.

Bibliografische Information Der Deutschen Bibliothek
Die Deutsche Bibliothek verzeichnet diese Publikation in der Deutschen Nationalbibliografie;
detaillierte bibliografische Daten sind im Internet über <http://dnb.ddb.de> abrufbar.

ISBN 3-7065-4205-6

Alle Rechte vorbehalten. Kein Teil des Werkes darf in irgendeiner Form (Druck, Fotokopie, Mikrofilm oder in einem anderen Verfahren) ohne schriftliche Genehmigung des Verlages reproduziert oder unter Verwendung elektronischer Systeme verarbeitet, vervielfältigt oder verbreitet werden.

Inhalt

Vorwort ... 7

Der goldene Schlüssel ... 9

Einleitende Überlegungen ... 11

Theoretische Grundlagen ... 15
    Begriffsbestimmung und psychologische Annäherung ... 15
        Das Märchen und der Dreifuß –
        Eine definitorische Eingrenzung ... 15
        Bilder, die die Weisheit der Seele zu spiegeln verstehen –
        Märchen als „Notgeschichten" ... 18
        Der Stachel im Märchen – Einwände gegen die „Notgeschichten" ... 21
        Scheherezade und die Couch – Märchen in der Psychotherapie ... 25
        Es war einmal ein Prinz, es war einmal eine Prinzessin –
        Märchen in der Diagnostik und Prävention ... 30
    Erklärungsansätze für die Wirksamkeit des Märchens ... 33
        Das Glasperlenspiel – Form und Struktur des Märchens ... 33
        Ein Bild ist tausend Worte wert –
        Symbolcharakter des Märchens ... 35
        Wo das Wünschen noch geholfen hat –
        Traum und Wunscherfüllung ... 38
        Von elementaren poetischen Bildern –
        Archetypen und das Märchen ... 41
    Das Lieblingsmärchen der Kindheit ... 44
        Die Magie und das Kind – Märchen für Kinder ... 44
        Die Kraft der Faszination –
        Zum Phänomen des Lieblingsmärchens ... 48
        Von lebensgeschichtlichen Risiken –
        Psychische Konflikte im Märchen ... 55

Erkenntnisinteresse ... 57

Methoden der Untersuchung ... 59
    Die Kinder und ihre Eltern ... 59
    Zum Ablauf der Untersuchung ... 61
    Methoden der Erhebung und Auswertung ... 63

Die Gespräche — 69
- Der Froschkönig — 70
- Der Wolf und das junge Geißlein — 79
- Schneewittchen und das kleine Geißlein — 86
  - Schneewittchen und die böse Königin — 86
  - Das kleine Geißlein und der Wolf — 95
- Knüppel aus dem Sack! — 99
- Von Märchen und anderen Geschichten — 105
  - Goldlöckchen und die Monster — 105
  - Spiderman und die kleine Hexe — 112

Diskussion der Ergebnisse — 119

Bildteil — 129

Anmerkungen — 137

Literaturverzeichnis — 139

Anhang — 148

Märchen eröffnen neue Dimensionen der Sinnlichkeit, in denen die Selbstfindung in der Geborgenheit eines symbolisch vermittelten und von allen unmittelbar erlebten Sinnzusammenhanges möglich wird.

Neumann-Schönwetter, 1982

Vorwort

„In jedem Lebensalter suchen und brauchen wir einen Sinn, und sei es nur ein Teilsinn, der der Entwicklung unserer Seele und unseres Begriffsvermögens entspricht." (Bettelheim, 2000, S. 9) In seinem Bestreben, als Erzieher und Therapeut dem Leben seelisch kranker Kinder wieder einen Sinn zu geben, fand Bruno Bettelheim in den Märchen wertvolle Unterstützung. Weil Kindern das Leben oft verwirrend erscheint, brauchen sie Hilfe, um sich selbst in dieser komplizierten Welt zu verstehen und sich in dem Chaos ihrer Gefühle zurechtzufinden. Dies würden Märchen in ihrer Klarheit und Einfachheit, in der sich die ganze Welt spiegelt, wie kaum eine andere Art von Geschichten ermöglichen: „Diesen Sinn findet das Kind im Märchen." (ebd. S. 11)

Die Frage nach dem Sinn, der Bedeutung meiner Arbeit und der Anspruch, „Sinnvolles" zu entwickeln, waren auch meine Wegbegleiter auf der Entdeckungsreise ins Land märchenhafter Erzählungen. Es war nicht immer leicht, den kritischen Stimmen von außen, noch viel schwerer aber denen aus meinem Inneren, standzuhalten. Ich hatte jedoch das große Glück, vieles von der Magie und den Momenten atmosphärischer Verzauberung bewahrt zu haben, die aus jenen Tagen stammen, als meine Mutter uns Kindern aus dem dicken Märchenbuch vorlas. Für die kraftvolle, innere Sinn-Gewissheit danke ich meiner Mutter und meinem Vater.

Die Frage nach dem Sinn umfasste auch und vor allem die Wahl des Themas meiner Arbeit: Welchen Sinn hat die Untersuchung von Lieblingsmärchen als Zugang zu kindlichen Erlebnisweisen und Konfliktthemen für mich persönlich? Warum interessiere ich mich gerade für (Lieblings-)Märchen? Der Grund für diese Themenwahl war wohl die Ahnung meiner eigenen Problematik und die Herausforderung, dieser zu begegnen und mich ihr zu stellen. Über mein Lieblingsmärchen „Die zertanzten Schuhe" drang beides erst langsam an das Licht meines Bewusstseins. Das Finden dieser Antwort war ein mühevoller und langwieriger Prozess, der erst gegen Ende durch die Aneignung neuer Verstehensmöglichkeiten und durch die persönliche Vertiefung in das Thema Früchte zu tragen begann. Ich danke Dr. Karl Fallend für die Heranführung an diese neue Sichtweise, die immer neue Motivation, die kritischen Anstöße und seinen unermüdlichen Einsatz. Es war diese Auseinandersetzung, die mich an den wahren Wert der Märchen, auch aus einer psychologisch-psychoanalytischen Perspektive heranführte und ihn auf einer tieferen, weil persönlicheren Ebene, spürbar und verstehbar machte.

Mein Dank geht vor allem an die Kinder und ihre Eltern, die mir den Einblick in ihre Lebenswelt gestattet haben. Obgleich mein Anliegen das Aufdecken von Konflikten und seelischen Schwierigkeiten war, beeindruckten mich auch immer wieder von Neuem die sichernden, Halt und Kraft schenkenden Momente im Leben dieser Kinder, die wie die magischen Helfer im Märchen ihnen auf ihrem Weg beistehen werden.

Der goldene Schlüssel

Zur Winterszeit, als einmal ein tiefer Schnee lag, musste ein armer Junge hinausgehen und Holz auf einem Schlitten holen.

Wie er es nun zusammengesucht und aufgeladen hatte, wollte er, weil er so erfroren war, noch nicht nach Hause gehen, sondern erst Feuer anmachen und sich ein bisschen wärmen.

Da scharrte er den Schnee weg und wie er so den Erdboden aufräumte, fand er einen kleinen, goldenen Schlüssel.

Nun glaubte er, wo der Schlüssel wäre, müsste auch das Schloss dazu sein, grub in der Erde und fand ein eisernes Kästchen.

„Wenn der Schlüssel nur passt!", dachte er, „es sind gewiss kostbare Sachen in dem Kästchen."

Er suchte, aber es war kein Schlüsselloch da, endlich entdeckte er eines, aber so klein, dass man es kaum sehen konnte. Er probierte und der Schlüssel passte glücklich.

Da drehte er einmal herum und nun müssen wir warten, bis er vollends aufgeschlossen und den Deckel aufgemacht hat, dann werden wir erfahren, was für wunderbare Sachen in dem Kästchen waren.

Brüder Grimm

Einleitende Überlegungen

Vor einigen Jahren hatte ich die Möglichkeit an einem Wochenendseminar teilzunehmen, in welchem eine professionelle Erzählerin uns Teilnehmer/innen in die phantastische Welt der Märchen entführte. Wir saßen im Kreis um sie herum, folgten mit großen Augen gebannt all ihren Bewegungen, den sich immer wieder verändernden Gesichtszügen, und lauschten unermüdlich ihren Worten über fremde Welten und Wesen. In jenen Augenblicken erwachte in mir die Faszination der Märchen zu neuem Leben. Es war als hätte sich ein Tor für mich aufgetan und ein Gefühl des Aufgehoben-Seins, des Geborgen-Seins war spürbar. Eine leise Ahnung, etwas ungemein Wertvolles und so seltsam Umfassendes wieder entdeckt zu haben, erwachte aus dem Dornröschenschlaf.

Später arbeitete ich als Praktikantin in einer Klinik für Kinder und Jugendliche und konnte in einer Art Schnupperkurs verschiedene Herangehensweisen und Methoden der Kinderpsychotherapie kennen lernen und selbst das Abenteuer der Kontaktaufnahme zu Kindern mit verschiedenen psychischen Beeinträchtigungen wagen. Ein Mädchen von fünfzehn Jahren, ich nenne sie Maya, wollte oder konnte auf mein Beziehungsangebot nicht eingehen. Maya saß still mit verschränkten Armen auf ihrem Stuhl, antwortete nur knapp oder gar nicht auf meine Fragen und starrte die meiste Zeit mit zu einem Schmollmund verzogenen Lippen in die Luft. Alles an ihr sagte: Lass mich doch in Ruhe! Ratlos suchte ich Hilfe bei einem der Therapeuten. Er meinte, ich solle es doch mit Märchen versuchen. Dies war der Moment, in dem ich zu begreifen begann, dass die Kraft dieser phantastischen Geschichten sich auch im Umgang mit Kindern in der Therapie entfalten kann. Leider konnte ich mich mit Maya nicht mehr auf Entdeckungsreise begeben, mein Praktikum ging dem Ende zu.

Zurückgekehrt in den studentischen Alltag, machte ich mich auf die Suche nach Literatur zu diesem Thema. Ich wollte verstehen, welche Bedeutung Märchen für die Entwicklung der kindlichen Seele haben und welche Möglichkeiten sich für psychologische Anwendungsfelder ergeben. Ich stieß auf einen schier unerschöpflichen Fundus. Theoretische Abhandlungen über das Wesen und die Funktion des Märchens (Lüthi, 1947; Propp, 1984; Wesselski, 1931) reihten sich neben unzählige psychologische Märcheninterpretationen, die Lebenshilfe durch das Märchen versprechen (Drewermann, 1992; Kast, 2001, 1999, 1986). In psychologischen und psychiatrischen Fachzeitschriften entdeckte ich Fallberichte zur Illustration therapeutischer Märchen-Arbeit in den verschiedensten therapeutischen Ausrichtungen (Herman, 1997; Klosinski, 1978; Polender, 1982; Schieder, 2000; Süssenbacher, 1982). Eine ganze Reihe von Märchenratgebern für Kinder und ihre Eltern füllen in den Bibliotheken die Regale (Bauer, 2002; Betz, 2001; Esterl, 2002; Ortner, 1999).

Aufmerksam geworden auf dieses Thema, begegneten mir Märchen von nun an immer häufiger: Vorträge und Seminare zum Thema „Märchen und Märchenerzählen" in den Kursheften verschiedener Bildungshäuser, Ankündigungen von Märchenfestivals und internationalen Märchentreffs in renommierten Zeitungen[1], Märchenaufführungen im Theater, Märchenverfilmungen im Fernsehen, Hörspiele im Radio – Märchen wohin ich auch ging. Das Märchen, diese uralte Literaturform lebt – immer noch!

Doch leider ist nicht alles wie im Märchen und auf das Hochgefühl folgte die Ernüchterung. Eine Schuldirektorin mahnte mich zur Vernunft und meinte auf mein Ansinnen hin, meine Diplomarbeit zu diesem Thema zu verfassen, die Kinder von heute würden keine Märchen mehr kennen. Immer häufiger fühlte ich mich belächelt, wenn ich Freunden und Bekannten von meinem Thema erzählte. So stieß ich auf die „andere" Seite des Märchens. „Erzähl mir keine Märchen!" sagen wir, wenn wir Unwahrheiten vermuten, oder: „Das ist ja *nur* ein Märchen", und meinen damit eine erfundene Geschichte ohne Wahrheit und Wirklichkeit, eine für Kinder geschriebene Erzählung, also etwas „Nettes", „Niedliches" ohne Niveau, etwas, das wie Träume ist, und die sind bekanntlich Schäume. Diese Ambivalenz tauchte im Laufe der Bearbeitung immer wieder auf. Sie begegnete mir in meinen Gesprächen mit Freunden und Bekannten, aber auch in mir selbst und ließ mich manches Mal an der Sinnhaftigkeit meines Unternehmens zweifeln. Heute möchte ich mit Jochen Stork erwidern: „Mir scheint vielmehr, dass es die Angst und die Gefahr ist, wir könnten das Märchen wirklich ernst nehmen, die uns diese vordergründige Geringschätzung auferlegt." (Stork, 1987, S. 11)

Hans Dieckmann ist der Autor, der mir auf meine Fragen die meisten Antworten zu geben vermochte. Bei ihm stieß ich auch auf das Phänomen, das ich letztlich beschloss zu untersuchen: „Das Lieblingsmärchen der Kindheit und seine Beziehung zu Neurose und Persönlichkeitsstruktur" (Dieckmann, 1967a). Er beobachtete in seinen Therapien, dass „sich fast immer überraschende Analogien" zwischen dem Lieblingsmärchen des Patienten und „der hintergründigen Problematik der Neurose des Betreffenden, (…) der die Neurose auslösenden Situation und der vorhandenen Symptomatik" ergaben (ebd. S. 202). Dies machte mich neugierig.

In Gesprächen mit Freunden und Bekannten wurde immer wieder von neuem deutlich, wie sonderbar die Beziehung zum eigenen Lieblingsmärchen erlebt wird. Unabhängig vom Bestehen einer psychischen Problematik zeigten sich erstaunliche Übereinstimmungen zu wichtigen Ereignissen der Kindheit und genauer, dem subjektiven Erleben derselben. Auch mir eröffnete sich durch mein Lieblingsmärchen „Die zertanzten Schuhe" ein neuer Zugang zu mir selbst. Das Märchen erzählt von einem Vater, der ausfindig machen will, wo seine zwölf Töchter Nacht für Nacht ihre Schuhe zertanzen. Einem armen, verwundeten Soldaten gelingt es mit Hilfe eines Tarnmantels den Zwölfen unbemerkt in das magische, unterirdische Reich zu folgen, in dem sie zwölf Prinzen zu erlösen versuchen, und er erhält zum Dank vom König die älteste Prinzessin zur Frau. Langsam aber stetig verstand ich immer neue Facetten des Märchens und entdeckte hinter den bunten Bildern meine eigene Welt.

Schließlich erhielt ich im Rahmen eines Seminars zur Erprobung psychoanalytischer Gespräche auch noch die Gelegenheit, mich in die real nachfühlbaren Zusammenhänge zwischen dem Lieblingsmärchen und den Sorgen und Nöten eines Kindes vorzuwagen. Ich führte mit Sandra, einem achtjährigen Mädchen, ein Gespräch über das Märchen, das ihr am besten gefällt. Sandra konnte sich nicht für nur ein Lieblingsmärchen entscheiden, und erzählte mir daher gleich zwei: Rotkäppchen und Schneewittchen. In der Analyse der Gesprächsinhalte und der Gegenübertragung zeigten sich verblüffende Parallelen zwischen den beiden Märchen und

Sandras unbewussten psychischen Konflikten. Durch ihre Erzählweise und das Auftreten außergewöhnlicher Details wurde in der Bearbeitung des Gesprächs besonders die Haltung des Gehorchens und Aufpassens von Bedeutung. Sandra fügte zum Beispiel kreative Erklärungsversuche für das „Fehlhandeln" der Märchenheldinnen ein, etwa, dass Schneewittchen gerade an dem Tag, an dem die böse Stiefmutter als Hexe verkleidet ihr den vergifteten Apfel feil bietet, einen Apfelkuchen backt. Das Bedürfnis zu Gehorchen konnte in Bezug gesetzt werden zu der konflikthaften Familiensituation des Mädchens. Durch ihr folgsames und braves Verhalten – so legte es das persönliche Erleben der Märchen von Sandra nahe – könnte eine Zuspitzung des Geschehens verhindert werden. Zudem zeigten die Märchen verschiedene Lösungsmöglichkeiten auf und eröffneten zukunftgerichtete Auswege aus der Situation. Dieses Gespräch gab den letzten Anstoß für den Beginn meiner Arbeit.

Mein Erkenntnisinteresse gilt den psychologischen Möglichkeiten des Lieblingsmärchens im Kindesalter. Kann dieses in Bezug auf Diagnostik, Therapie und Prophylaxe von Entwicklungsschwierigkeiten und möglichen Störungen bei Kindern nutzbar gemacht werden? Durch die Erzählung des Lieblingsmärchens durch das Kind und die tiefenhermeneutische Analyse dieser Erzählung soll auf dem Hintergrund biographischer und familiendynamischer Informationen versucht werden, die aktuelle Entwicklungsproblematik des Kindes zu erfassen. Außerdem möchte ich untersuchen, ob sich neben den in der Literatur und klinischen Praxis gut dokumentierten Therapiemöglichkeiten für Erwachsene auch spezifische Anwendungsmöglichkeiten für Kinder ergeben und Wege der Prophylaxe klinisch relevanter Störungen ausfindig zu machen sind. Es gilt also, die Beziehung des Lieblingsmärchens zu Entwicklungskonflikten der Kindheit zu klären, und dadurch Informationen bezüglich der Bedeutung und des Werts der Märchen für die kindliche Seele und ihre Entwicklung zu gewinnen.

Im theoretischen Teil der Arbeit soll in einem ersten Abschnitt nach einer kurzen definitorischen Eingrenzung zunächst eine psychologische Annäherung an das Thema „Märchen" vermittelt werden. Es wird dargestellt, welche Bedeutung dem Volksmärchen für das seelische Wachstum des Kindes zugesprochen wird und welche Möglichkeiten der Diagnose, Therapie und Prävention sich anbieten. Danach sollen richtungweisende Erklärungsansätze für diese spezifischen Wirkungen des Märchens reflektiert werden. Im letzten Abschnitt werde ich auf das Lieblingsmärchen der Kindheit als diagnostischen und therapeutischen Faktor insbesondere in der Tiefenpsychologie eingehen, und auf die Spiegelung von Entwicklungskrisen in demselben, aus der sich der Zusammenhang zwischen Lieblingsmärchen und Neurose ergibt.

Das dritte Kapitel befasst sich mit den methodischen Grundlagen dieser Arbeit. Ich werde beschreiben, wie ich die Kinder und ihre Eltern für meine Untersuchung gewinnen konnte und wie sich der Ablauf des Forschungsprozesses gestaltete. Außerdem werden die Methoden der Erhebung und Untersuchung erörtert.

Der Ergebnisteil ist auf die Darstellung der bearbeiteten Forschungsgespräche ausgerichtet. Die neun Kinder, die mir ihr Lieblingsmärchen erzählt haben, werden hier zu Wort kommen, und ich werde aufzeigen, welche Zusammenhänge zwischen ihren Erzählungen und ihren entwicklungsbedingten Schwierigkeiten erkennbar sind. In der Diskussion werde ich die Ergebnisse nochmals zusammenfassend darstellen und in ihren weiteren Implikationen und Anregungen diskutieren.

Theoretische Grundlagen

In diesem Kapitel soll eine sukzessive Annäherung an das Lieblingsmärchen des Kindes und seine bereits bekannten Spiegelungs- und Wirkmechanismen versucht werden. Im ersten Abschnitt wird es zunächst darum gehen, den Begriff des Märchens beziehungsweise Volksmärchens zu bestimmen und aus psychologischer Perspektive zu beleuchten. Dazu wird das Verständnis der Märchen als „Notgeschichten" beschrieben und durch das Aufzeigen von Einwänden gegen das Märchen kritisch diskutiert. Außerdem sollen die therapeutischen, diagnostischen und präventiven Möglichkeiten des Märchens insbesondere aus tiefenpsychologischer Sicht aufgezeigt werden.

Im nächsten Schritt diskutiere ich verschiedene Erklärungsansätze für die Wirksamkeit des Märchens in psychologischen Prozessen. Es wird nochmals genauer auf Form und Struktur des Märchens eingegangen und die Symbolsprache sowie das Verhältnis des Traums und der Archetypen zum Märchen erörtert.

Der dritte Abschnitt dieses Kapitels ist dem Lieblingsmärchen der Kindheit gewidmet. Es wird aufgezeigt, welche Entsprechungen zwischen der Darstellungsart des Märchens und der Auffassung des Kindes die psychologische Wirksamkeit dieser Literaturgattung stützen. Ferner wird das Lieblingsmärchen als diagnostischer, therapeutischer und präventiver Faktor dargelegt werden. Abschließend sollen, in Anlehnung an psychoanalytische Entwicklungstheorien, die im Märchen dargestellten Krisen beschrieben werden, welche – so die Theorie – das Lieblingsmärchen eines Kindes zu spiegeln vermag.

Begriffsbestimmung und psychologische Annäherung

Das Märchen und der Dreifuß – Eine definitorische Eingrenzung

Es war einmal, es wird eines Tages sein:
das ist aller Märchen Anfang.
Es gibt kein Wenn und kein Vielleicht,
der Dreifuß hat unbestreitbar drei Füße.

(Märchenanfang aus der Bretagne)

Das Märchen verschmilzt „das Wunder und das Alltagsleben mit leichter Anmut zu einer neuen Sphäre, und wundert sich über das Wunderbare gar nicht, wie ein Kind das Natürliche und das Unbegreifliche für gleich natürlich oder für gleich wunderbar hält." (Thimme, 1909, zitiert nach Wesselski, 1931, S. 90) Die Frage nach Wirklichkeit und Wahrheit des Märchens, die Verortung in einer phantastischen Welt, die Realität für sich beansprucht, scheint das zentrale Definitionskriterium dieser Literaturgattung zu sein. „Das Besondere am Märcheninhalt ist seine Verwobenheit mit dem Wunderbaren." (Mackensen, 1930/34, zitiert nach Lüthi, 1962a, S. 3)

Der Begriff „Märchen" lässt sich von dem althochdeutschen Wort „Mär" (maere) ableiten und bedeutet soviel wie Kunde, Bericht, Erzählung oder Gerücht. Er bezeichnet eine kurze Erzählung, beinhaltet durch die Verkleinerungsform eine „Bedeutungsverschlechterung" und wurde auf erfundene, unwahre Geschichten angewendet (vgl. Lüthi, 1962a). Als eher formale Merkmale des Märchens lassen sich mit Mackensen (nach Lüthi, 1962a, S. 3 f.) folgende anführen: Das Märchen besteht zumeist aus mehreren Episoden, zeichnet sich durch einen klaren Bau und den Charakter des Künstlich-Fiktiven aus. In dem Miteinander von Wirklichkeit und Nichtwirklichkeit werden die Leichtigkeit und das Spielerische hervorgehoben, während belehrende Elemente von nur geringer Bedeutung sind. Durch diese Merkmale grenzt sich das Märchen von verwandten Literaturgattungen ab. Etwa durch die Hervorhebung des Künstlich-Fiktiven von Berichten über Gesehenes oder Gehörtes, durch die Leichtigkeit und das Spielerische von Sage, Mythos oder Legende, durch das Fehlen einer Moral von Fabeln oder Exempeln und durch das Miteinander von Wirklichkeit und Nichtwirklichkeit von erfundenen Erzählungen wie Romanen oder Science Fictions[2].

Der wohl bedeutendste Märchenforscher Max Lüthi (1962a), der sich insbesondere aus einer literaturwissenschaftlichen Blickrichtung dem Märchen nähert, nennt die spezifischen Ausformungen von Handlungsverlauf, Personal und Requisiten und die Darstellungsart als grundlegende Wesenszüge des europäischen Volksmärchens. Ausgangspunkt eines jeden Märchens ist eine Not- oder Mangelsituation, die durch ein Bedürfnis des Helden/der Heldin oder durch eine Aufgabe, die ihm/ihr gestellt wird, gekennzeichnet ist. Der Handlungsbogen spannt sich von dieser Ausgangslage zu deren Bewältigung. Die im Märchen auftretenden Personen und Wesen sind nicht individuell gezeichnet, was etwa in der Namensgebung deutlich wird, die sich entweder an äußeren Merkmalen orientiert (Rotkäppchen) oder aufgrund der Häufigkeit und Verbreitung der Namen Individualität umgeht (Hänsel und Gretel). Die Helden und Heldinnen sowie die auf sie bezogenen Personen und Dinge sind klar konturiert und kontrastiert, das Böse steht dem Guten klar gegenüber. Unter der typischen Darstellungsart versteht Lüthi die meist einsträngig geführte Handlung, die extreme Positionierung und klare Darstellung des Geschehens und die Orientierung des Ablaufes am Handlungsgeschehen. „Nur was in die Fläche der Handlung tritt, nur was den hell erleuchteten Weg des Helden kreuzt, wird sichtbar, dafür aber scharf und genau." (Lüthi, 1962a, S. 28)

Die annähernd gleichen Strukturmerkmale des Märchens finden sich in der Analyse von Charlotte Bühler, die sich als eine der ersten aus entwicklungspsychologischer Perspektive diesem Thema näherte. Dies sind einmal die besondere Personenwelt, nämlich das hauptsächliche Auftreten von Kindern, Tieren und Fabelwesen, und ihre einfache, typisierte und extreme Darstellung, die Bühler als „Polarisation" bezeichnet (Bühler, 1958, S. 25 f.). Weiterhin das Milieu, das nur sehr sparsam und schrittweise, der sukzessiven Abfolge der Handlung entsprechend beschrieben wird. Letztlich die Handlung und die Darstellung der Handlung, die als zentrale Merkmale des Märchens angesehen werden. Gekennzeichnet sind diese durch oft mehrmalige Wiederholungen desselben Handlungsablaufes, durch die Orientierung an den Wünschen des Hörers (hier bezieht sich Charlotte Bühler zum Beispiel auf das gute Ende und den Sieg des Helden/der Heldin), durch die Anschaulichkeit und die

Kontinuierlichkeit, mit der Handlungen dargestellt und aneinandergefügt werden, sowie die fehlende Ausschmückung der Darstellung und das Vorherrschen einfacher, „analogischer" Übertragungen von Eigenschaften und Handlungen, wie etwa die Beseelung von Gegenständen.

Die in einem Märchen auftretenden Personen und ihre Handlungen als grundlegende Definitionskriterien lassen sich in verschiedenen Motiven beziehungsweise „Funktionen" (Propp, 1984) fassen und wurden immer wieder zur Kategorisierung und damit zu einer Ordnung der Märchen herangezogen.[3] Zentral scheint die Tatsache, dass alle wesentlichen Erscheinungen der menschlichen Welt in den Motiven des Märchens vertreten sind. „So spiegelt sich nicht nur in den Handlungen, sondern auch in den Gestalten und Dingen des Märchens die Welt" (Lüthi, 1962a, S. 26).

Das Menschenbild des Märchens lässt sich neben der überindividuellen Darstellung allgemein-menschlicher Gegebenheiten folgendermaßen beschreiben: „Im Mittelpunkt steht der Mensch" (Lüthi, 1962b, S. 104) und wie er der Welt begegnet. Der Märchenheld wird unabhängig von Geschlecht oder sozialer Herkunft als Wanderer präsentiert, der sich von den Ursprüngen löst und handelnd die Welt erobert. Er oder sie macht sich im Vertrauen, in eine sinnvolle Welt geboren zu sein und sich selbst sinnvoll in sie zu fügen, auf und kommt sicher, geführt von magischen Mächten, an sein/ihr Ziel. „Das Märchen (…) zeichnet in seinem Helden das Bild dessen, der, ohne selber die letzten Zusammenhänge zu durchschauen, sicher durch die gefährliche, unbekannte Welt geleitet wird" (Lüthi, 1962b, S. 110). Der Weg führt ihn dabei stets zu Höherem, denn der Mensch wird dargestellt „als einer, der über sich hinauszuwachsen vermag, der die Anlage zum Höchsten in sich trägt und dieses Höchste auch erreichen darf" (ebd. S. 108). Lutz Röhrich (1956) fügt dem noch die subjektive Handhabe der Ethik hinzu, da der Held im Märchen oftmals auch durch Regelübertretungen zu seinem Sieg gelangt, und unterstreicht damit die Freiheit und Ungebundenheit der Märchengestalten.

In dieser Arbeit beziehe ich mich im Wesentlichen auf die Volksmärchen der Gebrüder Grimm, die in unseren Breitengraden die wohl bekannteste und bedeutendste Märchensammlung zusammengetragen haben. Über weite Teile entsprechen diese Märchen der oben erarbeiteten Begriffsbestimmung als „wunder-bare", durch die spezifische Darstellung ihrer Akteure und deren Handlungen ausgezeichnete Erzählung. Für die Grimms war die Herkunft aus dem Volksmunde, „der geheimnisvolle Ursprung aus den Tiefen der Volksseele" (Wesselski, 1931, S. 93) ausschlaggebend, weshalb auch andere Literaturformen, etwa die Fabel oder der Schwank, Eingang in die Sammlung gefunden haben. Diese möchte ich ebenso wenig dem Volksmärchen gleichsetzen wie fiktionale Erzählungen der Neuzeit, etwa Science Fiction oder Comics, welche von manchen Autoren als direkte Weiterentwicklung der Märchen verstanden werden (vgl. Doderer, 1983). Grundsätzlich möchte ich die Definition des „Märchens" den Kindern überlassen und zunächst jegliche Form von Erzählung im Sinne Bettelheims annehmen: „Um zu entscheiden, ob eine Geschichte ein Märchen oder etwas ganz anderes ist, könnte man fragen, ob es dem Kind gefalle" (Bettelheim, 2000, S. 35). Erst in einem zweiten Schritt kann und soll dann beurteilt werden, ob die von einem Kind erzählte Geschichte im Rahmen der Untersuchung als Märchen, genauer als Lieblingsmärchen, gelten kann oder nicht.

Das mir wichtigste Definitionskriterium ist die „innere Wahrheit" der Märchen. Denn unabhängig davon, ob diese Geschichten letztlich auf wahre Begebenheiten zurückzuführen sind, wie aus volkskundlicher Perspektive häufig nachzuweisen versucht wird (vgl. Wesselski, 1931), und sie damit faktische Realität beanspruchen können, enthalten sie Bilder, die seelische Wahrheiten aufzeigen. Wie Max Lüthi es formuliert, sind „Märchen (...) nicht in einem äußeren, aber in einem inneren Sinne wahr. Sie sind nicht realistisch, sie spiegeln nicht oder nur bedingt äußere Wirklichkeit, wohl aber innere. Wenn sie nicht Wirklichkeit geben, so geben sie doch Wahrheit" (Lüthi, 1969, S. 10 f.). Die innere Wahrheit der Märchen stellt sich mir aber ebenso unbestreitbar dar, wie die drei Füße des Dreifuß – ganz so wie es das Märchen aus der Bretagne im einleitenden Zitat erzählt. Auf diese innere Wahrheit und die psychologische Bedeutung der Märchen als Fundament für ihre Wirksamkeit in heilenden und helfenden Prozessen soll im Folgenden näher eingegangen werden.

Bilder, die die Weisheit der Seele zu spiegeln verstehen – Märchen als „Notgeschichten"

„Soll eine Geschichte ein Kind fesseln, so muss sie es unterhalten und seine Neugier wecken. Um aber sein Leben zu bereichern, muss sie seine Phantasie anregen und ihm helfen, seine Verstandeskräfte zu entwickeln und seine Emotionen zu klären. Sie muss auf seine Ängste und Sehnsüchte abgestimmt sein, seine Schwierigkeiten aufgreifen und zugleich Lösungen für seine Probleme anbieten. Kurz: sie muss sich auf alle Persönlichkeitsaspekte beziehen. Dabei darf sie die kindlichen Nöte nicht verniedlichen; sie muss sie in ihrer Schwere ernst nehmen und gleichzeitig das Vertrauen des Kindes in sich selbst und in seine Zukunft stärken. In dieser und in manch anderer Hinsicht ist sowohl für Kinder als auch für Erwachsene (...) in der gesamten ‚Kinderliteratur' nichts so fruchtbar und befriedigend wie das Volksmärchen" (Bettelheim, 2000, S. 11)[4].

Das Märchen spiegelt, wie oben bereits angeklungen ist, in seinen Bildern und Symbolen alle wesentlichen Erscheinungen des Menschen und seiner Umwelt. Mendelsohn findet dafür das Bild der Resonanz: „Das Märchen erweckt eine unmittelbare Resonanz in der Seele des Kindes", weil die Gestaltungen des Märchens auf „ähnliche vorgebildete Strukturen der Seele treffen" (Mendelsohn, 1958, S. 153), diese in Schwingung versetzen und daher das Kind die Erzählung als wirklich erfährt. Das Märchen gibt dem Hörer einen Weltplan in die Hand, der den natürlichen Wachstumsprozess anregt.

Günther Remmert (1991), der in seinem Artikel „Märchenhafte Phantasiereisen als Katalysatoren für seelische Entwicklung" einen prägnanten Abriss über die psychologischen Möglichkeiten der Märchen verfasst hat, verzichtet auf die psychophysisch geprägte Theorie der Resonanz und schildert stattdessen die Merkmale dieser „Notgeschichten" genauer. Das Märchen zeigt keine Idylle auf, sondern macht gerade solche Themen direkt zum Ausgangspunkt des Geschehens, die sonst häufig tabuisiert werden, wie Tod oder Altern. So in dem Märchen „Der treue Johannes", wo es zu Beginn heißt: *Es war einmal ein alter König, der war krank und dachte, es wird wohl das Totenbett sein, darauf ich liege.* Aber auch andere existentielle Themen, wie das Verlassenwerden („Hänsel und Gretel") oder Neid, Aggression und Gewalt („Schneewittchen") werden kurz und pointiert angesprochen. „Das Märchen (…) konfrontiert das Kind mit den grundlegenden menschlichen Nöten" und beschönigt damit nicht, sondern nimmt ernst. Nach Bruno Bettelheim ist die grundlegende Botschaft der Märchen eng damit verbunden. Diese Botschaft lautet: „Der Kampf gegen die heftigen Schwierigkeiten des Lebens ist unvermeidlich und gehört untrennbar zur menschlichen Existenz, wenn man aber nicht davor zurückschreckt, sondern den unerwarteten und oft ungerechten Bedrängnissen standhaft gegenübertritt, überwindet man alle Hindernisse und geht schließlich als Sieger aus dem Kampf hervor." (Bettelheim, 2000, S. 14)

Die Gestalten im Märchen sind, wie weiter oben bereits angedeutet, nicht ambivalent, sondern stark vereinfacht und polarisiert dargestellt. Niemals finden wir mehrere Eigenschaften in einer Person. Der Held oder die Heldin sind und bleiben schön, tugendhaft und gut, der Widersacher bleibt unverändert böse. „Die Charaktere sind nicht einmalig, sondern typisch." (ebd., S. 15) Diese Vereinfachung erleichtert Verständnis und Identifikation. Die Darstellung charakterlicher Polaritäten befähigt zur Erfassung von Unterschieden, was in der Komplexität des realen Lebens in dieser Klarheit meist nur schwer gelingt. Außerdem ermöglicht die strikte Trennung von Gut und Böse die Bewältigung des moralisch Schlechten und erlaubt dessen Vernichtung.

Der Held oder die Heldin sind in den Märchen aber nicht immer idealtypische, gute Gestalten, mit denen sich der Hörer/die Hörerin aufgrund ihrer moralischen Korrektheit identifizieren kann. Eine Identifikation erfolgt nach Bettelheim deshalb, weil das Wesen des Märchenhörers zutiefst positiv angesprochen wird. Dies erklärt etwa die Sympathie für die Schwachen, Jüngsten, oft auch Dummen im Märchen, die es letztlich doch zu etwas bringen. Ein schönes Beispiel hierfür findet sich im Märchen „Die drei Federn", in dem es einleitend heißt: *Es war einmal ein König, der hatte drei Söhne, davon waren zwei klug und gescheit, aber der dritte sprach nicht viel, war einfältig und hieß nur der Dummling.* Am Ende ist es der verkannte Jüngste, der die beste und schönste Braut heimbringt, mit deren Hilfe er über seine Brüder hinauswächst und die vom Vater gesetzten Aufgaben bei weitem am besten erfüllt. „Der Kern dieser Geschichten ist nicht die Moral, sondern die Versicherung, dass man Erfolg haben kann." (ebd., S. 16) So ist das Märchen in die Zukunft gerichtet und erzählt vom Vertrauen in das eigene Schicksal und der Gewissheit, dass alles sich zum Guten wenden wird. „Dem Kinde jedenfalls schenken solche Märchen das Vertrauen, dass Entwicklung, Reifung, Erfüllung im menschlichen Dasein möglich und natürlich und dass der Durchgang durch Entbehrungen und Leid in ihr notwendig enthalten sei." (Lüthi, 1969, S. 128)

Die bislang genannten Merkmale der Märchen als „Notgeschichten" (Remmert, 1991) und damit deren psychologische Bedeutung lassen sich folgendermaßen zusammenfassen: Märchen stellen wichtige Vorgänge der seelischen Entwicklung des Menschen dar. Durch ihre Abstraktheit und Irrealität fördern sie Identifikation und Projektion und bieten somit Möglichkeiten zur symbolischen Bewältigung. Märchen geben außerdem Hoffnung und bieten Ausblicke und Wege für kommende Schwierigkeiten an (vgl. Zitzlsperger, 1993, S. 23 f.).

In seinem Aufsatz „Der Wert des Märchens für die seelische Entwicklung des Kindes" geht Hans Dieckmann (1966) genauer auf die Inhalte der symbolischen Bewältigung ein. Er spezifiziert damit, welchen Anforderungen durch das Märchen begegnet werden kann: „Das Kind erlebt und lernt an den Figuren des Märchens mit den auf es zukommenden, für die eigene Persönlichkeit gefährlichen und negativen Ansprüchen und Bedürfnissen der Umweltfiguren umzugehen." Dieckmann bezieht sich hiermit insbesondere auf den Umgang mit „übermächtigen Kräften (…), wie es der Erwachsene im Vergleich zum Kinde ist" (Dieckmann, 1966, S. 53) und nennt als Beispiel die überfürsorgliche Mutter, wie er sie in der Hexe von „Hänsel und Gretel" zu erkennen glaubt. Diese versucht die Liebe der Kinder durch Süßigkeiten zu kaufen, deren Selbstständigwerden zu verhindern und deren Existenz zur Befriedigung eigener Bedürfnisse und Ansprüche zu benutzen (letztlich will sie Hänsel sogar verschlingen).

Der Wert des Märchens für die Seele des Kindes liegt aber nicht nur in der Heranführung an die symbolische Bewältigung äußerer Bedrohungen, sondern auch in der Unterstützung im Umgang mit inneren Konflikten. „Das Kind muss es lernen, sich mit den tiefen instinktiven und triebhaften Gegebenheiten seiner eigenen Natur auseinanderzusetzen und muss sein Ich gegenüber diesen oft überlegenen Kräften behaupten." (ebd., S. 54) Vor diesem Hintergrund kann der tiefe Wald, in dem Hänsel und Gretel sich verirren, als Symbol für das Unbewusste verstanden werden, und die böse Hexe als unbewusste, triebhafte Macht, die das bewusste Ich zu verschlingen droht. Übertragen auf eine Alltagsgeschichte würde nach Dieckmann ein Kind, das zum ersten Mal ganz allein einen Lutscher aus dem Lebensmittelgeschäft holt, sich eben dieser Hexe stellen müssen. Sie würde ihm in Form eines „tiefen, instinktiven Impulses, ein bequemes, sattes, warmes Nest dem Kampf um die Welt vorzuziehen" (ebd., S. 54), also der Möglichkeit, das sichere Zuhause erst gar nicht zu verlassen, begegnen.

Welches sind nun aber die Bedingungen für die Wirksamkeit der symbolischen Hilfen des Märchens? Angeline Bauer weist ebenso wie Helga Zitzlsperger (1993) auf die Notwendigkeit der längeren und tieferen Beschäftigung mit dem Märchen hin. Märchen lassen sich als „Skelett (…), das alles trägt, aber noch nicht das vollständige Lebewesen ausmacht" (Bauer, 2002, S. 9) verstehen. Märchen brauchen Zeit, damit sie ihre Wirkung entfalten können. Sie müssen mehrfach gehört und durch kreative Methoden, wie etwa das Rollenspiel, das Malen oder einfach ein Gespräch verarbeitet werden. Diesen Ansatz finden wir bereits bei Bruno Bettelheim, wenn er formuliert: „Nur wenn das Kind ein Märchen immer wieder hört und viel Zeit und Gelegenheit hat, um darüber nachzudenken, kann es das, was ihm die Geschichte an Selbsterkenntnis und Welterfahrung zu vermitteln vermag, voll ausschöpfen. Nur dann erschließen die freien Assoziationen des Kindes die ganz persönliche Bedeutung des Märchens, die zur Bewältigung drückender Probleme verhilft." (Bettelheim, 2000, S. 70) Dies bedeutet für die Untersuchung, dass nur, wenn das Kind dem Märchen mehrfach und vielleicht auch in verschiedener Form begegnet ist, von einer tieferen Bedeutung desselben für die psychische Entwicklung des Kindes ausgegangen werden kann.

In der Erarbeitung des Themas und aus der persönlichen Erfahrung erschloss sich mir der Zugang des Erzählers zum Märchen als weitere ausschlaggebende Bedingung. Nur wenn der Erzähler von der Bedeutung und Wirksamkeit des Märchens – wenn auch nur unbewusst – überzeugt ist, kann die Geschichte ihre Wirkung im Hörer entfalten. Hinweise darauf finden sich bei Lutz Röhrich, der im Rahmen der Reflexion des Märchens als geglaubte Wirklichkeit von Märchenerzählerinnen aus Ostpreußen berichtet, die keine Märchen erzählten, an die sie nicht glaubten[5]. Röhrich begründet: „Sie haben keine seelische Bindung, keine innere Einstellung zu den darin gegebenen Möglichkeiten." (Röhrich, 1956, S. 133) Aber auch Märchenerzählerinnen der Gegenwart betonen, wie wichtig die persönliche Erarbeitung des Erzähltextes und der darin vorhandenen Symbolik für die wirkungsvolle Darbietung des Märchens ist[6]. Erst die Erzählerin gibt den Märchen Farbe und Wirkkraft, indem sie diese kennt, einen Bezug dazu hat und ihnen „Kraft und Weisheit" (Bauer, 2002, S. 22) zutraut. Sie haucht dem „Skelett" Leben ein. Welche Konsequenzen sich daraus für die Märchenadaption und -rezeption durch moderne Medien ergeben, wurde mehrfach erörtert. An dieser Stelle sei nur darauf hingewiesen, dass Vieles von der Vertrautheit der Erzählsituation aber auch von den spezifischen Darstellungsformen des Märchens, etwa die Typisierung der darin auftretenden Personen, verloren geht[7]. Sicherlich hat die Art der Märchenrezeption aber Einfluss auf die Wirksamkeit der Märchen als „Notgeschichten". Es wird zu klären sein, wie sich diese auf die psychologische Bedeutsamkeit der Märchen für den Hörer/die Hörerin auswirkt.

Zusammenfassend möchte ich nochmals Günther Remmert zu Wort kommen lassen, der dazu auffordert, die Märchen als Anregung für die persönliche Auseinandersetzung mit den Schwierigkeiten, die uns im Leben begegnen, zu verstehen. Zudem unterstreicht er aber auch jene Momente, die den Märchen ihre Wirksamkeit erst verleihen, nämlich die Motivation und die ganz persönlichen Eigenheiten jedes Einzelnen, der sich auf ein Märchen einlässt. „Das Märchen erzählt also auf seine Weise von Existenzproblemen. Existenzproblemen aber ist es eigen, dass sie weder durch ein Rezept, noch durch neue Informationen, noch mit den Mitteln des Verstandes allein lösbar sind. Was es immer braucht, ist die Aktivierung der Phantasie und der persönliche Einsatz, das Wagnis, in Unbekanntes – vielleicht ganz allein – zu gehen. Für diesen Erfahrungsweg gibt es keine kopierbaren Vorbilder, freilich aber Bilder, die die Weisheit der Seele zu spiegeln verstehen." (Remmert, 1991, S. 100) Diese Bilder finden wir in den Märchen.

Der Stachel im Märchen – Einwände gegen die „Notgeschichten"

Märchen sind „ein äußerst bevorzugtes Mittel (…) uns einen Einblick in die Geheimnisse und Abgründe der menschlichen Seele, in die Ursprünge der menschlichen Existenz, kurz in das Unbewusste zu geben. Wir sind überzeugt, dass das Märchen beitragen kann, Ängste zu überwinden, Konflikte zu lösen, auf Fragen Antwort und Sinn zu geben, der unerlässlich für das Verständnis von uns selbst, wie von unserer Umwelt ist." (Stork, 1987, S. 10) Diese Überzeugung des Psychoanalytikers Jochen Stork und seiner Kollegen, die in weiten Teilen der oben dargestellten Betrachtung der Märchen als „Notgeschichten" (Remmert, 1991) entspricht, wird nicht von allen Autoren geteilt. Besonders in den späten siebziger Jahren entstanden Kontroversen, die als Reaktion auf Bruno Bettelheims (2000) Plädoyer für die Märchen seine Äußerung „Kinder brauchen Märchen" in Frage stellten. Es wurde die Forderung laut, „das Monument Märchen von seinem Sockel zu heben, es auf den Boden zu bringen, damit man es nicht von unten nach oben betrachten muss, sondern ihm gerade ins Gesicht blicken kann" (Schenda, 1983, S. 41). Auf diese Vorwürfe und Einwände gegen das Märchen soll im Folgenden eingegangen werden, um Gelegenheit zu einer kritischen Reflexion der oben angeführten Möglichkeiten und Wirkweisen zu geben.

Agnes Gutter hat bereits 1968 verschiedene Einwände gegen das Märchen aufgelistet und versucht, Antworten auf die Anfechtungen zu finden. Dem Vorwurf, das Märchen sei unwahr und vermittle völlig falsche Vorstellungen über die Realität, begegnet sie mit Bezugnahme auf die Symbolik: „Wir erleben den Wirklichkeitscharakter der Märchengestalten und -vorkommnisse als nahe liegend, sobald wir das, was an ihnen unserer äußeren Alltagswirklichkeit zu widerstreben scheint, als Sinnbilder, als symbolisch auffassen" (Gutter, 1968, S. 11). Sie legt also nahe, Märchen symbolisch zu begreifen und nicht als Ausdruck realer Vorgänge.

Aus volkskundlicher Perspektive erkennt Lutz Röhrich (1956) das Märchen aber auch als „Spiegel der realen Welt" und unterstreicht damit den tatsächlichen Wirklichkeitsgehalt der Märchen. Annemarie Bauer kann hier beispielhaft als Autorin der neueren Märchenforschung genannt werden, die sich um den Nachweis der faktischen Anteile der Märchen bemüht. Sie sucht nach sozialen Realitäten in den Kindermärchen und zwar aus jener Zeit, in denen diese mündlich tradiert und endlich fixiert wurden. Sie hält fest, „dass die Märchen von vorgefundenen Wirklichkeiten ausgehen, Elemente von ihnen aufnehmen, ja vermutlich aufnehmen müssen, damit die Geschichte den Hörern verstehbar ist." (Bauer, 1988, S. 192) Sie findet etwa Entsprechungen bezüglich Familienstrukturen, Kinderzahlen und Ambivalenzen im Umgang mit Kindern und kommt zum Schluss: „Die Wirklichkeit war nicht oder nicht viel anders." (ebd., S. 210)

Ausschlaggebend für unsere Herangehensweise ist aber die psychische Wirklichkeit. Bruno Bettelheim (2000) meint, kein gesundes Kind würde annehmen, das Märchen schildere die Welt realistisch. Es sei vielmehr die Angst der Eltern, ihr Kind zu „belügen". Das Kind erkenne klar, dass die Wahrheit des Märchens nicht die der normalen Kausalität, sondern die der Phantasie ist. In Anlehnung an Tolkien fährt er fort: „In den Märchen geht es ganz offenkundig nicht primär um das, was möglich ist, sondern um das, was wünschenswert ist." (Bettelheim, 2000, S. 136) Auf die Frage nach der Wahrheit soll daher eine Antwort gegeben werden, die die augenblicklichen Sorgen des Kindes betrifft, denn „Ist das wahr?" bedeutet „Es gefällt mir, aber ist das heute auch noch so? Bin ich in meinem Bettchen sicher?". Märchen erzählen also in erster Linie von seelischen Gegebenheiten und Ereignissen und diese lassen sich nicht auf rationale und kausale Denkmuster beschränken, sondern folgen „psycho-logischen" Gesichtspunkten. Damit erweist sich die Frage nach der faktischen Wahrheit der Märchen als falsch gestellt; sie müsste eigentlich lauten: Sind Märchen für die Seele wahr? Das Märchen kann nach meinem Dafürhalten aus psychologischer Perspektive Wahrheit beanspruchen, sofern es seelische Bedeutsamkeiten spiegelt. Und dies wird in der Literatur durchaus bejaht: „In bildhaftem Begreifen erfasst der Märchenhörer psychische Wirklichkeit." (Lüthi, 1969a, S. 10)

Von dieser Blickrichtung aus erhalten jedoch weitere Argumente gegen das Märchen neue Bedeutung, etwa der Vorwurf, Märchen würden veraltete, monarchistische Gesellschaftsstrukturen verherrlichen und damit Unterwürfigkeit lehren oder veraltete Geschlechterrollen vermitteln. Märchen, die nur einseitig nicht mehr zeitgemäße Charaktereigenschaften und rollenspezifische Verhaltensweisen zeigen, sind sicherlich mit Vorsicht zu genießen. Allerdings reicht die Vielfalt dargestellter menschlicher Eigenarten über eng gefasste Rollenfestlegungen weit hinaus[8].

Ein weiterer Einwand gegen das Märchen, der bei Agnes Gutter (1968) angeführt wird und heute noch von hoher Brisanz ist, lautet: Das Märchen weckt und fördert die Grausamkeit. Tatsächlich geht es in keinen Kindergeschichten so grausam und brutal zu wie in den Märchen: Kinder werden von ihren Eltern ausgesetzt und ihrem Schicksal überlassen („Hänsel und Gretel"). Ein Mädchen soll auf Befehl der Stiefmutter im Wald getötet werden, letztendlich muss diese aber selbst in glühenden Pantoffeln so lange tanzen, bis sie tot umfällt („Schneewittchen"). Eine Kammerjungfer wird splitternackt in ein Fass gesteckt, das innwendig mit spitzen Nägeln beschlagen ist, und wird von zwei weißen Pferden die Gassen auf und ab zu Tode geschleift („Die Gänsemagd"). Kann solche Grausamkeit Kindern zuträglich sein? Gutter meint wiederum, diese Grausamkeiten seien symbolisch zu verstehen und im Gesamtgefüge, integriert in eine extreme Stilisierung, längst nicht so schaurig. Neben dieser Schmälerung des Grausamen ergeben sich durch die spezifische Darstellungsart des Bösen im Märchen aber auch schätzenswerte Wirkungen, welche Hildegard Schaufelberger (1991) im Bezug auf formale Aspekte des Märchens hervorhebt. Das Böse und Grausame wird niemals beschrieben, sondern nur genannt und es bleibt damit der Vorstellungskraft des Kindes überlassen, was es sich ausmalen will und somit aushalten kann. Das Aufzeigen des Bösen, als Teil des wirklichen Lebens in typisierter Form, vermittelt eine optimistische Weltsicht, da es stets überwunden wird, sich oftmals sogar selbst zugrunde richtet und am Ende immer der absolute Sieg der Gerechtigkeit beziehungsweise des Guten steht. Nicht zuletzt bietet das Märchen mit der Schilderung des Bösen konkrete Bilder, auf die diffuse Ängste projiziert und dadurch überwunden werden können.

Ingrid Riedel bekräftigt diese Annahmen und berichtet aus eigener Erfahrung, wie die Märchen zur „verbündeten Gegenmacht" wider das Böse werden: „Sie halfen mir, weil sie das Böse kannten, weil sie es nicht verkleinerten und beschönigten, und weil sie dennoch Kräfte dagegen zu setzen wussten, die stärker waren als das Böse – weil sie den Umgang mit solchen rettenden und den Bann lösenden Mächten kannten und zeigten." (Jakoby, Kast & Riedel, 1978, S. 7) Verena Kast (ebd.), die sich unter anderem auch mit diesem Aspekt der Märchen auseinandergesetzt hat, versucht eine Auflistung der möglichen Reaktionsweisen auf das Böse, wie sie im Märchen beschrieben werden, und findet sechs verschiedene Umgangsformen: Respektieren und Annehmen des Bösen, Konzentration auf den positiven Aspekt im Bösen, Leugnen, Kampf, List und Flucht. Das Märchen bietet damit differenzierte Haltungen, die dem Bösen und Grausamen gegenüber eingenommen werden, und je nach Situation zur Befreiung führen können. Somit bereitet das Märchen in gewissem Sinne auf das Leben vor: „Kinder, die dem Märchen nicht begegnet sind, trifft das Grausame des Lebens unvorbereitet." (Wittgenstein, 1965, S. 285)

Karl-Heinz Mallet hat sich in seinem Werk „Kopf ab! Gewalt im Märchen" sehr differenziert und aus unterschiedlichen Perspektiven mit dem Phänomen der Grausamkeit im Märchen auseinandergesetzt und formuliert eine wichtige Ergänzung. Seiner Ansicht nach benötigt der Mensch nicht nur Hilfe im Umgang mit Bedrohungen von außen, sondern auch zur Bewältigung seiner eigenen „bösen Triebe". Er zeigt auf, dass „die Gefühle, die im Märchen Morde auslösen, zur seelischen Grundausstattung des Menschen gehören, dass sie Urreaktionen sind, Primäraffekte" (Mallet, 1985, S. 30). Bruno Bettelheim kommt zu demselben Schluss, wenn er schreibt: „Die Verächter des traditionellen Volksmärchens beschlossen, wenn schon Ungeheuer in einer Geschichte für Kinder auftreten müssten, sollten sie alle gutmütig sein – dabei übersahen sie das Ungeheuer, das dem Kind am besten bekannt ist und das ihm am meisten Sorge bereitet: das Ungeheuer, als das es sich selbst fühlt und das es auch manchmal verfolgt." (Bettelheim, 2000, S. 139) Das Märchen versichert, dass nicht nur das Kind allein sich grausame Dinge ausdenkt, und verhindert dadurch, dass seine Phantasien wirklich Furcht erregend werden. Mit Verweis auf Sigmund Freuds Theorie der Befriedigung unerfüllter Wünsche in der Phantasie verortet Mallet die Faszination dieser Geschichten auch in der Abreaktion realer Gewaltwünsche. Dies „könnte sogar von Nutzen sein, das seelische Gleichgewicht stabilisieren, entlastend und entkrampfend wirken." (Mallet, 1985, S. 175) In dieselbe Richtung weisen auch die Ergebnisse einer Untersuchung der Veränderungen sozialer Verhaltensweisen von Heimkindern durch die Konfrontation mit Märchen, die zeigen, dass die Äußerungen von Aggression bei den Kindern signifikant sanken (Rechthaler, 1987, S. 134 ff.).

Kehren wir zu Agnes Gutters (1968) Auflistung der Einwände gegen das Märchen zurück. Der nächste Vorwurf, das Märchen errege Angst, hängt eng mit der Diskussion um das Grausame und Böse im Märchen zusammen und soll daher nur kurz gestreift werden. Gutter räumt ein, dass es durchaus Märchen gibt, die für kleine Kinder nicht geeignet sind. Grundsätzlich aber bereite das Märchen durch seine kurze und sachliche Beschreibung, sowie durch seine sinnbildliche Ausdrucksweise des Angstbesetzten die Kinder auf das Leben und die Begegnung mit der Angst vor. „Im Märchen spielt (…) das Kind mit der Angst und besiegt sie durch das Vertrauen, das es in sich selbst gewinnt und das es seiner Umgebung entgegenbringt." (Gutter, 1968, S. 22 f.) Die Märchen „sind wie ein Zaubermantel, unter dem das Kind unsichtbar wird. Es kann nun die Märchenfigur für sich agieren lassen, kann sich hinter ihr verstecken und so aus einer sicheren Perspektive neue Erfahrungen machen." (Bauer, 2002, S. 19) So ermöglicht das Märchen die Verarbeitung der Angst, weil das Kind die Handlungen und einzelnen Motive gefahrlos und seinen Bedürfnissen entsprechend wiederholen, verändern und letztlich zumindest ein Stück weit überwinden kann. Daher „bieten Märchen ein ungefährliches Spielmaterial zur mentalen Bewältigung des Bösen oder Traurigen." (Zitzlsperger, 2000, S. 22) Josephine Bilz (mit Bühler, 1958) vermutet sogar eine kindliche Bereitschaft, sich dem Übermächtigen zu stellen, der das Märchen entgegenkommt.

Als letzter Einwand soll hier – wieder in Anlehnung an Agnes Gutter (1968) – der Vorwurf, viele Märchen verwunden die kindliche Seele, diskutiert werden. Jorge Enrique Adoum (1983) führt genauer aus, was damit gemeint sein könnte. Märchen würden Kinder in ihrer Mentalität verletzen und ihre Phantasiewelt mit völlig fremden Vorstellungen ausstaffieren, die sowohl die konkrete Wirklichkeit, als auch die kindlichen Visionen verdrängen. Damit nehmen Erzieher ihnen die Möglichkeit, mit ersten Erfahrungen selbstständig und auf ihre eigene Weise fertig zu werden. Rudolf Schenda formuliert noch pointierter, Märchen könnten „zu starker Desorientierung" führen (Schenda, 1983, S. 40). Bruno Bettelheim hingegen sieht gerade in den Hilfsmitteln, die das Märchen auf symbolischer Ebene dem Kind zur Verfügung stellt, deren Wert: „Wenn dem Kind aber unser gemeinsames Erbe an Phantasie, das Volksmärchen, vorenthalten wird, kann es nicht von sich aus Geschichten erfinden, die ihm helfen, mit den Problemen des Lebens fertig zu werden. (…) Es beginnt genau dort, wo sich das Kind emotional befindet, es zeigt ihm wo es hingehen muss und wie es das angreifen kann. Das Märchen gibt diese Hinweise aber implizit in Form von Phantasiematerial, das das Kind nach Belieben aufgreifen kann, und mit Hilfe von Bildern, die es dem Kind leicht machen, das Wesentliche zu erfassen." (Bettelheim, 2000, S. 141).

Die Diskussion um Gefahr oder Nutzen des Märchens, um Gewaltdarstellungen und den Umgang mit Angst im Märchen, kann an dieser Stelle nicht entschieden werden. Persönlich habe ich die Erfahrung gemacht, dass vor allem das Verhältnis der Erzähler, also meist der Eltern, zum Märchen ausschlaggebend ist. Lehnen die nächsten Bezugspersonen das Märchen nämlich ab, oder fühlen sie sich negativ berührt durch die direkte und nicht beschönigende Darstellung von Gewalt, Aggression und Angst, scheint es durchaus bedenklich, Kinder damit zu konfrontieren. Das Kind spürt dann die Ängste und Befürchtungen der Eltern, die in dieser Situation nicht mehr in der Lage sind, eine Atmosphäre des Vertrauens und der Geborgenheit aufrechtzuerhalten, die für eine positive Märchenrezeption wichtig ist (vgl. Bauer, 2002, S. 9 ff.). In diesem Fall wäre die Auslassung von als grausam erlebten Märchenszenen nicht nur berechtigt, sondern sogar empfehlenswert. Dem Kind wird dadurch allerdings die Möglichkeit, sich solchen Themen zunächst gefahrlos zu nähern, vorenthalten. Denn grundsätzlich eröffnen Märchen verschiedenste Chancen der Bewältigung von Ängsten und Aggressionen, wie sie uns in der vorliegenden Untersuchung noch begegnen werden.

Abschließend kann resümiert werden, dass es primär wohl von den eigenen Erfahrungen und den persönlichen Erinnerungen abhängt, auf welche Seite in der Diskussion um das Märchen man sich stellt. Augenscheinlich werden bei dieser Debatte aber sehr unmittelbare und tiefgehende Vorstellungen und Überzeugungen berührt, denn „wenn etwas in solch entschiedener Weise anzuziehen und abzustoßen vermag, darf man vermuten, dass es da um Wesentliches gehe." (Lüthi, 1962, S. 5)

Scheherezade und die Couch – Märchen in der Psychotherapie

Verstehen wir Märchen als „blanke Spiegel", in denen wir uns selbst entdecken und andere besser verstehen können (Wittgenstein, 1965), liegt es nahe, diese auch in therapeutischen Prozessen zu nutzen. Tatsächlich wurden Märchen schon seit Urzeiten zur Behandlung seelischer Nöte eingesetzt, und womöglich liegt in ihnen der Ursprung jeder Therapie. Die wohl erste Psychoanalyse, so vermutet Bruno Bettelheim, fand im Orient statt, wo die Tochter eines Großwesirs namens Scheherezade ihren von tiefen Ängsten, Verfolgungswahn und Sadismus geplagten Gemahl Scharirar durch das Erzählen von Geschichten in 1001 Nacht heilte. „Denn sie müssen sich erinnern, dass die Couch nicht von Freud, sondern von Scheherezade erfunden wurde." (Bettelheim, 1987, S. 145)

Tatsächlich war es in Indien, so Bettelheim (ebd., S. 138 f.), unter einfachen Leuten üblich, bei psychischen Problemen einen Priester aufzusuchen, der sich nach der freien Erzählung gegenwärtiger Nöte für mindestens einen Tag zur Meditation zurückzog und dem Patienten danach sein „einzig richtiges Märchen" vorlegte. Dieser musste mindestens ebenso lange über das Märchen meditieren und so selbst zu einer Lösung seiner Schwierigkeiten gelangen.

Märchen werden auch heute in Therapien als Handwerkszeug eingesetzt. Elisabeth May (1998) befragte dazu im Jahre 1994, anlässlich des Weltkongresses „Evolution of Psychotherapy" in Hamburg, 122 Therapeuten: 70% der Befragten antworteten auf die Frage, „Arbeiten Sie in ihren Therapien mit Märchen?", mit „Ja". 42% davon gaben an, die Märchen der Klienten aufzugreifen, während 58% selbst Märchen in den therapeutischen Prozess einbringen.

In beinahe allen therapeutischen Ausrichtungen scheint das Märchen Ansehen zu genießen. Die Palette reicht von verhaltenstherapeutischen Ansätzen (Ortner, 1999) über die Existenzanalyse (Schieder, 2000) und die Transaktionsanalyse (Seifert, 2001) bis hin zu Autogenem Training (Polander, 1982). Von besonderer Bedeutung zeigt sich die Märchenarbeit im Rahmen der Gestalttherapie (Lückel, 1985), der analytischen Intensivberatung (Ahren & Melchers, 1987) und der systemisch-phänomenologischen Therapie (Schneider & Gross, 2000). In dieser Arbeit soll der Schwerpunkt aus zweierlei Gründen auf tiefenpsychologischen Zugängen liegen. Einmal finden wir hier die Wurzeln der Anwendung dieser Literaturform in der Therapie, zweitens orientiert sich die Untersuchung an tiefenpsychologischen Grundannahmen und Methoden, was eine Darlegung eben dieser Herangehensweise an das Märchen nahe legt.

Sigmund Freud eröffnete 1913 seinen Aufsatz über „Märchenstoffe in Träumen" mit den Worten: „Es ist keine Überraschung, auch aus der Psychoanalyse zu erfahren, welche Bedeutung unsere Volksmärchen für das Seelenleben unserer Kinder gewonnen haben." (Freud, 1913, S. 2) Sein Anliegen war es, das Auftreten von Märchenmotiven im Traum darzustellen, und die Beziehung der Märchen zur Kindheitsgeschichte und Neurose der Träumer aufzuklären. „Freud erkannte, dass Mythen und Märchen eine Deutung zulassen, wie die Träume. Mit anderen Worten muss jede Deutung verborgene Triebwünsche aufschlüsseln, die sich hinter der manifesten Erzählung und deren Handlungsträgern verbergen. (…) Sie erscheinen deshalb nur verschlüsselt in Form von Verdichtung, Verschiebung, Symbolisierung usw. Märchen werden somit als so genannte ‚Triebrepräsentanzen' gesehen." (Jakoby, 1978, S. 13) Das Märchen dient demnach wie der Traum der Wunscherfüllung: Es „stellt sich überhaupt ganz offen auf den animistischen Standpunkt der Allmacht der Gedanken und Wünsche." (Freud, 1919, S. 260) Franz Riklin, der sich in der Tradition Freuds besonders der Märchendeutung widmete, stellt fest: „Unter den Märchen sind eine Unmenge, welche, der Deutungsarbeit unterzogen, als Ganzes die prächtigsten Wunschgebilde darstellen." (Riklin, 1969, S. 15) Auf den Zusammenhang zwischen Traum und Märchen und das Märchen als Möglichkeit der Wunscherfüllung soll weiter unten genauer eingegangen werden.

Noch heute wird das Märchen in psychoanalytischen Prozessen eingesetzt, wie die Beiträge verschiedener Analytiker im Sammelband „Das Märchen – ein Märchen?" (Stork, 1987) zeigen. René Diatkine achtet das Märchen beispielsweise, weil es, ohne Verdrängtes an die Oberfläche zu holen, Konfliktpotentiale verändert und möglicherweise sogar mindert: „Die Zaubermärchen (…) gestatten die geheimsten Träumereien, indem sie ganz versteckt das Gleichgewicht der Gegenbesetzungen verschieben, ohne die Verdrängung bloßzustellen, weil sie, ohne zu genaue Illustrationen, die direkten psychischen Repräsentanzen der unbewussten Phantasien im Dunkeln lassen." (Diatkine, 1987, S. 81 f.) Rivka Eifermann berichtet in demselben Herausgeberwerk von ihren Erfahrungen mit Märchen in der Eigenanalyse. Sie hebt insbesondere die Einsichtsmöglichkeiten hervor, die Märchen für den Interessierten bereithalten. Die (selbst)analytische Arbeit an den latenten Bedeutungen von Märchen kann „für den Einzelnen zu Einsichten und einem Verständnis führen (…), die sehr gut (…) Varianten eines alten Konfliktes enthüllen können, was für ihn/sie unerwartet und überraschend ist, sowohl bezüglich ihres Inhaltes als auch ihrer Intensität." (Eifermann, 1987, S. 114 f.) Damit wird das Märchen in psychoanalytischen Kreisen aufgrund des Zugangs für wertvoll erachtet, den es zu konflikthaften Ereignissen der Kindheit eröffnet, und wegen seiner Einwirkung auf unbewusste Prozesse.

Carl Gustav Jung hat sich noch expliziter als Freud mit dem Märchen beschäftigt und schrieb in dem Werk „Zur Phänomenologie des Geistes im Märchen": „Das Märchen als ein spontanes, naives und unreflektiertes Produkt der Seele kann wohl nicht anders als das aussprechen, was eben die Seele ist." (Jung, 2000c, S. 236) „So wird für Jung und seine Schüler das Märchen zu einer Darstellung innerseelischer Vorgänge." (Lüthi, 1969b, S. 425) Bezogen auf die Annahme eines kollektiven Unbewussten als überindividuelle, angeborene Grundmuster der Psyche, bedeutet dies, dass „Märchen (…) [durch ihre Tradierung] der reinste und einfachste Ausdruck kollektiv-unbewußter psychischer Prozesse" sind (v. Franz, 1986, S. 11). Märchen bieten durch ihr kollektiv tradiertes Bildmaterial Hilfen auf dem Weg der Individuation, verstanden als innerer Prozess der Wandlung und Menschwerdung. „Der Individuationsprozess ist stets eine einzigartige Gestalt, ist ein einzigartiges Ereignis in einem einzigartigen Menschen. Trotzdem gibt es darin typische, wiederkehrende Züge, die in jedem Individuationsprozess ähnlich sind. Unter diesem Gesichtspunkt lässt sich sagen, dass Märchen typische Phasen in diesem Prozess spiegeln." (ebd., S. 185) Mit Hans Dieckmann lässt sich der Jungsche Gedanke verdeutlichen. Er war der Ansicht, dass „Märchen auf der symbolischen Ebene dem Menschen archetypische 'patterns of behavior' im Umgang mit den großen Grundproblemen des Lebens anbieten." (Dieckmann, 1968, S. 288) Diese archetypischen Bilder des Märchens und ihre Bedeutung für die Wirksamkeit in heilenden Prozessen sollen später genauer dargelegt werden.

Die analytische Annahme, das Märchen biete dem Menschen Bilder, in denen sich seine individuationsbedingten Probleme spiegeln, und zugleich auch Lösungswege, wie mit diesen Schwierigkeiten umgegangen werden kann, ist die meist vertretene und verbreitete tiefenpsychologische Theorie zum Märchen. Zumindest sind es in erster Linie die nun angeführten Jungianer, die für diese Hypothese einstehen.

Hedwig von Beit (1952) und Marie-Louise von Franz (1986), die frühesten Hauptvertreterinnen der Jungschen Märchendeutung, sehen die zentrale Bedeutung der Märchen in der Darstellung von Auseinandersetzungen zwischen Bewusstsein und Unbewusstsein und von Vorgängen innerhalb des „Unterbewussten" (vgl. Lüthi, 1969). Besonders den wirklichkeitsfernen Stil der Märchen deuteten sie als Indiz für die Darstellung einer inneren, archetypischen Wirklichkeit, in welcher das Jenseitsreich zum eigenen Unbewussten und die Suchwanderung des Helden oder der Heldin im Märchen der Weg zum Kern der eigenen Persönlichkeit wird. In ihren umfangreichen Werken bemühen sie sich einerseits um die Deutung einzelner Motive, andererseits aber auch um die Interpretation der teils verwickelten Vorgänge der ganzen Erzählung.

Hans Dieckmann (1991), Verena Kast (1986) und Marcella Schäfer (1993) sind die Jungschen Autoren neuerer Zeit, die sich um das Märchen bemühen. Die Psychotherapeutin, Lehranalytikerin und langjährige Vorsitzende der internationalen Gesellschaft für Tiefenpsychologie Verena Kast hat zahlreiche Publikationen vorgelegt, in denen sie Märchen jeweils in Bezug auf eine bestimmte Thematik psychologisch deutet. Sie untermauert ihre spannenden und leicht verständlichen Interpretationen immer wieder mit Fallvignetten aus ihrer psychotherapeutischen Praxis. Ihr Anliegen ist es, dem Leser dieselben Hilfen für das alltägliche Leben zu vermitteln, wie sie ihren Patienten in der Therapie zu Gute kommen. Denn „im Kontakt mit den Bildern des Märchens wird etwas Tragendes erlebt; die persönliche Geschichte, das persönliche Leiden werden in einem größeren Zusammenhang gesehen, werden gespiegelt in einer Erfahrung, die Menschen schon immer machen mussten. Dadurch bekommt die persönliche Geschichte, das persönliche Leid, eine neue Bedeutung." (Kast, 1986, S. 206) In der Identifikation mit der Märchengestalt wird „archetypisch eingekapselte Hoffnung" frei und es eröffnet sich ein „intermediärer Raum", in dem der Patient oder Hörer Sicherheit und Sinnhaftigkeit erfahren kann.

Die Identifikationsangebote im Märchen hebt auch Marcella Schäfer hervor: „In der Identifikation mit den Märchenfiguren ist es uns aber möglich, gefühlsmäßig ihren Weg aus der Krise mitzugehen. Gerade das ‚Mit-Fühlen' ist das Entscheidende: das Erleben der Gefühlswandlungen, die den Fortgang des Märchens begleiten, die Verzweiflung in der Krise und das Glück, sie überwunden zu haben, und die *Intensität* der hervorgerufenen Gefühle – all dies kann geradezu therapeutisch wirken" (Schäfer, 1993, S. 281) „Die Frage, ob das Märchen nun wirklich so etwas ist wie ein ‚Zauberspiegel der Seele', verschwindet fast hinter dem Erleben, dem Miterleben, dem Mitgehen." (ebd., S. 34)

Hans Dieckmann, der sich aus der tiefenpsychologischen Perspektive Carl Gustav Jungs insbesondere mit dem Symbolgehalt der orientalischen Märchen aus „1001 Nacht" auseinandergesetzt hat und der später noch ausführlicher zu Wort kommen wird, resümiert aus seiner langjährigen Praxis als Analytiker: „Es gehört zu den tiefsten Eindrücken meiner beruflichen Erfahrung, dass eine richtige Geschichte am richtigen Ort zur richtigen Zeit, die genau das Problem des Patienten erfasst, zwischen Mensch und Mensch eine Brücke schlagen kann." (Dieckmann, 1991, S. 13 f.)

Zusammenfassend verdeutlicht Elisabeth May die verschiedenen Herangehensweisen der Psychoanalyse Sigmund Freuds und der Analytischen Psychologie nach Carl Gustav Jung an das Märchen folgendermaßen: „Während bei Märcheninterpretationen im Freudschen Sinne der Entwicklungsgedanke dominiert, treten die Erfahrungen und die Deutung von Wandlung in der Jungschen Terminologie, und in ihrer Bearbeitung von Märchen, in den Vordergrund. (...) Dem jeweiligen Interesse liegt letztlich ein bestimmter Begriff des Unbewussten und damit eine je verschiedene Auffassung vom Menschen zugrunde, wodurch die Richtung der psychologischen Deutung des Märchens gewiesen wird[9]. Es ist nämlich zu unterscheiden, ob das Märchen im Rahmen psychoanalytischer Forschung (...) ein Gegenstand der historischen Erkenntnis ist, oder ob es als Darstellung menschlichen Wesens begriffen wird, die die Widersprüche dieses Wesens und seiner ewigen, nicht nur zeitbedingten Konflikte spiegelt. Beide Sichtweisen lassen sich nicht trennen, aber sie sind nicht immer zusammen aufgetreten. Sie haben sich sogar wechselseitig die Berechtigung abgesprochen. Die erste Sichtweise fand anfangs vorrangig Verbreitung und wurde vor allem durch Freuds Deutung des Traumes und der Neurose gefördert – die zweite wurde von Jung eingeleitet und von seiner Schule ausgearbeitet." (May, 1998, S. 37 f.) Für die vorliegende Arbeit sollen beide Sichtweisen herangezogen und als sich ergänzende Erklärungsversuche verstanden werden.

In dieser Darstellung der Bedeutung des Märchens für therapeutische Prozesse sind bislang die praktischen Anwendungsmöglichkeiten des Märchens in der Therapie offen geblieben. Insbesondere Erich Franzke (1985) hat sich um eine annähernd vollständige Auflistung der Arbeitsweisen mit Märchen in der Psychotherapie bemüht und nennt folgende:
- das Lesen und Vorlesen von Märchen
- das Erzählen und Erzählen lassen
- das Weiterführen von Märchenansätzen durch den Klienten
- das Umformen und Abändern gegebener Texte
- das Erfinden von Märchen
- das Imaginieren, Zeichnen, Malen und Modellieren von Märchen(szenen)
- das strukturierte oder freie Spielen von Märchen (Improvisation)[10].

Für diese Untersuchung werden das Erzählen, das Umformen und Abändern sowie das Imaginieren und das Malen des Märchens von Bedeutung sein, weshalb ich im Methodenkapitel darauf zurückkommen werde. Verena Kast (1986) führt insbesondere für die aktive Imagination, also dem In-Beziehung treten mit einem inneren Bild von nicht mehr oder noch nicht Präsentem, und das dramatische Spiel in der Gruppe eindrückliche Fallbeispiele an. Auf diese sowie auf den therapeutischen Einsatz von Märchen bei Hans Dieckmann (1991) soll an dieser Stelle weiterführend verwiesen werden.

Abschließend bleibt zu klären, welche besonderen Vorteile die Arbeit mit Märchen in der Psychotherapie mit sich bringt. Erich Franzke (1985) bietet auch hierfür eine zusammenfassende Aufzählung, die allerdings nicht auf tiefenpsychologische Gesichtspunkte beschränkt bleibt:
- Durch den allgemeingültigen Charakter der Märchen wird das Gefühl des Alleinseins mit den eigenen Schwierigkeiten vermindert und der Klient fühlt sich voll verstanden.

- Das Märchen vermittelt eine positive Einstellung zum Herangehen an Aufgaben und Konflikte.
- Die Identifizierung mit dem Märchenhelden/der Märchenheldin oder anderen Märchenfiguren ermöglicht das spielerische Erproben bislang unerforschter Verhaltensweisen und Aktionsweisen.
- Das Erleben in den Grenzbereichen zwischen realer und Märchenwelt bietet die Möglichkeit zu starker, gefühlsmäßiger Beteiligung.
- Die Begegnung mit Repräsentanten von magischen Welten und Archetypen kann vom Klienten als Ausdruck von Verhältnissen mit und zu Beziehungspersonen (Objektebene) sowie intrapsychischen Kräften (Subjektebene) gewertet werden.
- Durch die Vorlage im Märchen werden Wandlungsphänomene bis hin zum Stirb und Werde begünstigt.
- Die Preisgabe von Kindheitserinnerungen und „Familiengeheimnissen" fällt auf der Phantasieebene leichter. Loyalitäts- und Solidaritätsgefühle können gewahrt werden (S. 127 ff.).

Nossrat Peseschkian, der im Rahmen der Positiven Psychotherapie mit Geschichten arbeitet, beschreibt dieselben Vorteile und bezeichnet sie als „Funktionen der Geschichten". Neben der „Modellfunktion", der „Spiegelfunktion", der „Mediatorfunktion" und der „Regressionsfunktion", die in obiger Darstellung bereits enthalten sind, nennt er die „Depotwirkung", die „Darbietung von Gegenkonzepten" und den „Standortwechsel" als weitere Funktionen (Peseschkian, 1986, S. 29 f.). Mit Depotwirkung meint Peseschkian das Nach- und Fortwirken der Geschichte außerhalb der Therapie. Durch einen von der Geschichte herbeigeführten Standortwechsel können Situationen aus einem anderen Blickwinkel betrachtet und somit neue Möglichkeiten und Lösungen eröffnet werden. Schließlich kann ein Gegenkonzept dazu anregen, bislang unerschütterliche Ansichten zu überdenken.

In diesem Abschnitt wurden die therapeutischen Möglichkeiten und Anwendungsweisen des Märchens insbesondere aus tiefenpsychologischer Perspektive reflektiert. Damit wurde aufgezeigt, welche Bedeutung den Märchen auf der Grundlage ihrer psychologischen Vorzüge in der Therapie von Erwachsenen aber auch von Kindern zukommt. Im Folgenden soll näher auf die Bereiche der Diagnostik und der primären Prävention durch Märchen eingegangen werden.

Es war einmal ein Prinz, es war einmal eine Prinzessin – Märchen in der Diagnostik und Prävention

Märchen werden in verschiedensten Formen auch zur Diagnostik, zur Erkennung und Feststellung psychischer Störungen und Probleme genutzt. Zu nennen sind etwa das „Märchenmalen" von Gertrud Prell (1981 in May, 1998), der „Märchen-Assoziationstest" von R.T. Krüger (1992) als projektives Instrument zur Erfassung des Grundkonflikts einer Person oder der „Märchentest" (Fairy Tale Test) von Carina Coulacoglou (1996), ein projektiver Persönlichkeitstest für Kinder. In diesem Rahmen soll lediglich kurz auf die psychoanalytisch orientierte Methode von Traudel Simon-Wundt (1997) eingegangen werden, die für das Vorgehen in der vorliegenden Untersuchung sowie für die Interpretation der Ergebnisse von Interesse ist.

Traudel Simon-Wundt hat mit „Märchendialoge" ein narratives projektives Testverfahren für Kinder entwickelt. Durch das Erzählen einer märchenhaften Geschichte soll dem Kind die „Widerspiegelung des persönlichen Erlebens innerer und äußerer Konflikte" (Simon-Wundt, 1997, S. 14) ermöglicht werden. Dies geschieht in einem dialogischen Prozess. Das heißt, die Diagnostikerin und das Kind wechseln sich in der Erzählung ab, so dass durch den „Märchendialog" letztlich eine gemeinsame Geschichte entsteht. Dieses Vorgehen schafft eine spielerische Atmosphäre, die es dem Kind erleichtert, sich auf das partnerschaftliche Beziehungsangebot einzulassen. Zudem eröffnen sich „Einblicke in die Struktur und Dynamik der kindlichen Persönlichkeit, sowie in habituelle Beziehungsformen." (ebd., S. 21). Die Diagnostikerin kann durch das abwechselnde Erzählen außerdem vorsichtig auf die Form und den Ablauf der Geschichte einwirken und so darauf achten, dass die Erzählung in märchenhaften, also symbolischen Sphären bleibt und dem Handlungsbogen, vom Eintreten eines Konfliktes bis hin zu dessen Bewältigung, folgt. Die Grundannahme dieses Verfahrens lautet demnach: „Die gemeinsam erzählte Geschichte spiegelt inhaltlich und in der situativen, interpersonellen Erzähldynamik das *aktuelle Konfliktthema*, mit dem sich das Kind emotional auseinandersetzt, sowie die persönliche Form der Konfliktbewältigung und die daraus resultierenden Lösungsphantasien wider." (ebd., S. 28)

Das praktische Vorgehen gestaltet sich dermaßen, dass die Diagnostikerin die Erzählung einleitet mit den Worten „Es war einmal ein Prinz" wenn es sich um einen Jungen handelt und mit „Es war einmal eine Prinzessin" bei einem Mädchen. Daraufhin soll das Kind die Geschichte fortführen und jeweils abwechselnd mit der Diagnostikerin einen weiteren Teil hinzufügen. Die Untersucherin sorgt in diesem Prozess dafür, dass die nun angeführten Grundelemente in der Geschichte vorkommen, ohne aber selbst wesentliche Inhalte vorzugeben. Genannt werden sollen der Märchenheld/die Märchenheldin, der Schauplatz und der soziale Kontext in dem die Märchengeschichte spielt, sowie weitere Elemente der umweltlichen Umgebung. Durch die Worte „… bis eines Tages etwas passierte, das sein/ihr Leben veränderte", führt die Diagnostikerin zum Konflikt hin, der darauf vom Kind dargestellt werden soll. Weitere Elemente der Erzählung sind die dramatische Verstärkung des Konfliktes, die Abwehr der Krisensituation, die Vorbereitung der Lösung sowie die eigentliche Konfliktlösung und die Schlusssituation. Zur Verdeutlichung führt Simon-Wundt mehrere Fallbeispiele an. Die Märchenerzählung eines stotternden Jungen etwa berichtet von einem Ritter Friedrich, der als Prinz auf der Burg Schlotterstein lebt und, um seine Untertanen vor einem die Wasserversorgung versperrenden Drachen zu retten, auf Wanderschaft gehen muss. Um das rettende Zauberschwert zu erlangen, muss Ritter Friedrich sieben Berge überwinden und einen weiteren Drachen besiegen. Eindrücklich gelingt es Simon-Wundt, Parallelen zwischen dieser Geschichte, der Konfliktsituation des Jungen sowie den auslösenden Faktoren und zukunftsweisenden Lösungsstrategien aufzuzeigen. Besonders erstaunlich ist die bildliche Darstellung der familiären Situation, die von der Autorin als auslösendes Moment für die Symptome des Jungen gewertet wird. Der Mangel an warmen Beziehungsmöglichkeiten spiegelt sich in der Darstellung eines gefrorenen Hexenberges, dem Ritter Friedrich nur durch die rasche Flucht entkommen kann. Die abwertende, zu Urteilen neigende Erziehungshaltung des Vaters findet sich auf einem weiteren Berg wieder, auf dem Ritter Friedrich durch donnernde Blitze bedroht wird. Ihnen begegnet er durch eine intellektuell findige Lösung: sein Schwert dient ihm als metallener Blitzableiter.

Für die Interpretation legt Traudel Simon-Wundt mehrere Auswertungskriterien vor, die das Verstehen und Aufspüren der Konfliktpotentiale und deren Lösungen in den Geschichten erleichtern sollen. Sie unterscheidet formale, inhaltliche und beziehungsanalytische Kriterien, wobei erstere zunächst die Frage klären sollen, ob das Kind in der Lage ist, der Erzähllogik des Märchens zu folgen. Die inhaltlichen Kriterien richten sich auf die Beschreibung des Helden in der Geschichte, seine Auseinandersetzung mit Gefahren, die Darstellung der Konfliktthemen, die Motivwahl, die Finallösungen, die Gegenüberstellung von Alltagswelt und magischer Welt sowie die familiären Interaktionsmuster. Auf beziehungsanalytischer Ebene soll geklärt werden, wie das Kind sich auf das Beziehungsangebot der Diagnostikerin einzulassen vermag, und wie Konflikte über die Prozesse der Übertragung und der Gegenübertragung spürbar werden.

Diese Ausführungen geben einen kleinen Einblick in die recht gut dokumentierten diagnostischen Möglichkeiten des Märchens im Allgemeinen (vgl. Dieckmann, 1991; Fatke, 1990; Kast, 1986). Auf das Lieblingsmärchen als diagnostischen Faktor soll weiter unten gesondert eingegangen werden.

Auf die Notwendigkeit und die Bedeutung dieser phantastischen Geschichten für die kindliche Seele und deren Entwicklung wurde hingewiesen (Bettelheim, 2000; Bühler & Bilz, 1958; Mendelsohn, 1958; Remmert, 1991) und die Nutzbarmachung der Märchen als Hilfe in kritischen Situationen der Entwicklung nahe gelegt (Bauer, 2002; Esterl, 2002). Explizit wurde die präventive Wirkung von Märchen, im Sinne einer Vorbeugung psychischer Verirrungen oder der Verhütung traumatischer Auswirkungen bestimmter Ereignisse, aus psychologischer Sicht – meines Wissens – noch wenig reflektiert. Eine Ausnahme bildet hier Hans Dieckmann (1968), der kurz auf die Möglichkeiten der Lieblingsmärchen auf diesem Gebiet eingeht. Sie sollen weiter unten dargestellt werden. Generell können die präventiven Möglichkeiten der Märchen mit Bruno Bettelheim folgendermaßen benannt werden: „In den Märchen kommen die schweren inneren Spannungen des Kindes so zum Ausdruck, dass es diese unbewusst versteht; und ohne die heftigen inneren Kämpfe des Heranwachsens herunterzuspielen, bieten sie Beispiele dafür, wie bedrückende Schwierigkeiten vorübergehend oder dauerhaft gelöst werden können." (Bettelheim, 2000, S. 12) Ziel dieser Arbeit wird es auch sein, präzisere Aussagen bezüglich der Vorsorge psychischer Störungen durch das Märchen, genauer das Lieblingsmärchen eines Kindes, zu formulieren.

Erklärungsansätze für die Wirksamkeit des Märchens

Das Glasperlenspiel – Form und Struktur des Märchens

„Dem europäischen Volksmärchen wohnt eine eigenartige Wirkungskraft inne." (Lüthi, 1947, S. 7) Im vorherigen Abschnitt wurde versucht, diese zumindest in Ansätzen zu skizzieren. Wie aber lässt sich der tiefgründige Charakter des Märchens erklären? Was macht es zu einer so außergewöhnlichen Erzählung, was verleiht ihm so vielseitige Heilungskräfte?

Der Literaturwissenschaftler Max Lüthi[11] vermutet das Besondere der Märchen in ihrer Form und Gestalt: „Das Geheimnis des Märchens ruht nicht in den Motiven, die es verwendet, sondern in der Art, wie es sie verwendet." (ebd., S. 7) Er versucht, die Wesenszüge des europäischen Volksmärchens herauszuarbeiten und eine gemeinsame Grundform, im Sinne eines Typus, zu finden. Zur Beschreibung dieser typischen Darstellungsart des Märchens formuliert er fünf Kategorien, die im Folgenden dargestellt und auf ihre Wirkung hin untersucht werden sollen.

Diesseits und Jenseits, die alltäglich-reale und die wunderbar-numinose Welt sind im Märchen unterschieden und meist örtlich getrennt. Geistig aber bestehen sie nebeneinander und bilden nur eine Dimension. Die Menschen im Märchen verkehren zum Beispiel mit den Jenseitigen als wären sie Ihresgleichen; sie wundern sich nicht über sie, noch empfinden sie Angst vor dem, was sie bewirken könnten. Die Prinzessin am Brunnen ist nicht erstaunt über den sprechenden Frosch, Schneewittchen erschrickt nicht beim Anblick der Zwerge und die Müllertochter wird nicht verlegen, als das kleine Männchen namens Rumpelstilzchen die Kammer betritt. Wunderdinge werden ohne Verwunderung oder Zweifel angenommen: Die drei Söhne des Schneiders bekommen für ihre Dienste einen Tisch, der sich von selbst deckt, einen Esel, der Gold spuckt und einen Knüppel, der unter die Leute springt und *ihnen so lustig auf dem Rücken herumtanzt, dass sie sich acht Tage nicht regen und bewegen können.* „Das Wunderbare im Märchen ist nicht fragwürdiger als das Alltägliche." (ebd., S. 15) Diese erste Eigenschaft des Märchens bezeichnet Lüthi als Eindimensionalität. Sie ermöglicht dem Hörer das Eintauchen in eine ferne Welt, wo alles möglich und alles erlaubt ist, und eröffnet dadurch neue Sichtweisen.

„Das Märchen verzichtet auf räumliche, zeitliche, geistige und seelische Tiefgliederung. Es verzaubert das Ineinander und Nacheinander in ein Nebeneinander." (ebd., S. 31) Jede Tiefe im Sinne von genauer Illustration wird aufgehoben. Menschen wie Tiere sind körperlich nicht verwundbar, sie bluten nicht, sie kriegen keinen Schnupfen. Sie haben aber auch keine Gefühle oder Charaktereigenschaften, außer diese sind wichtig für den Fortgang der Handlung. Es heißt nicht, Aschenputtel war traurig als ihre Mutter starb, sondern *das Mädchen ging jeden Tag hinaus zum Grabe ihrer Mutter und weinte.* Niemals finden wir verschiedene Motivationen oder Gefühle in einer Person. Im Märchen werden sie als verschiedene Personen nebeneinander gestellt. „Die reiche Differenziertheit des Menschen wird im Märchen aufgelöst (…), Inneres wird in Äußeres übersetzt." (ebd., S. 22) Dasselbe gilt für die Umwelt: Kaum macht das Märchen örtliche Angaben oder erzählt von Verwandten und Bekannten, die für die Geschichte nicht von Bedeutung sind. Die Zeit vergeht, ohne dass Menschen altern oder sich verändern. Dornröschen schläft hundert Jahre lang und als es erwacht, ist es so schön, dass der Prinz die Augen nicht abwenden kann. „Die Zeit ist eine Funktion des seelischen Erlebens" (ebd., S. 29), sie richtet sich nicht nach Uhren oder Jahreszeiten, sondern nach den psychischen Gegebenheiten. Jede Tiefe der Figuren, der Gegenstände, Umwelt oder Zeit wird aufgehoben und auf eine Fläche projiziert. Daher nennt Lüthi diese Dimension Flächenhaftigkeit des Märchens. Sie erleichtert, wie oben bereits angedeutet, Identifikations- und Projektionsprozesse und verleiht der Erzählung von allem Anfang an Wirklichkeitsferne.

Das liebste Stilmittel ist dem Märchen die Abstraktion. Durch sie werden Elemente hervorgehoben und klar fassbar. Das Märchen zeichnet sich durch scharfe Konturen aus, indem es etwa Dinge nur nennt und auf irrelevante Momente verzichtet, es hat fest umrissene Stoffe und klare Farben und extreme, starke Kontraste. Figuren sind entweder gut oder böse, eine Tat wird entweder belohnt oder bestraft. Die Handlung folgt stets einer bestimmten Linie und zieht sich einsträngig und ohne Zögern und Schwanken von einer Episode zur nächsten, und immer wieder begegnet man bestimmten Formeln. Das *Es war einmal* und *... wenn sie nicht gestorben sind*, gehört ebenso dazu, wie gereimte Sprüche und die Wiederholung ganzer Satzformeln.

==Sichtbare Isolation und unsichtbare Allverbundenheit sind weitere Grundelemente der Märchenform.== Neben der Handlung, den einzelnen Episoden und den Dingen im Märchen ist vor allem der Handlungsträger isoliert, und zwar von Familie, anderen Beziehungen, Orten und Zeit. Ein schönes Beispiel für die Isolation der Episoden finden wir in „Die Gänsemagd", wo die böse Kammerjungfer ihr eigenes Tun in der Beschreibung des Königs nicht wieder erkennt und ihr eigenes Urteil spricht. Gerade durch die Isolation – so Lüthi – stehen die Helden in einer geheimen Verbindung zum Zauberhaften, und daher naht genau in jenen Momenten Hilfe, wo sie am nötigsten ist. Isolation und Allverbundenheit bedingen einander, denn nur aus der Isolation erwächst allseitige Beziehungsfähigkeit.

Als letztes Wesensmerkmal des Märchens nennt Lüthi die Sublimation und Welthaltigkeit. ==Diese Geschichten enthalten magische und numinose Motive ebenso wie mythische, profane und sexuell-erotische.== Jedoch sind alle „entwirklicht, entmachtet und verwandelt" (ebd., S. 82 f.), das heißt, ihr eigentlicher, ursprünglicher Sinn ist verloren gegangen. „Diese Entleerung der Motive im Märchen bedeutet Verlust und Gewinn zugleich. Verloren gehen Konkretheit und Realität, Erlebnis- und Beziehungstiefe, Nuancierung und Inhaltsschwere. Gewonnen aber werden Formbestimmtheit und Formhelligkeit. Die Entleerung ist zugleich Sublimierung: Alle Elemente werden rein, leicht, durchscheinend und fügen sich zu einem mühelosen Zusammenspiel, in dem alle wichtigen Motive menschlicher Existenz erklingen." (ebd., S. 89) Max Lüthi vergleicht diese umfassende Sublimierung der Wirklichkeit mit dem Glasperlenspiel: „In den Glasperlen des Märchens spiegelt sich die Welt." (Lüthi, 1962b, S. 64)

Die beschriebenen Dimensionen des europäischen Volksmärchens können in ihrem Zusammenwirken folgendermaßen dargestellt werden: Eindimensionalität und Flächenhaftigkeit bilden eine Seite des abstrakt-figuralen Stils des Märchens, der als Merkmal der Isolierung und Allverbundenheit verstanden werden kann. Sublimation und Welthaltigkeit sind die übergeordneten Momente, die alle übrigen Wesenselemente des Märchens in sich fassen.

Durch seine besondere Form kommt das Märchen verschiedenen Bedürfnissen des Menschen entgegen. Was im wirklichen Leben komplex und vielschichtig erscheint, begegnet uns im Märchen klar und übersichtlich. Durch diese Vereinfachung wird die Welt für den einzelnen überschaubar und weniger bedrohlich. Das Märchen schenkt dem Hörer Hoffnung und Zuversicht, dass alles im Leben sich sinnvoll ineinander fügt und zu einem guten Ende kommt. Es macht Mut und bestärkt den Einzelnen, seinen Weg zu gehen und sich auch schmerzvollen Erfahrungen entgegenzustellen. Nicht zuletzt vermag das Märchen den Grundbedürfnissen nach Abhängigkeit und Autonomie (Mentzos, 1982), Symbiose und Individuation (Mahler & Furer 1983), Urvertrauen und Autonomie (Erikson, 1994) nachzukommen. Lüthi schreibt aus seiner literaturwissenschaftlichen Perspektive: „Gebundenheit und Freiheit, Sicherheit und Bewegung, feste Form und leicht fortschreitende Handlung verbinden sich im Märchen zur künstlerischen Einheit und üben auf den Hörer eine magisch-formgebende Wirkung aus." (Lüthi, 1947, S. 111) Als eine erste Erklärungsmöglichkeit für die Wirksamkeit des Märchens in psychologischer Hinsicht kann demnach seine typische Form und Struktur gelten.

Ein Bild ist tausend Worte wert – Symbolcharakter des Märchens

Bis in die geheimsten Tiefen der Seele
treibt das Symbol seine Wurzel;
die Sprache berührt wie ein leiser Windhauch
die Oberfläche des Verständnisses.

Johann Jakob Bachofen

Das Märchen spricht in einer besonderen Sprache zu uns – der Sprache der Symbole. Erich Fromm hat sich mit „Märchen, Mythen, Träume" um das Verständnis dieser „vergessenen Sprache" bemüht und wertet sie als „die einzige Fremdsprache, die jeder von uns lernen sollte." (Fromm, 1951, S. 176) „Die Symbolsprache ist eine Sprache, in der innere Erfahrungen, Gefühle und Gedanken so ausgedrückt werden, als ob es sich um sinnliche Wahrnehmungen, um Ereignisse der Außenwelt handelte." (Ebd., S. 174)

Erich Fromm unterscheidet drei Arten von Symbolen und orientiert sich hierbei am Zusammenhang zwischen dem Bedeutungsträger und dem, was er versinnbildlicht. Das konventionelle Symbol, etwa Worte oder Zeichen („Tisch", „Flagge"), beruht auf einer Vereinbarung und wird gelernt. Das zufällige Symbol entspricht der persönlichen, subjektiven Bedeutung, die ein bestimmter Gegenstand oder auch Ort für einen Menschen erlangt. Eine immanente, innere Beziehung zwischen dem Symbol und dem Bedeutungskomplex, für das es steht, kennzeichnet das universelle Symbol. Solche Symbole sind zum Beispiel das Wasser oder das Feuer. Sie sind universal, da sie verwurzelt sind in den Eigenschaften des Körpers, der Sinne und des Geistes des Menschen, ebenso wie Weinen oder Erröten. Die Welt der Seele drückt sich symbolisch in der Welt der Dinge aus, wie die Seele sich im Körper ausdrückt. „Die Symbolsprache ist eine Sprache, in der die Außenwelt ein Symbol der Innenwelt, ein Symbol unserer Seele und unseres Geistes ist." (Ebd., S. 178) Das Märchen bedient sich solcher universeller Symbole.

Auch der Symbolbegriff bei Sigmund Freud (1895) steht zunächst in enger Beziehung zum Körper (vgl. Speidel, 1978). Unter „Symbol" beziehungsweise „Symbolisierung" versteht er anfangs die Ersetzung seelischer, konflikthafter Sachverhalte durch andere seelische Äußerungen oder durch körperliche Symptome. Dieser Zusammenhang mit dem individuellen Unbewussten, in dem sich ein Symbol durch Verschiebung seelischer Energie bildet, wird in der „Traumdeutung" (1900) aufgegeben und durch eine systematische Lehre von den Traumsymbolen ersetzt. Diese seien ein phylogenetisches Erbe, die Überreste einer „Grundsprache", die im unbewussten Denken bereits fertig enthalten sind. Die Bedeutung, das heißt, der Zusammenhang zwischen dem Symbol und dem unbewusst Symbolisierten, ist dabei festgeschrieben. Jean Laplanche und J.-B. Pontalis sprechen in diesem Zusammenhang von einer Konstanz, die sich „nicht nur beim gleichen Individuum und von einem Individuum zum anderen findet, sondern auf den verschiedensten Gebieten (Mythos, Religion, Folklore, Sprache etc.) und bei sehr weit voneinander entfernten kulturellen Strömungen." (Laplanche & Pontalis, 1973, S. 481 f.)[12].

Carl Gustav Jung (1935/54), bei dem die Idee des „phylogenetischen Erbes" zu der Lehre von den Archetypen geführt hatte, versteht das Symbol als Versuch, eine Gegebenheit auszudrücken, für die kein Wortbegriff existiert (vgl. Skolek, 1994). „Mit diesem Begriff ist ein unbestimmter beziehungsweise vieldeutiger Ausdruck, der auf eine schwer definierbare, nicht völlig erkannte Sache hinweist, gemeint." (Jung, 1952, S. 130 f.) Jung hat das Symbol auch als „Libidogleichnis" bezeichnet, weil diese „psychischen Bilder" Wesen und Abbilder der psychischen Energie sind (vgl. Jacobi, 1959, S. 144). In der Tradition Jungs formuliert Verena Kast: „Im Symbol verdichten sich Erfahrungen, psychische Inhalte, vor allem auch Emotionen, die anders nicht darzustellen sind." (Kast, 1986, S. 10) Es hat einen Bedeutungsüberschuss, das heißt, dass ein Symbol niemals vollständig gedeutet oder erklärt werden kann. Außerdem wird im Symbol Getrenntes und Gegensätzliches zusammengeführt. Der Symbolforscher Manfred Lurker (1990) spricht diesbezüglich von dessen „Doppelwertigkeit", denn in diesen Sinnbildern kann von einem Bedeutungspol zum anderen gewechselt werden, die Extreme berühren sich. So steht zum Beispiel die Farbe Rot für Blut als Elixier des Lebens und für glühende Liebe, gleichzeitig aber auch für Blutvergießen und zerstörendes Feuer, also Lebensbedrohung.

Das Symbol wurde bisher als universeller und konstanter Bedeutungsträger dargestellt, der anders nicht zu Beschreibendes in umfassender Andeutung versinnbildlicht und dadurch die Innenwelt des Menschen zum Ausdruck bringt. Warum bedient sich nun das Märchen dieser Sprache und was hat dies mit der psychologischen Wirksamkeit des Märchens zu tun? Agnes Gutter, die sich mit der Symbolsprache des Märchens beschäftigt hat, findet eine erste Antwort auf diese Frage: „Die symbolische Umkleidung verhüllt mit ihrer bildlichen Ausdrucksweise die eigentlichen Aussagen, welche das Märchen an seine Hörer heranbringen möchte. Gerade auf diesem Weg übt es jedoch eine faszinierende Wirkung auf das Ahnungsvermögen der Zuhörer und Leser aus und berührt direkt jene Seelenbereiche, welche der Kontrolle des Intellekts weitgehend entzogen, durch die Bildsprache erreicht werden." (Gutter, 1965, S. 37) Die Vieldeutigkeit und Vielschichtigkeit können als grundlegende Wirkmechanismen des Symbols neue Sphären des Erlebens eröffnen. Die Vieldeutigkeit, also die Spannweite des Symbolgehaltes oder Fülle an Bedeutungen, erlaubt es, jeweils jene Anschauung herauszugreifen, die für den Hörer des Märchens in einer bestimmten Situation stimmig ist. Das bedeutet, „jeden Menschen berührt das Märchen anders. Jeder liest für sich andere Entsprechungen heraus." (Wittgenstein, 1965, S. 14) Die Vielschichtigkeit des Symbols meint die „gleichzeitige oder stufenweise folgende Bezogenheit verschiedener Erlebnisse, Probleme, Lebensfragen und Haltungen, welche nicht immer gleichermaßen bewusst in ein und demselben Menschen bestehen, auf ein und dasselbe Symbol." (Gutter, 1965, S. 66) Die Symbolsprache des Märchens ermöglicht somit, verschiedenste, für den Menschen virulente Fragen aufzugreifen, und bietet auf den jeweiligen Rezipienten abgestimmte Antworten an.

Die Symbolsprache der Märchen entfaltet jedoch nicht nur ihre Wirkung auf bestimmte Seelenbereiche des Menschen, wie Agens Gutter es dargestellt hat, sondern ihr entspricht sogar – zumindest in Teilen – das menschliche Wahrnehmen und Verstehen. Im Sinne Jungs (1935/54) lässt sich ein Symbol nur schwer in Begriffen erklären. „Das ist gut verständlich", meint Manfred Lurker, „da das begriffliche Denken ja der *ratio* entspricht, das bildliche, insbesondere symbolische Denken aber gerade dort seine Berechtigung erhält, wo die rational-begriffliche Erkenntnis keinen Zutritt mehr hat." (Lurker, 1990, S. 21) In diesem Zusammenhang ist die Unterscheidung von Gerhard Haas (1983) interessant, der aus einer erkenntnisstrukturellen Perspektive zwei Möglichkeiten des Erkennens und Entscheidens aufzeigt: die Erkenntnis über die logisch-rationale Schlussfolgerung und die Erkenntnis über das affektiv-emotiv getönte komplexe Bild, welche nach Haas durch vor-wissenschaftliches Denken gewonnen wird.[13] Er spezifiziert: „Vor-wissenschaftliches Denken ist nicht vereinfachtes, sondern ein qualitativ anderes, eben ein komplexes Bilddenken vom Hundertsten ins Tausendste, intensiv, sprunghaft – dem entspricht das Märchen, entspricht Erkenntnis- und Darstellungsform des Märchens in vielerlei Hinsicht." (Haas, 1983, S. 170) Das Märchen vermittelt somit seine Inhalte auf einer völlig anderen Ebene, als wir dies im Alltag gewohnt sind. Erkennen bedeutet in diesem Zusammenhang ein Wiedererkennen einer äußeren Erscheinung, um deren Existenz man im Inneren bereits wusste. „Dem Bild innen entspricht das Bild außen; und wer den Sinn im Bild erkennt, für den wird es zum Symbol." (Lurker, 1990, S. 23) Symbolisches Denken stellt somit den Zusammenhang zwischen den beiden Welthälften des Innen und des Außen her. Die symbolhaften Bilder des Märchens bringen die Gegebenheiten in unserem Inneren zum Ausdruck. Wem es gelingt, sich auf diese einzulassen, wird demzufolge auch ihren Sinn erfassen.

Das Zusammenwirken von Innen- und Außenwelt im symbolischen Verstehen hat Jolande Jacobi folgendermaßen verdeutlicht: „Die Symbole haben Ausdrucks- und Eindruckscharakter zugleich, indem sie einerseits das innerpsychische Geschehen bildhaft ausdrücken und andererseits dieses Geschehen – nachdem sie Bild geworden sind (…) – durch ihren Sinngehalt beeindrucken und dadurch den Strom des psychischen Ablaufs weitertreiben." (Jacobi, 1959, S. 144)

Mehrere Autoren (Betz, 2001; Diergarten, 1987, Grempel, 1975) sind der Ansicht, dass besonders Kinder eine ursprüngliche Beziehung zu Symbolen haben und dem symbolischen Verstehen näher stehen. Kinder begreifen „über Symbole und Bilder die ganze Welt und ihre hintergründigen Zusammenhänge." (Bilz, 2001, S. 7) Franz Grempel schreibt auf das Märchen gemünzt: „Das Kind jedoch versteht das Märchen, ohne seine Symbole rational erkennen zu müssen, und zwar dadurch, dass es sie *erlebt*, und nur vom erlebten – nicht vom Verstand erfassten – Symbol geht die suggestive Kraft aus, die auf die Menschwerdung Einfluss gewinnen kann." (Grempel, 1975, S. 26)

Die symbolische Ausdrucksweise bietet auch Vorteile für die Rezeption. „Im komplexen Bild vermittelte Einsicht beziehungsweise Erfahrung kann Schicht um Schicht abgehoben werden." (Haas, 1983, S. 170) Das bedeutet, dass das was über Symbole mitgeteilt wird abgestimmt auf die Bedürfnisse des Einzelnen nach und nach seine Wirkung entfalten und lange wirksam bleiben kann (vgl. „Depotwirkung" bei Peseschkian, 1986).

Das Märchen begünstigt folglich durch seine symbolische Sprache ganzheitliches, emotives Verstehen innerseelischer Gegebenheiten. Zusammenfassend formuliert Bruno Bettelheim über die Wirkungsweise der Symbole: „Allgemein herrscht Übereinstimmung darin, dass (…) Märchen in der Sprache von Symbolen, die für unbewusste Inhalte stehen, zu uns reden. Sie sprechen gleichzeitig unser Bewusstes und unser Unbewusstes in seinen drei Aspekten – Es, Ich und Über-Ich –, wie auch unser Verlangen nach Ich-Idealen an. Aus diesem Grund sind sie sehr wirkungsvoll; im Inhalt des Märchens nehmen psychologische Phänomene Symbolgestalt an." (Bettelheim, 2000, S. 45 f.) Die Symbolsprache als mögliche Erklärung für die psychologische und therapeutische Wirksamkeit des Märchens heranzuziehen, liegt also nicht all zu fern. Auch Hans Dieckmann will auf diesen Zugang nicht verzichten, wenn er schreibt: „Diese Sprache, in der Märchen und Mythos aus unserem eigenen Unbewussten zu uns reden, möchte ich weniger gerne vermissen, als jede noch so kluge rationale Theorie der Wissenschaft. Als Instrument der Behandlung meiner seelisch erkrankten Patienten hat sie mir unendlich viel gegeben, und gar nicht selten sind ein Märchen und die Erkenntnisse, die wir aus seiner tieferen Bedeutung gezogen haben, zum Kernstück einer Behandlung geworden." (Dieckmann, 1991, S. 13)

Wo das Wünschen noch geholfen hat – Traum und Wunscherfüllung

„Märchen sind Träume", meinte Ottokar Graf Wittgenstein im Jahre 1965, und er war damit nicht der erste, der den engen Zusammenhang zwischen Märchen und Traum benannte (Wittgenstein, 1965, S. 47). Eine volkskundliche Theorie zur Entstehung des Märchens etwa beruft sich auf den Traum als Ursprung dieser Erzählungen: „Manchmal tragen auch die Märchen (…) noch Kennzeichen, die uns untrüglich zeigen, dass bestimmte Motive aus Träumen entstanden sein müssen." (Wesselski, 1931, S. 35) Um dies zu verdeutlichen, berichtet Friedrich von der Leyen von der Entwicklung des Märchens: „So erzählt eine Generation der anderen merkwürdige Träume, dabei nehmen diese Träume schärfer umrissene Gestalten an, und es verliert sich unmerkbar die Erinnerung an ihre Herkunft, man vergisst dass es eigentlich Träume sind, die man sich erzählt, dadurch werden die berichteten Gegebenheiten noch seltsamer bis sich endlich die Schöpfung vollendet, die wir Märchen nennen." (von der Leyen, 1969, S. 2 f.) Neue Entwicklungen im Leben der Menschen würden sich in ihren Träumen spiegeln und wiederum in das Märchen einfließen.

Sigmund Freud hat in seiner Schrift „Märchenstoffe in Träumen" auf ähnliche Motive in den Märchen und Träumen hingewiesen. Er ist in seinen Therapien auf Märchenelemente in den Träumen seiner Patienten gestoßen und versucht darüber Informationen bezüglich deren Neurose zu gewinnen. Zum Beispiel zeigt sich im Traum einer jungen Frau „ein sonderbares Männlein (...), klein, mit weißen Haaren, Glatze und roter Nase, das im Zimmer vor ihr [der Träumerin] herumtanzt, sich sehr komisch gebärdet und dann wieder zur Stiege herab geht" (Freud, 1913, S. 2). Aufgrund der Assoziationen der Patientin erkennt Freud in diesem Männlein die Märchenfigur „Rumpelstilzchen". Diese vermittelt ihm den Zugang zur tieferen, infantilen Schicht der Traumgedanken und wird in der Folge als Hinweis auf den Penisneid der jungen Frau sowie auf deren Kastrationsangst verstanden.

Wie weiter oben bereits dargestellt wurde, treten Märchenmotive im Sinne Freuds (1914/15, S. 42 f.) nicht nur in Träumen und den dazugehörigen Assoziationen der Patienten auf, sondern sie können auch ebenso wie Träume gedeutet werden. So schreibt Freud: „Wenn man in durchsichtigen Beispielen darauf achten wird, was der Träumer mit dem Märchen macht, und an welche Stelle er es setzt, so wird man dadurch vielleicht auch Winke für die noch ausstehende Deutung dieser Märchen selbst gewinnen." (Freud, 1913, S. 5) Der Traum aber, verstanden als manifester Trauminhalt, wird durch die Traumarbeit aus den latenten Trauminhalten gebildet, das sind körperliche Sinneseindrücke, Tagesreste und unbewusste Wünsche. Auf eine einfache Formel gebracht: „Der Traum ist die (verkleidete) Erfüllung eines (unterdrückten, verdrängten) Wunsches." (Freud, 1900, S. 166) Während die Träume kleiner Kinder häufig „einfache, unverhüllte Wunscherfüllungen" (ebd., S. 658) sind, da in ihnen offen gebliebene, verdrängte Wünsche des Wachlebens erfüllt werden, stammen die Wünsche beim Erwachsenen aus dem Unbewussten. Im Traum kommen diese verdrängten Wünsche nur verhüllt zum Ausdruck. Wenn Märchen nun ebenso wie der Traum als Erfüllung unbewusster Wünsche verstanden werden, muss sich deren Deutung um die Auffindung der verborgenen Wunschgedanken bemühen. Bei Kindern müsste dies – den Überlegungen Freuds entsprechend – leichter möglich sein als bei Erwachsenen.

Die bei Freud (1913) nur angedeutete Schlussfolgerung, dass Märchen verdrängte Wünsche enthüllen, findet bei dem Psychoanalytiker Franz Riklin (1969) ihre Ausformulierung. Wie im Traum die Tendenz zum Tragen kommt, das Weltbild so umzuarbeiten, dass es unseren Wünschen und Bestrebungen entspricht, ist es auch bei allen wachen psychischen Tätigkeiten, die nicht von der Aufmerksamkeit geleitet werden. Das Märchen versteht Riklin als eben solche Betätigung. Er führt Beispiele an: „Dass im Märchen soviel von Königen die Rede ist, hat an und für sich nichts Auffallendes; die Sache erhält aber ihre Wunschfarbe, sobald wir die vielen Märchen zählen, in welchen das arme Bauernmädchen den Prinzen heiratet und der Hirtenknabe eine Königstochter. Das sind Wunschverhältnisse!" (Riklin, 1969, S. 17). Weiter erkennt er die verschiedensten Wunderdinge, die im Märchen vorkommen, wie die Siebenmeilenstiefel, Kraftränke oder Zaubermäntelchen, sowie die Überwindung der Stiefmutter und den Sieg der Dummlinge als Wunschträume. Vor allem hebt Riklin aber Motive sexueller Wunscherfüllung hervor, zum Beispiel den Frosch als Befruchtungssymbol in „Dornröschen".[14]

Nun wird jedoch von einigen Autoren (Bettelheim, 2000; Bühler & Bilz, 1958; Röhrich, 1956) auch auf Unterschiede zwischen Traum und Märchen hingewiesen. Lutz Röhrich etwa hebt hervor, dass das Märchen im Gegensatz zum Traum „bewusste Kunst" (Röhrich, 1956, S. 186) sei, also durch bewusste Kräfte entstanden ist. Josephine Bilz hingegen nennt den unterschiedlichen Wirklichkeitscharakter als Differenzierungsmerkmal: „Während der Traum den Träumer ‚packt', erfährt das Kind im Märchen sein Schicksal als Analogie auf der Zuschauerbühne. Das Märchen als literarische Kunstform veredelt und kultiviert das ‚archaische Rohmaterial'." (Bühler & Bilz, 1958, S. 82 f.) Damit ermöglicht das Märchen eine distanziertere und sicherere Begegnung mit unbewussten Inhalten als der Traum. In Anbetracht der unverhüllten Erfüllung infantiler Wünsche im Traum des Kindes erlangt die geschützte Betrachtung eigener Bestrebungen von der Zuschauerbühne aus besondere Bedeutung.

Bruno Bettelheim (2000), der eine ganze Reihe von Unterschieden zwischen Traum und Märchen anführt, sieht dies anders. Während die Wunscherfüllung im Traum verhüllt, also durch die Traumarbeit verändert ist, stellt das Märchen Wünsche offen dar. Träume sind weiterhin als Kompromissbildung innerer, nicht gelöster Spannungen und bedrückender Schwierigkeiten, aus denen der Träumer keinen Ausweg weiß, zu verstehen. Märchen hingegen projizieren die Entlastung von allen Spannungen, bieten Wege zur Problemlösung und versprechen sogar einen glücklichen Ausgang. Bettelheim orientierte sich in dieser Darstellung offenbar an den Träumen Erwachsener, die sich in Bezug auf die Wunscherfüllung, wie oben dargestellt, vom Kindertraum unterscheiden.

Schließlich meint Bruno Bettelheim – und hier stimmt er mit Lutz Röhrich (1956) überein – entzieht sich der Traum der bewussten Kontrolle, während das Märchen vom Bewusstsein geformt wird. „Das Märchen dagegen ist in großem Maße das Ergebnis allgemeiner bewusster und unbewusster Inhalte, geformt vom Bewusstsein nicht eines bestimmten Menschen, sondern vieler Menschen, die darin übereinstimmen, was sie als universelle menschliche Probleme und als wünschenswerte Lösungen sehen." (Bettelheim, 2000, S. 45) Diesen grundlegenden Unterschied zwischen Träumen und Märchen spricht auch Wittgenstein an: „Märchen sind Träume der Völker. Sie sind Kollektiv-Träume. Sie zeigen Bilder, die für viele zutreffen." (Wittgenstein, 1965, S. 47). Die Differenzierung legt nahe, dass in den Märchen für viele Menschen relevante Wünsche zum Ausdruck kommen. Sie führt uns nun zu einem weiteren Erklärungsansatz für die psychologische Wirksamkeit der Märchen – die Archetypen im Sinne Carl Gustav Jungs.

Das bisher Gesagte zusammenfassend, lässt sich mit Jochen Stork festhalten: „Da das Märchen große Verwandtschaft zum Traum aufweist und auch wohl der Traum als sein ursprüngliches Element betrachtet werden kann, – ohne, und dies betont, dem Traum identisch zu sein – so scheint es mir legitim, das Märchen wie einen Traum zu deuten." (Stork, 1987, S. 121) Das Märchen ist deshalb so attraktiv, weil es zum Ausdruck bringt, was normalerweise nicht ins Bewusstsein gehoben wird, und zwar vor allem unerfüllte Wünsche (vgl. Bettelheim, 2000, S. 45). Im Märchen „Der Froschkönig oder der eiserne Heinrich" etwa heißt es zu Beginn nicht von ungefähr: *In alten Zeiten, wo das Wünschen noch geholfen hat ....* Dieser Ansatz scheint mir als Erklärung für die Wirksamkeit der Märchen von Bedeutung. „Jeder kann in ihnen seine Träume und Wünsche wieder finden – auch die geheimsten – und das dürfte ein Teil der Faszination ausmachen, die sie nun einmal auszeichnet." (Mallet, 1985, S. 12 f.)

Von elementaren poetischen Bildern – Archetypen und das Märchen

In den Märchen verschiedener Kulturen treten immer wieder die gleichen Grundmotive auf, die zudem auch ähnlich gestaltet und verarbeitet werden (vgl. Dieckmann, 1994). Zur Erklärung dieses Sachverhaltes wurden verschiedene Theorien entwickelt, wie etwa die „Migrationstheorie", die besagt, Märchen seien durch mündliche Überlieferung und die Wanderung der Volksstämme über die ganze Erde verbreitet worden (Benfey nach Lüthi, 1962). Oder aber die Theorie von einer „Polygenese des Gleichen", mit der angenommen wird, dass die menschliche Phantasie an verschiedenen Orten und vermutlich zu verschiedenen Zeiten die gleichen oder ähnlichen Motive und Motivketten hervorgebracht hat (Taylor und Rank nach Dieckmann, 1994)[15].

Auch von der Psychologie wurde eine Erklärung für die Ähnlichkeit der Märchenmotive über verschiedene Völker hinweg beigesteuert. Carl Gustav Jung (1935/54) geht davon aus, dass die Psyche zwei unterschiedliche Schichten des Unbewussten beinhaltet, nämlich das individuelle Unbewusste, also verdrängte, vergessene oder nur unterschwellig wahrgenommene Inhalte aus der Lebensgeschichte des Individuums, und das kollektive Unbewusste. Dieses besteht aus „Inhalten, die den Niederschlag der typischen Reaktionsweisen der Menschheit seit ihren Uranfängen (…) in Situationen allgemein menschlicher Natur darstellen, also z.B. Situationen wie Angst, Gefahr, Kampf gegen Übermacht, Beziehung der Geschlechter, der Kinder zu den Eltern, väterliche und mütterliche Gestalten, Haltungen zu Hass und Liebe, zu Geburt und Tod, die Macht des hellen und des dunklen Prinzips usw." (Jacobi, 1959, S. 12). In diesem unbeeinflussbaren Bereich des Unbewussten bilden die Archetypen Kraftzentren, abstrakte Ordnungsprinzipien, die für alle Menschen gleich sind: „Der Begriff des Archetypus, der ein unumgängliches Korrelat zur Idee des kollektiven Unbewussten bildet, deutet das Vorhandensein bestimmter Formen in der Psyche an, die allgegenwärtig oder überall verbreitet sind." (Jung, 1936, S. 114) Marie-Louise von Franz, die wir als eine der ersten Märchenforscherinnen Jungscher Tradition kennen gelernt haben, veranschaulicht den Archetypus in Anlehnung an Bastian (1968 nach v. Franz, 1986) als Elementargedanken und beschreibt diesen weiter als „ein elementares poetisches Bild und eine Phantasie, eine elementare Emotion und sogar einen elementaren Handlungsimpuls." (v. Franz, 1986, S. 13) Die zunächst unanschauliche, vererbte Form innerhalb des kollektiven Unbewussten (der Archetypus per se) wird schon sehr früh über die Symbolbildung mit kulturspezifischen Bildern ausgefüllt. „So wurzelt der Archetyp mit dem einen Pol im genetisch triebhaften Bereich der Psyche, von wo her er seine Energie bezieht, und mit dem anderen Pol in einer kollektiven symbolischen Bilderwelt mit kulturspezifischen Zügen." (Dieckmann 1994, S. 279) Die weit verbreiteten Motive der Märchen lassen sich demnach aus diesem den Menschen gemeinsamen Urgrund und Fundus an elementaren Bildern erklären.

Marie-Louise von Franz geht in ihrer Charakterisierung des Archetypus sogar so weit, das Märchen als seinen reinsten und einfachsten Ausdruck zu bezeichnen: „Das Märchen selbst ist seine eigene beste Erklärung, das heißt seine Bedeutung ist in der Gesamtheit seiner Motive, die durch den Handlungsfaden miteinander verbunden sind, enthalten." (v. Franz, 1986, S. 11) Was bedeutet es nun für die Wirksamkeit der Märchen in psychologischen Prozessen, wenn wir sie als archetypische Bilder verstehen?

Hans Dieckmann meint, die Archetypen „weisen ihn [den Menschen] auf Erlebnisweisen und Möglichkeiten des seelischen Funktionierens hin, die außerhalb seiner persönlichen Erfahrung liegen." (Dieckmann, 1994, S. 280) Die archetypischen Bilder der Märchen geben also aufgrund ihrer „Urerfahrung" (Jacobi, 1959, S. 69) Antworten auf psychische Grundfragen. Diese tiefe seelische Schicht urtümlicher Bilder wird nach Dieckmann dann angesprochen, wenn eine Situation mit den herkömmlichen Haltungen und Mitteln nicht mehr verstehbar und lösbar ist: „Die Seele hat, um in einem Bild zu sprechen, gewissermaßen bei einem alten weisen Mann, der in uns selber enthalten ist, nachgefragt, wie der Mensch solche Probleme schon immer gelöst hat oder lösen konnte, und dieser hat eine Antwort gegeben." (Dieckmann, 1991, S. 71) Dass die Archetypen im Märchen ihre Wirkkraft entfalten, ist nach Franz Grempel durch Beispiele belegbar, „in denen der Zusammenhang von Wandlungsprozessen mit der Integration archetypischer Inhalte eindeutig nachzuweisen ist." (Grempel, 1975, S. 45) Er berichtet von einem neunjährigen Jungen, der mit heftigem Weinen und depressiven Symptomen auf das Märchen „Das Totenhemdchen"[16] reagierte. Der Junge wollte durch sein Weinen, so Grempel, die Mutter unbewusst dazu bringen, von ihrer überfürsorglichen Haltung abzukommen, die sie nach dem Tod des Vaters ihm gegenüber eingenommen hatte, und ihn damit in die Unabhängigkeit zu entlassen. Er hat die Botschaft im Märchen erkannt und verstanden, dass seine Mutter ihn nicht hergeben, nicht „sterben" lassen will.

Es sei an dieser Stelle kurz auf zwei Wirkmechanismen hingewiesen, die im Prozess der Integration von archetypischem Wissen von Bedeutung sind. Es sind dies die Identifikation und die Projektion (vgl. Schaufelberger, 1991, S. 96). Identifikation ist das Übernehmen einzelner Aspekte, Eigenschaften oder Attribute des Märchenhelden/der Märchenheldin oder einer anderen subjektiv bedeutenden Gestalt sowie die teilweise oder vollständige Umwandlung in denselben. Sie ist für eine gesunde Entwicklung durchaus positiv, kann aber bei anhaltender Übernahme fremder Verhaltensmuster zu pathologischen Veränderungen führen oder diese zum Ausdruck bringen (vgl. Dieckmann, 1968; Jung, 1921/50; Kast, 1986)[17]. Die Projektion als Hinausverlegen eines subjektiven Vorganges in ein Objekt kann die Lösung der Spannungen erklären, die beim Wiederentdecken eigener Probleme im Märchen erlebt wird (vgl. Bettelheim, 2000; Mallet, 1985). In diesem Fall ermöglicht „das Verstehen der Schwierigkeiten und Konflikte des Individuums in und mit der Außenwelt [ebenso wie das Verstehen des Märchens] als eine Spiegelung, als ein Abbild seines Innerseelischen Geschehens" (Jacobi, 1959, S. 143) den Zugang zu dieser Person und ihren Problemen.

Bedeutend ist in diesem Zusammenhang auch, wie innerhalb der analytischen Psychologie Märchen gedeutet werden[18]. Das Geschehen im Märchen kann nämlich als Spiegel interpersoneller, aber eben auch innerpsychischer oder intrapersoneller

Begebenheiten gelesen werden. Die objektstufige Interpretation sieht in den Figuren des Märchens reale Personen, die in bestimmten Lebenssituationen stehen und diese zu bewältigen versuchen. So kann sich zum Beispiel ein Mädchen oder ein Junge mit den Kindern aus „Hänsel und Gretel" identifizieren, und die böse Hexe im Wald stellt die Mutter in ihren verschlingenden und einnehmenden Aspekten dar. Die Hexe steht in diesem Fall für bestimmte Seiten der realen Mutter. In der subjektstufigen Deutung ist „jede Figur, die auftritt (...) als Persönlichkeitszug der Heldenfigur" zu verstehen. „Wenn im Märchen eine Frau zum Beispiel eine Hexe trifft, dann trifft sie ihre eigenen hexenhaften Züge." (Kast, 1999, S. 8) Hier werden die äußeren Begebenheiten zum Spiegel der inneren Welt: „Die äußeren Erscheinungen werden als Konkretisierungen innerer Gegebenheiten angesehen. (...) Oder anders ausgedrückt: Die Innenwelt wird nach außen projiziert." (Baumgardt, 1988 zitiert nach May, 1998, S. 48) Diese Deutungsvarianten erinnern an die Bewältigungsmöglichkeiten, die das Märchen nach Hans Dieckmann (1966) anbietet, nämlich die Überwindung äußerer Bedrohungen sowie innerer, instinkthafter Ansprüche, die sich in den Märchengestalten spiegeln.

Das Märchen bietet im Sinne der analytischen Psychologie somit elementare poetische Bilder, die als archetypische Urerfahrungen dem Hörer Möglichkeiten menschlicher Reaktionsweisen auf typische Grundprobleme aufzeigen. Der Märchenrezipient kann sich mit dem Helden identifizieren oder seine Probleme in das Geschehen projizieren und erhält dadurch wichtige Anregungen zum Abbau innerseelischer sowie zwischenmenschlicher Spannungen.

Ich habe vier mögliche Erklärungsversuche für die psychologische und therapeutische Wirksamkeit des Märchens herangezogen. Es sind dies zunächst die typische Form und Struktur des Märchens selbst und seine symbolische Sprache, die ungewohnte Verstehensweisen in uns anregt. Weiter wurde die Erfüllung von (unbewussten) Wünschen, wie sie aus psychoanalytischer Richtung für den Traum postuliert wird, als Wirkungsmöglichkeit erläutert. Abschließend wurde auf die Theorie der archetypischen Bilder, als die die analytische Psychologie die Märchen sieht, eingegangen. Welche Leseart des Märchens nun die fruchtbarste ist, kann nicht beantwortet werden. Im Grunde ist die von mir vorgenommene getrennte Auflistung dieser Zugangsweisen zum Märchen eine künstliche. Die von Max Lüthi (1947) erarbeitete Phänomenologie des Märchens, die lediglich die strukturellen und formalen Merkmale dieser Geschichten beschreibt, legt nämlich ein symbolisches Verständnis der Bilder und Motive des Märchens bereits nahe. Die symbolische Sprache, in der die Märchen sich an uns Menschen wenden, ist letztlich auch die Sprache der Träume und diese lassen sich sowohl mit Begriffen Freudscher als auch Jungscher Tiefenpsychologie deuten. Das bedeutet, dass die Theorie der Wunscherfüllung einen ebenso berechtigten Zugang zum Verständnis der Märchen darstellt, wie die Lehre der Archetypen. Das Ineinandergreifen der verschiedenen Erklärungsversuche verdeutlicht vielleicht, dass diese Betrachtungsweisen sich lediglich aus unterschiedlichen Perspektiven demselben Phänomen nähern.

In der Erarbeitung der Thematik zeigte sich aber insbesondere die spezielle Struktur der Märchen, welche diese von allen anderen Literaturformen unterscheidet, als Grundlage für das Verstehen von deren Wirksamkeit als wertvoll. Außerdem erwies sich der Zugang symbolischen Begreifens – auch auf einer persönlichen Ebene – als nützlich. Nur wer sich nämlich auf ein Märchen einzulassen vermag, sei es unbewusst in der Form kindlich-intuitiven Wahrnehmens, oder aber bewusst, durch die Reflexion und die Einfühlung in den Bedeutungszusammenhang der Motive des Märchens, gelangt zu einem tieferen Verständnis derselben. Das bedeutet, dass die Bilder des Märchens ernst genommen werden müssen, damit sie ihre Wirkung entfalten können. Die Erklärungen, die sich wiederum aus den Theoriekomplexen von Sigmund Freud und Carl Gustav Jung ableiten lassen, erleichtern durch die Darstellung psychischer Wirkmechanismen, etwa die Wunscherfüllung sowie Identifikation, Projektion und Imagination[19], ein Verstehen der psychischen Abläufe, die durch ein Märchen ausgelöst werden und mitunter eben auch helfend und heilend wirken können.

Jedem Blickwinkel kommt letztlich ein eigener Wert zu und jeder erhält in verschiedenen Kontexten unterschiedliche Bedeutung. Dies gilt auch für die vorliegende Untersuchung. Ich möchte die verschiedenen Ansätze als sich gegenseitig ergänzende und erhellende Erklärungen verstanden wissen, denen wir im Ergebnisteil wieder begegnen und die dort jeweils unterschiedliche Gewichtungen erfahren werden.

Beenden möchte ich diesen Abschnitt mit einer Metapher, die Bruno Bettelheim für die Wirkungsweise des Märchens in der kindlichen Seele – und nicht nur dort –formuliert hat: „Das Anhören eines Märchens und das Aufnehmen seiner Bilder kann mit dem Ausstreuen von Samen verglichen werden, von dem nur ein Teil im Gemüt des Kindes Wurzeln schlägt. Einige Samenkörner fallen unmittelbar in sein Bewusstsein, andere setzen unbewusste Vorgänge frei. Weitere müssen lange Zeit ruhen, bis das kindliche Gemüt so weit ist, dass sie keimen können; viele bleiben ganz ohne Wirkung. Die Samenkörner aber, die auf fruchtbaren Boden fallen, wachsen zu schönen Blumen und kräftigen Bäumen – sie bestärken wichtige Gefühle, vermitteln Einsichten, nähren Hoffnungen und bewältigen Ängste –, und damit bereichern sie das Leben des Kindes in der jeweiligen Zeit und für immer." (Bettelheim, 2000, S.177).

Das Lieblingsmärchen der Kindheit

Die Magie und das Kind – Märchen für Kinder

„Es gab einmal eine Zeit, da wir mühelos imstande waren, auf eine ganz einfache Weise die komplexe Wahrheit der Märchen zu verstehen – als wir noch Kinder waren." (Drewermann, 1992, S. 7) Das Märchen ist Literatur für Kinder – wer mag daran zweifeln? Doch dies war nicht immer so. Als die Brüder Grimm im 19. Jahrhundert mit dem Sammeln der Märchen begannen, wurden sie nicht von pädagogischen oder kinderpsychologischen, sondern von rein wissenschaftlichen Interessen geleitet. Sie suchten in Anlehnung an Herders „Naturpoesie" den „Urquell der Poesie, den Nachklang uralter Dichtung" in den Geschichten, die während der Arbeit oder als Unterhaltung am Feierabend erzählt wurden (vgl. Lüthi, 1962). Tatsächlich aber war kurz vorher, zur Zeit der Aufklärung, eine Entwicklung eingeläutet worden, die den Märchen neue, beschränktere Bedeutungssphären zuwies. Werner

Psaar und Manfred Klein beschreiben wie es dazu kam: „Dem rationalen Verständnis der Aufklärung, das sich – im Laufe eines sich stürmisch entfaltenden bürgerlichen Bildungsbewusstseins – von mythischen, wunderbaren und generell irrationalen Denk- und Erlebnisinhalten distanzierte, musste das Volksmärchen suspekt – da unglaubwürdig – werden. So wird das Märchen dorthin verwiesen, wo es noch – wenigstens partiell – für wahr gehalten werden kann, an das Kind." (Psaar & Klein, 1980, S. 112) Daher erschien auch bereits die zweite Auflage der Märchensammlung mit dem Titel „Kinder- und Hausmärchen". Schritt für Schritt wurde das Märchen, auch durch die Gebrüder Grimm selbst, durch Kürzung, Vereinfachung und Auswahl bestimmter Geschichten kindgerecht adaptiert.[20]

Die Psychologie bemühte sich bald darauf, das Verhältnis des Kindes zum Märchen zu klären. Charlotte Bühler (mit Bilz, 1958) fragte sich, worauf die Empfänglichkeit des Kindes für das Märchen beruht, und kam im Wesentlichen zu der Antwort, dass diese phantastischen Geschichten schon rein formal den Bedürfnissen des kindlichen Geistes entsprechen. Durch die plötzlichen Übergänge, etwa das unvermittelte Erscheinen einer neuen Figur oder das Wechseln an einen anderen Ort, kann das Kind die Gewandtheit und Fertigkeit des Vorstellens einüben. Die bloße Nennung von Figuren und Vorgängen und die sparsamen Beschreibungen im Märchen, kommen der ganzheitlichen Wahrnehmung des Kindes, seiner mangelhaften Abstraktionsfähigkeit und großen Regsamkeit entgegen, aufgrund derer es jede Einzelheit mit hoher Gefühlsintensität erlebt. Die Schilderung des Fortschreitens der sukzessiven Handlungen entspricht dem „Wanderbedürfnis", der vorstellenden, anschaulichen Phantasie des Kindes. Das Wunder, als zentrales Ereignis im Märchen, erfüllt seine Lust an der Sensation: „In einem von Wünschen dirigierten, durch den Affekt des Außergewöhnlichen bestimmten und durch keine Verstandeskritik gehemmten Vorstellungsspiel sucht die kindliche Phantasie ihre regste Entfaltung." (ebd., S. 49) In den affektmäßig motivierten Handlungen des Helden und dem Zurücktreten intellektueller Anforderungen, erkennt das Kind sein eigenes Tun, und in den „isolierten" und zugleich „allverbundenen" Gestalten (Lüthi, 1947) seine eigene Haltung. Weiter herrscht im Märchen ein für das Kind zuträgliches Gleichgewicht zwischen Bekanntem (Eltern, Tiere) und Unbekanntem (Fabelwesen), und nicht zuletzt kommen Wunsch und Gerechtigkeitsbedürfnis auf ihre Rechnung. So kann man mit Wesselski zu dem Schluss gelangen, dass das Kind der „eigentlich für das Märchen (…) einzig geistesverwandte und verständnisvolle Zuhörer ist." (Wesselski, 1931, S. 89)

Die Idee einer Entsprechung zwischen dem Weltbild des Kindes und den Darstellungsformen im Märchen ist heute noch allgegenwärtig. „Das Kind traut dem, was das Märchen erzählt, weil dessen Weltsicht mit der seinen übereinstimmt", schreibt etwa Bruno Bettelheim (1977, S. 66). Anne Diergarten (1987) nennt weitere Momente der Affinität: Kinder würden die Welt zunächst über ihre Sinne erfahren und sie sich durch handelndes „Begreifen" zu eigen machen – ebenso wie die Helden und Heldinnen handelnd durch die Märchenwelt marschieren. Der kindliche „Egozentrismus" (vgl. Piaget, 1992)[21], also der Umstand, dass sich das Kind als Mittelpunkt erlebt, nicht zwischen sich und anderen unterscheiden kann und daher von sich auf andere schließt, spiegelt sich in der Darstellung der Märchengestalten wider. Dasselbe gilt für weitere kindliche Seinsweisen, wie Jean Piaget (1992) sie formuliert hat, nämlich den „Anthropomorphismus" beziehungsweise die „animistische Deutung" und den „Finalismus". Im Märchen agieren sprechende Tiere und belebte Gegenstände: Die beiden Täubchen auf dem Haselbäumchen in „Aschenputtel" warnen den Königssohn zweimal davor, die falsche Braut heim zu führen und rufen: *Rucke di guck, rucke di guck, Blut ist im Schuck, der Schuck ist zu klein, die rechte Braut sitzt noch daheim.* Das Brot im Backofen, dem Goldmarie auf dem Weg zu Frau Holle begegnet, ruft: *Ach zieh mich raus, zieh mich raus, sonst verbrenne ich, ich bin schon längst ausgebacken*, und der mit Äpfeln vollbehangene Baum bittet: *Ach schüttle mich, schüttle mich, wir Äpfel sind alle miteinander reif.* Für das Kind und sein animistisches sowie anthropomorphes Denken, also die Beseelung der Natur und Vermenschlichung der Umwelt, ist das ganz natürlich. Wenn ferner die Existenz von Gegenständen und Naturerscheinungen aus ihrem Zweck erklärt wird, wie dies im Märchen der Fall ist, so entspricht dies der finalistischen Erklärung, die typisch ist, für die voroperatorische Phase der geistigen Entwicklung des Kindes.

Eine weitere grundlegende und vieldiskutierte Entsprechung zwischen dem kindlichen Sein und Verstehen und dem Märchen wurde bislang noch nicht genannt: Das magische Denken. Die Kinderpsychotherapeutin Selma Fraiberg, die sich darum bemüht hat, das Vorschulkind in seinem magischen Begreifen der Welt zu verstehen, erklärt: „Es sind magische Jahre, weil das Kind in seinen ersten Jahren, im psychologischen Sinn, Magier ist. Sein frühester Begriff von der Welt ist ein magischer: es glaubt, dass seine Handlungen und Gedanken Ereignisse hervorbringen können." (Fraiberg, 1972, S. 7) Diese Form des Verstehens ist keine primitivere, meint Anne Diergarten, sondern „qualitativ ein ganz anderes Denken, das die tieferen Schichten der Persönlichkeit berührt und das vielen Erwachsenen verloren gegangen ist." (Diergarten & Smeets, 1987, S. 18)[22] Sandor Ferenczi hat bereits im Jahre 1913 verschiedene „Entwicklungsstufen des Wirklichkeitssinnes" beschrieben. Er erklärt die schrittweise Ablösung vom Lustprinzip, also von der unaufschiebbaren Lustgewinnung, und die Anerkennung der unumgänglichen Enttäuschungen durch die Realität mittels mehrerer Stufen der „halluzinatorischen" Bedürfnisbefriedigung. In der „Periode der bedingungslosen Allmacht", die der pränatalen Zeit im Mutterleib entspricht, erlebt sich das Kind als allmächtig, da es „alles hat, was man will und (...) nichts zu wünschen übrig hat" (Ferenczi, 1913, S. 67). Auf der zweiten Stufe, der „Periode der magisch-halluzinatorischen Allmacht", erfährt es durch die bloße Vorstellung der Befriedigung seiner Wünsche die scheinbar sofortige Erfüllung; es wird dadurch in seiner Wahrnehmung der Allmacht weiterhin bestätigt. In der „Periode der Allmacht mit Hilfe magischer Gebärden" ist das subjektive Empfinden des Kindes „dem eines wirklichen Zauberers zu vergleichen, der nur eine bestimmte Geste vorzunehmen hat, damit in der Außenwelt die kompliziertesten Ereignisse nach seinem Willen vor sich gehen" (ebd., S. 71). Nach einer „animistischen Periode der Realitätsauffassung", in der dem Kind jedes Ding beseelt vorkommt (sie entspricht dem animistischen Denken bei Piaget, 1992) und in der es zumindest teilweise die Erfüllung seiner auf die Außenwelt gerichteten Wünsche erfährt, folgt die letzte Stufe, die „Periode der magischen Gedanken und der magischen Worte". Das Kind ist nunmehr der Sprache mächtig und zu bewusstem Denken mittels Sprachzeichen fähig und „dünkt sich dabei im Besitze zauberhafter Fähigkeiten" (ebd., S. 76).

Zusammenfassend bedeutet dies, dass „alle Kinder […] im glücklichen Wahne der Allmacht [leben], der sie irgendeinmal – wenn auch etwa nur im Mutterleibe – wirklich teilhaftig waren" (ebd., S. 77), bis sie sich gezwungenermaßen gänzlich dem Realitätsprinzip unterwerfen. „In den Märchen dagegen sind und bleiben die Allmachtsphantasien die herrschenden", so Sandor Ferenczi (ebd., S. 83). Die Helden im Märchen sind unbesiegbar und stark, sie leben ewig und an hundert Orten, sie wissen um die Zukunft gleichermaßen wie um die Vergangenheit. Der Mensch im Märchen kann fliegen, seine Augen durchdringen die Wände und ihr Zauberstab öffnet alle Türen. Der Kampf ums Dasein ist längst nicht so hart, Feinde und wilde Tiere sind nicht unbesiegbar und die Liebe ist natürliche Konsequenz des Seins. Für Ferenczi ist der Erwachsene, der eigentlich Beglückte durch das Märchen: „Das Märchen also, in dem die Erwachsenen so gerne die eigenen unerfüllten und verdrängten Wünsche ihren Kindern erzählen, bringt eigentlich die verlorene Allmachtssituation zu einer letzten, künstlerischen Darstellung." (ebd., S. 83)

Es gibt aus psychologischer Perspektive demnach mehrere Stimmen, die das Märchen insbesondere für Kinder geeignet halten. Ferenczis Ausführungen sprechen demgegenüber auch für die Empfangsbereitschaft Erwachsener. Wahrscheinlich halten diese phantastischen Geschichten für jeden etwas bereit, und es kommt letztlich auf die Art und Weise der Wahrnehmung ebenso an, wie auf die persönliche Motivation, sich mit diesen auseinanderzusetzen.

Wie auch immer wir zu der Frage stehen mögen, ob das Märchen nun für Kinder oder Erwachsene gedacht sei, wurde doch mehrfach darauf hingewiesen, dass es ein so genanntes Märchenalter gäbe, also eine Zeit, in der der Mensch besonders empfänglich für Märchen wäre (Bettelheim, 2000; Bühler & Bilz, 1958). Charlotte Bühler (1958) etwa unterschied aufgrund einer Erhebung zur Lieblingslektüre in verschiedenen Lebensaltern die „Struwwelpeterzeit", das „Märchenalter" und die „Robinsonzeit", wobei sie das Märchenalter zwischen vier und acht beziehungsweise zehn Jahren festlegte. Inwieweit diese Daten für die heutige Zeit noch relevant sind, bleibt umstritten (Psaar & Klein, 1980). Offenkundig ist, dass die Einteilung an weniger aktuellen Werken der Kinderliteratur orientiert ist. Damit muss auch die Frage nach der Existenz eines besonderen „Märchenalters" neu stellt werden.

Bruno Bettelheims Einschätzung entspricht weitgehend den Angaben von Charlotte Bühler: „Sechs bis zehn Jahre ist (...) das Alter, in dem die Geschichte den Kindern den tiefsten Eindruck macht." (Bettelheim, 2000, S. 296) „In unserer Kultur liegt im allgemeinen die Hauptmärchenzeit etwa zwischen dem 2. und 10. Lebensjahr", meint auch Hans Dieckmann und spricht sich damit ebenso wie die anderen Autoren für eine Obergrenze dieses Zeitabschnittes bei zehn Jahren aus (Dieckmann, 1968, S. 288). Der Beginn des Märchenalters schwankt in den Angaben zwischen zwei und sechs Jahren.

Hildegard Schaufelberger (1991) geht von einer Zeitspanne zwischen dem dritten Lebensjahr und der ersten Schulzeit aus, unterteilt diese allerdings in drei Abschnitte, wobei jeweils unterschiedliche Merkmale des Märchens auf das Kind wirken sollen. Zwischen drei und vier Jahren ist die geradlinige Handlung des Märchens ausschlaggebend für die direkte Affinität beim Kind; zwischen dem vierten und sechsten Lebensjahr spricht das einfache Zaubermärchen mit seinen wundersamen Ereignissen das Kind an. In den ersten Schuljahren – Schaufelberger (1991) spezifiziert diesen Abschnitt nicht näher – ist das Auftreten mehrerer Motive und Schauplätze entscheidend für die Bevorzugung des Märchens. Insgesamt wird das Märchenalter also in einer Altersspanne vom zweiten bis zum zehnten Lebensalter angesetzt.

Unabhängig von diesen Altersangaben nehme ich mit Werner Psaar und Manfred Klein (1980) an, dass es sich bei dem Märchenalter um ein Konstrukt handelt, das vielleicht auf der Grundlage magischen Denkens und Begreifens erklärt werden könnte. In diese Richtung deuten auch die Überlegungen von Felicitas Betz, die schreibt: „Die bildhafte Sprache der Märchen trifft bei den Kindern, besonders deutlich etwa zwischen dem 4. und 7. Lebensjahr, auf eine phasenspezifische Sensibilität." (Betz, 2001, S. 7) Diese Phase endet jedoch nach Jean Piaget (1991, voroperatorisches Denken zwischen 2 und 6 Jahren) und Selma Fraiberg (1972, magisches Denken von der Geburt bis zu 6 Jahren) übereinstimmend mit dem sechsten Lebensjahr.[23] Das eigentliche formale und abstrakte Denken reift aber erst ab etwa zehn bis zwölf Jahren aus (vgl. Piaget, 1991, formal-operatorisches Stadium ab 10 Jahren; Zitzlsperger, 2000), was einen langsamen Übergang und das Nachwirken magischen Denkens nahe legen würde. Eine begründete Erklärung der erhöhten Anziehungskraft der Märchen innerhalb des sechsten und etwa zehnten Lebensjahres, wie sie in der Literatur postuliert wird, ist allerdings noch ausständig. Es wird zu klären sein, ob am Beispiel der Kinder aus der vorliegenden Untersuchung die Annahme eines solchen „Märchenalters" plausibel gemacht werden kann.

Abschließend sei Jochen Stork zitiert, der sich kritisch, aber doch optimistisch zur Affinität zwischen Kind und Märchen äußert: „Es bleibt immer rätselhaft, was das Kind von einem Märchen begreift und was ihm fremd bleibt, nicht zuletzt, weil es durch seine Lebensgeschichte und durch sein persönliches Unbewusstes eine Auswahl trifft. Aber wir haben guten Grund zu der Annahme, dass das Kind nicht nur einer solchen phantastischen Vorstellungswelt näher steht als wir es erahnen können, sondern auch mehr begreift als wir, sei es alleine um seinen Vorstellungen und Phantasien Form und Gestalt zu geben, um eine erste Orientierung zu schaffen, die Vergangenes und Zukünftiges, die Kontinuität und Diskontinuität zu strukturieren vermag." (Stork, 1987, S. 127) In dieser Untersuchung werde ich versuchen, das Rätsel um die Anziehungskraft der Märchen gerade für Kinder ein Stück weit zu lösen. Ansatzpunkt wird das Lieblingsmärchen sein, ein Phänomen, das im Folgenden näher dargestellt werden soll.

Die Kraft der Faszination – Zum Phänomen des Lieblingsmärchens

„Es gibt bei vielen Menschen ein Märchen, das in ihrer Kindheit einen besonders tiefen Eindruck auf sie gemacht hat." (Dieckmann, 1967a, S. 202) Bruno Bettelheim, der wohl bekannteste Autor im Bereich der Psychologie des Märchens, kennt diese Faszination. Als „mein persönliches Lieblingsmärchen" bezeichnet er „Hänsel und ___" und erzählt von den Sommerurlauben mit seiner Cousine, in denen sie sich ___ gruseliger Spannung und freudiger Erregung, an ein zerfal- ___ inmitten des Hotelgartens heranschleichen und so erste Schritte ___ nd der Überwindung der hexenhaften, weil verwehrenden Mutter wagten (Bettelheim, 1987, S. 146 ff.). So können bestimmte Märchen eine sehr tiefgehende Beziehung zu Erlebnissen und Verhaltensweisen der Kindheit aufweisen, aber auch zu Schicksal, Innenwelt, Krankheiten und Schwächen, Vorzügen und Stärken des Menschen. Diesen Zusammenhängen möchten wir im Folgenden nachspüren.

Die meisten Kinder – jeder Kindertherapeut kann dies bestätigen, meint Hans Dieckmann[24] (1968, S. 288; 1991, S. 104) – haben ein bestimmtes Märchen oder eine märchenähnliche Geschichte, die eine besondere Faszination auf sie ausübt. Das Kind lässt sich dieses Märchen immer wieder erzählen oder liest es immer wieder selbst und trägt es als einen besonderen Schatz in seiner Erinnerung. „Diese Faszination kann positiv im Sinne eines Lieblingsmärchens sein oder negativ im Sinne eines besonders beängstigenden oder gruseligen Märchens, wobei letzteres oft die gleiche magische Anziehungskraft besitzt wie das erstere." (Dieckmann, 1968, S. 288) Erich Franzke (1985) schlägt aufgrund dieser Zweiseitigkeit des Faszinationsmärchens den Begriff des „Favoritmärchens" vor, der beide Aspekte umfasst, das Lieblingsmärchen als besonders geliebte Geschichte, und das Schreckmärchen, das durch die (An)Spannung Faszination ausübt. Verena Kast (1986) berichtet demgegenüber aus ihrer Erfahrung als Therapeutin, dass häufig auch mehr als nur ein Lieblingsmärchen genannt wird und dass es zu verschiedenen Zeiten auch verschiedene Märchen sein können. Hans Dieckmann schränkt dieses Phänomen hingegen ein, in dem er festhält: „Hierbei ist nun öfter zu beobachten, dass die Kinder das bevorzugte Märchen wechseln. In der weitaus größeren Mehrzahl der Fälle werden aber dann bei einem derartigen Wechsel Märchen bevorzugt, die etwa auf eine gleiche oder ähnliche Symbolik zentriert sind, wie z.B. „Däumlings Wanderschaft" und „Das tapfere Schneiderlein", oder die „Sieben Raben" und die „Sechs Schwäne." (Dieckmann, 1991, S. 105) Dieckmann räumt die Möglichkeit eines Wechsels des Lieblingsmärchens lediglich in der Kindheit ein und beharrt auf die Zentrierung um dieselben Motive. Dies wird aus seiner Annahme der Zugänglichkeit eines Grundkonfliktes über das Lieblingsmärchen verständlich, der sich im Laufe des Lebens nicht verändert, sondern eine bleibende Beeinträchtigung darstellt. Ich werde später genauer darauf eingehen.

Dieses Lieblingsmärchen der Kindheit, das nach Dieckmann insbesondere bei vier- bis zehnjährigen Kindern zu beobachten ist, verliert seine Faszination mit dem Verstreichen der Jahre nicht, sondern wirkt weiter. „Später wurde sie [die märchenähnliche Geschichte] vergessen oder verdrängt und versank damit in seinem [des Menschen] Unbewussten, wo sie aber eine merkwürdige Lebendigkeit behielt und Wirkungen entfaltete, mit denen sie der erwachsene Mensch nie in Verbindung gebracht hätte." (ebd., S. 101)

Eine Schwierigkeit stellt die Objektivierung dieser Lieblingsmärchen dar. Wie kann man zeigen, dass ein von einem Kind, und noch schwieriger von einem Erwachsenen, angegebenes Märchen wirklich als Lieblingsmärchen bezeichnet werden kann, das heißt oftmals gelesen und gehört wurde und Inhalt vieler Beschäftigungen war? Hans Dieckmann (1991) meint, es gäbe Belege, die sich bei einem Teil der Menschen finden lassen, wie etwa Geschichten, Zeichnungen und bestimmte Spiele, oder Informationen von Beziehungspersonen über die Richtigkeit der Angaben. Allerdings sind diese Anhaltspunkte nicht allzu häufig und schon gar nicht von statistischer Relevanz. Dies ist aber, so Dieckmann weiter, nicht von großer Bedeutung, denn letztlich kommt es nicht auf eine äußere, sondern auf eine objektive psychische Realität an. Er beruft sich hierbei auf Freud (1915-17, vgl. Laplanche & Pontalis, 1973, S. 513 f.), für den frühe infantile Phantasiebildungen, unabhängig von ihrer äußeren Realität, nach wie vor von großem Wert für die Erklärung der Entstehung von Traumen blieben.

Hans Dieckmann (1967a) stellte nun fest, dass solche Lieblings- oder Faszinationsmärchen immer wieder in therapeutischen Prozessen auftauchen. Er berichtet aus seiner fünfzehnjährigen, analytischen Erfahrung von gut 100 erwachsenen Patienten, die ein solches Märchen zu erzählen wussten und in die Analyse mit einbrachten. Erstaunlicherweise zeigt sich eine „starke individuelle Variabilität der gewählten Märchenmotive." (Dieckmann, 1967a, S. 207) Dieckmann berichtet 1968 von 36 verschiedenen Märchen bei insgesamt 50 Patienten und 1974 (vgl. Dieckmann, 1991, S. 108) von 49 verschiedenen Lieblingsmärchen bei 70 Klienten.

Bei der genauen Durcharbeitung der Lieblingsmärchen in der Analyse „ergaben sich fast immer überraschende Analogien zu der hintergründigen Problematik der Neurose des Betreffenden, zu der die Neurose auslösenden Situation und der vorhandenen Symptomatik." (Dieckmann, 1967a, S. 202) Wie deutlich die Problematik, die letztlich zur Neurose führt im Märchen ihren Ausdruck findet, soll in Anlehnung an Dieckmann (1991) an einem Beispiel aufgezeigt werden.

Eine 24-jährige Frau litt an schweren Depressionen. Sie war Einzelkind und hatte schon sehr früh ihren Vater verloren. Ihre Mutter übertrug ihre ganze Gefühlswelt auf das Kind und umhegte es in überängstlicher und überfürsorglicher Weise. Zwischen dem sechsten und achten Lebensjahr erkrankte die Patientin außerdem an einer Tuberkulose. Das Lieblingsmärchen dieser Frau, nennen wir sie Anna, war „Jorinde und Joringel". In diesem Märchen bannt eine Zauberin, die in einem unheimlichen Waldschloss wohnt, jeden, der auf hundert Schritte an das Schloss herankommt, und verwandelt Jungfrauen in bunte Vögel, die sie dann in einem Käfig einsperrt. So geschieht es dem Liebespaar Jorinde und Joringel. In diesem Märchen kommt eindrücklich die hoffnungslose Kindheitssituation von Anna zum Tragen: „In der Hexe tritt die negative Seite der verwöhnenden und festhaltenden Mutter auf, der Machtanspruch dieser Frau, wie auch die archetypische Ebene, die über die persönliche Mutter hinausweist." (Dieckmann, 1991, S. 133). Damit spricht Dieckmann die festhaltende Seite in Anna selbst an, nämlich ihre organische Erkrankung und die Erfahrung, von der großen Mutter Natur in die Gefangenschaft einer regressiven Phantasiewelt, also ihre Depression, gezaubert zu werden.

Ebenso bemerkenswerte Parallelen lassen sich zwischen dem Märchen und der auslösenden Situation der Neurose angeben (vgl. Dieckmann, 1968, S. 289 f.). Eine 39-jährige Patientin, deren Lieblingsmärchen „Rapunzel" war, lebte in ihrer Kindheit durch ihre überängstliche und zwangsneurotisch strukturierte Mutter sehr isoliert. Einen Ausgleich in dieser Situation bildete der stärker realitätsbezogene Vater. Als die Patientin zwölf Jahre alt war, starb dieser und sie war nun völlig schutzlos der Mutter und ihrer noch gesteigerten Überängstlichkeit ausgeliefert. Im Märchen heißt es: *Als es zwölf Jahre alt war, schloss es die Zauberin in einen Turm, der in einem Wald lag, und weder Treppe noch Türe hatte, nur ganz oben war ein kleines Fensterchen.*

Das Lieblingsmärchen und seine Motive vermögen nach Dieckmann (1968) in der Analyse auch Übereinstimmungen zu der Symptomatik der Patienten aufzudecken. Er (Dieckmann, 1967a) führt auch dafür verblüffende Beispiele an. Eine 47-jährige Frau, Mutter von fünf Kindern, hatte ihr gesamtes Leben in einer extremen Opferhaltung verbracht, derart, dass sie sich erst im Verlauf der Therapie ihr erstes eigenes Kleid kaufte. Ihr Lieblingsmärchen war „Die Sterntaler".[25] Ein anderer Patient Dieckmanns, mit einer vorwiegend zwangsneurotischen Charakterstruktur und einer fast vollständigen Verdrängung der Emotionalität bei gleichzeitiger Neigung zu starken Gewalttätigkeitsdurchbrüchen, nannte „Von einem der auszog das Fürchten zu lernen" als sein Lieblingsmärchen. Dieses Märchen erzählt von einem – im wahrsten Sinne des Wortes – schlagfreudigen jungen Mann, der es lernen muss, Gefühle zu entwickeln und wahrzunehmen.[26]

Wie lassen sich diese überraschenden Entsprechungen erklären? Hans Dieckmann greift auf die analytische Theorie der Archetypen zurück. „Das Märchen ist in aller Regel das erste und früheste Kulturprodukt, mit dem der Mensch in Berührung kommt, und das er in sich aufnimmt. Es ist daher besonders geeignet, die vorhandenen typischen Strukturdominanten des psychischen Erlebens mit der kulturentsprechenden Bilderwelt aufzufüllen." (ebd., S. 202) Das bedeutet, dass die Archetypen per se, die als Form- und Ordnungsprinzip in der Psyche des Menschen bereits vorgebildet sind, durch das Märchen konkrete Bilder und Vorstellungen erhalten. In den Jahren, in denen Märchen besondere Bedeutung erlangen, durchschreitet das Kind aber auch jene Stadien der psychosexuellen Entwicklung, die für die Ausbildung einer Neurose sehr sensibel sind (vgl. Freud, 1905). So „liegt die Hauptmärchenzeit unserer Kinder in dem gleichen Zeitraum, in dem einerseits noch die Fundamente für die spätere Neurose gelegt werden, und andererseits die ersten Primordialsymptome[27] sich bemerkbar zu machen pflegen." (Dieckmann, 1967a, S. 202). Es kommt in dieser Zeit bei einer neurotischen Entwicklung zu einer Identifikation mit diesen archetypischen Bildern des Märchens, das heißt, Verhaltens- und Erlebnisweisen des Märchenhelden beziehungsweise der Märchenheldin werden übernommen. Das Lieblingsmärchen eines Patienten kann also eine Aussage über die der individuellen Neurose zugrunde liegende Problematik und Dynamik machen, da das Kind in der Zeit der Entstehung derselben durch diese Bilder geprägt wurde. Da das äußere Bild des Märchens die inneren Gegebenheiten spiegelt, lassen die Symbole und Motive des Märchens Rückschlüsse auf eventuelle Störungen der Entwicklung zu.

Nach Dieckmann gibt es zwei Möglichkeiten, die in Analogie zu einem Märchenmotiv erfolgende Symptomwahl zu erklären. „Unter dem Einfluss einer nicht zu bewältigenden Schicksalssituation regrediert die Libido zu früheren, typischen Erlebnisformen, die nun mobilisiert werden und zur Verwirklichung und Verleiblichung einer mythologischen Bilderwelt führen, die innerhalb dieser Bereitschaftssysteme noch von Kindheit her enthalten war." Oder: „Es bestand von Anfang an eine partielle unbewusste Identifikation von Teilen des Ich-Komplexes mit dem Mythologem." (ebd., S. 207). Also greift der Neurotiker in kritischen Situationen auf alte Verhaltensweisen zurück, die ihm in der Symbolsprache der Märchen vermittelt wurden, oder er hat diese immer teilweise verankert in sich getragen und bringt sie jetzt zur Ausführung. So kommt Dieckmann zu der Annahme, dass man über die frühen Lieblingsmärchen der Kindheit eine „partielle oder totale fixierte Identifikation des Ich-Komplexes mit einem archetypischen Bild als Kernelement eines Komplexes" aufdecken kann (Dieckmann, 1968, S. 288). Den „Komplex" kann man als abgesprengte seelische Persönlichkeitsteile verstehen (vgl. Jacobi, 1959, S. 52), die aus dem Unbewussten in das Bewusstsein eindringen und dieses stören. Die partielle und die totale Identifikation können mit Rudolf Klußmann (1988) jeweils als weniger fixierte, beziehungsweise als starre, festsitzende Verinnerlichung fremder Motive oder Handlungsweisen definiert werden. Also gelangt man über das Lieblingsmärchen zu weniger oder stärker fixierten Vorstellungen, die der Neurose zugrunde liegen. Einfach ausgedrückt sind Neurotiker für Dieckmann Menschen, die die Aufgaben des Märchenhelden nicht erfüllt haben, sie sind die gescheiterten Helden ihres jeweiligen Märchens, oder sie sind Menschen, die unbewusst das Leben ihres Märchenhelden führen (vgl. Kast, 1986).

Verena Kast differenziert diese Annahme weiter. Sie geht zunächst davon aus, dass in den Lieblingsmärchen selten die ganze Komplexstruktur ausgedrückt wird, sondern zumeist nur ein wesentliches Grundproblem. Ferner „muss (…) klar unterschieden werden zwischen Menschen, die nur *ein* Lieblingsmärchen haben, und anderen, die mehrere Märchen nennen können, verschiedene Lieblingsmärchen zu verschiedenen Zeiten ihres Lebens." (Kast, 1986, S. 14) Selbst wenn diese Märchen dieselbe Grundproblematik behandeln, wäre der Patient in diesem Fall nicht auf nur ein mögliches Verhalten in seiner Komplexkonstellation festgelegt, sondern hätte verschiedene Verhaltensweisen zur Auswahl – „der Grad der Freiheit innerhalb der Gebundenheit, die eine Komplexkonstellation immer bedeutet, wäre größer." (Kast, 1986, S. 14)[28]

Sigmund Freud formulierte bereits 1913 eine andere Annahme, die für eine Erklärung der beschriebenen Phänomene herangezogen werden kann. „Bei einigen Menschen hat sich die Erinnerung an ihre Lieblingsmärchen an die Stelle eigener Kindheitserinnerungen gesetzt; sie haben die Märchen zu Deckerinnerungen erhoben." (Freud, 1913, S. 2) Deckerinnerungen können mit Jean Laplanche und J.-B. Pontalis (1973) als infantile Erinnerungen definiert werden, die sich durch besondere Deutlichkeit und scheinbare Bedeutungslosigkeit ihres Inhaltes auszeichnen. Die Analyse kann aber markante infantile Erfahrungen und unbewusste Phantasien zu Tage bringen, die mit diesen Erinnerungen verknüpft sind. Somit glaubt auch Freud (1913), dass durch ein Lieblingsmärchen Aussagen über wesentliche Momente des psychischen Lebens zugänglich werden. „In diesen [Deckerinnerungen] ist nicht nur einiges Wesentliche aus dem Kindheitsleben enthalten, sondern eigentlich alles Wesentliche. Man muss nur verstehen, es durch die Analyse aus ihnen zu entwickeln. Sie repräsentieren die vergessenen Kinderjahre so zureichend wie der manifeste Traum die Traumgedanken." (Freud, 1914, S. 128) Somit kann ein Lieblingsmärchen den Weg zur Erkundung der Kindheit und, im Hinblick auf die Neurose, von wichtigen Lebensereignissen eröffnen.

Neben diesen Erklärungsansätzen für die eindrücklichen Übereinstimmungen zwischen Lieblingsmärchen und Neurose finden sich in der Literatur auch Hinweise auf weitere Ähnlichkeiten zum Traum und die Wirksamkeit der Symbolsprache. Regine Lückel erklärt folgendermaßen, wie Hörer und Märchenfigur sich „finden": „Sie sprechen in diesem Augenblick dieselbe Sprache. – Das ist ihm [dem Hörer oder Klienten] meistens nicht bewusst, denn so wie den Träumer im Traum seine Wahrheit zwar berührt, er sie aber oft nicht mit seinem Alltagsdenken versteht, sondern entschlüsseln muss, so geschieht es ihm auch, wenn er ‚seinem' Märchen begegnet. Er weiß was ihn angeht, ohne es zu verstehen." (Lückel, 1985, S. 11) Helga Zitzlsperger meint: „Das Kind fühlt instinktiv, von welchem Märchen es Hilfe für seine augenblicklichen inneren Probleme erwarten darf. So entstehen ‚Lieblingsmärchen', die es immer wieder hören will. Das mehrfache Hören erleichtert das Eindringen in die verschlüsselten Aussagen, versteckte Gefühle werden geweckt und damit seelische Hilfen geboten." (Zitzlsperger, 1993, S. 43) Einige Jahre später verdeutlicht Zitzlsperger dies durch die Einbeziehung „psychobiologischer Aspekte": „Das ist ein unbewusst gehaltenes, aber Resonanz erzeugendes Erkennen, oder aber ein bewusst registriertes, das sich nun reflektieren lässt. Unmerklich verändert sich beim häufigen Märchenhören das eigene Weltbild, weil *Vorerlebtes* nun im Erzählgut *Resonanz* findet, *erinnerbar* und *nacherlebbar* wird und mit manipulierendem Interesse auf der Spielwiese der Phantasie ausagiert und behandelt werden kann." (Zitzlsperger, 2000, S. 21)

Die verschiedenen Erklärungsansätze beleuchten jeweils andere Aspekte des Zusammenhangs zwischen dem Lieblingsmärchen der Kindheit und einer möglichen Störung. Die archetypische Lehre der Analytischen Psychologie hebt die weitreichende Identifikation mit den archetypischen Bildern des Märchens hervor. Die Psychoanalyse versteht das Lieblingsmärchen als eine der wenigen Erinnerungen an eine vergessene Zeit. Andere Autorinnen (Lückel, 1985; Zitzlsperger, 1993, 2000) heben Momente der Hilfe durch das Märchen hervor, durch die es Bedeutung erlangt. Allen gemeinsam ist aber die Annahme, dass das Lieblingsmärchen einen Zugang zu den Geschehnissen der Kindheit ermöglicht. Welcher Blickwinkel jeweils in den Vordergrund rückt und die Zusammenhänge zwischen Lieblingsmärchen und psychischen Konflikten stimmig erklären kann, muss von Fall zu Fall entschieden werden.

Ich möchte nun noch kurz auf die Konsequenzen eingehen, die sich aus dem bislang Gesagten für die Diagnose, Therapie und Prävention von neurotischen Störungen ergeben. Die Möglichkeiten des Lieblingsmärchens in therapeutischen Prozessen wurden vielfach und ausgedehnt dargestellt (Bettelheim, 2000; Dieckmann, 1968, 1991; Franzke, 1985; Kast, 1986; Lückel, 1985). Ich möchte an dieser Stelle lediglich auf die Ausführungen von Hans Dieckmann (1968) eingehen, der sich am eindringlichsten mit dem Lieblingsmärchen beschäftigt hat. „Nach meiner Erfahrung", so schreibt Dieckmann, „hat das Bewusstwerden und Verarbeiten des Lieblingsmärchens innerhalb der Analyse bei den meisten Patienten einen recht erheblichen therapeutischen Wert." (ebd., S. 290) Der Prozess wird spontan oder durch „leichte Anregung" eingeleitet, wonach es aufgrund der Faszination und emotionalen Erfassung des Komplexgeschehens meist zu einer intensiven Beschäftigung mit dem Märchen kommt. „Hierbei sind die vergessenen oder verwechselten Motive meist analytisch relevanter als das, was im Bewusstsein verblieben ist." (ebd., 1968, S. 291). Das Lieblingsmärchen wird in der Analyse wie ein archetypischer Traum behandelt, das heißt, die einzelnen Motive werden durch Amplifikationen, also Erweiterungen durch das Sammeln von Parallelen, und Meditation, das „Sich-Anmuten-Lassen" durch eigene Bilder, angereichert. Der Patient gelangt dadurch zu allmählicher Einsicht in den archetypischen Charakter eigener Vorstellungen, zur Auflösung der Identifikation mit ihnen und zur

Wahrnehmung und Übernahme bislang ausgesparter Erlebnisweisen.

Zu präventiven Möglichkeiten des Lieblingsmärchens äußerte sich Hans Dieckmann (1968) nur an einer Stelle. Er zitiert den Anfang vieler Märchen aus dem Orient, der da lautet: *Meine Geschichte, würde sie mit Sticheln in die Augenwinkel geschrieben, wäre eine Warnung für jeden, der sich warnen ließe und enthielte einen guten Rat für jeden, der sich raten ließe.* Märchen bieten dem Menschen auf symbolischer Ebene archetypische „patterns of behavior" im Umgang mit den großen Grundproblemen des Lebens an. „Ein gesunder Ich-Komplex ist so in der Lage, in bestimmten Problemsituationen auf dieses archetypische Material im Unbewussten zurückzugreifen, und durch passagere Identifikation eine Situation zu bewältigen, zu deren Behebung die im Bewusstsein ausgebildeten Funktionen nicht in der Lage sind." (ebd., S. 288) Damit findet Dieckmann eine Erklärung dafür, wie das Kind, aber auch der Erwachsene, mit Hilfe der Märchen selbständig Schwierigkeiten lösen kann. Weitere Angaben hinsichtlich der Prävention durch das Lieblingsmärchen finden sich auch bei anderen Autoren nicht. Es wird sich im Fortgang dieser Arbeit zeigen, ob solche Möglichkeiten aufspürbar sind.

Das Lieblingsmärchen hat alsdann, wie durch die Fallbeispiele deutlich geworden sein dürfte, durchaus diagnostischen Wert. Dieckmann ist auf diesen Aspekt des Märchens aber nicht weiter eingegangen.[29] Er hat nach eigenen Angaben, sofern nicht in der Analyse ein solches Märchen spontan genannt wurde, die Patienten immer erst nach längerer Behandlung danach gefragt. „Erst dann, wenn die Kindheit mit vielen Einzelheiten ihres Erlebens wieder ausreichend verlebendigt wurde und die entsprechenden Assoziationsbrücken bestanden, ist es in den meisten Fällen günstig, diese Frage [nach dem Lieblingsmärchen] zu stellen." (Dieckmann, 1967a, S. 202) Dieses Vorgehen lässt sich leicht dadurch begründen, dass Dieckmann fast ausschließlich mit Erwachsenen arbeitete und die Lieblingsmärchen seiner Patienten seinen Angaben zufolge meist tief im Unbewussten vergraben waren. Verena Kast (1986) bemerkt hierzu, dass das Herangehen an das Märchen meist aus der Kenntnis der Komplexstruktur eines Patienten erfolgt und nicht umgekehrt.

Anderes lässt sich aus den Überlegungen Sigmund Freuds (1913) schließen. Wenn wir nämlich das Lieblingsmärchen als Deckerinnerung verstehen, also als an sich scheinbar bedeutungslose Erinnerungen, die aber Wesentliches über die Kindheit enthalten, so eröffnen sie erhebliche Möglichkeiten für die Anamnese und die Diagnose. Das Lieblingsmärchen hat sogar einen bedeutenden Vorteil gegenüber üblichen Deckerinnerungen, die spontan auftreten: es ist erfragbar. Ausschlaggebend scheint in dieser Angelegenheit die Frage, wie leicht beziehungsweise schwer das Lieblingsmärchen im Erwachsenenalter erinnerbar ist. Grundsätzlich lässt sich feststellen, dass die diagnostischen Möglichkeiten des Lieblingsmärchens – auch im Bereich der Kinderpsychotherapie – weitgehend unerforscht sind. Die vorliegende Untersuchung wird sich um den Nachweis einer möglichen Erkennung psychischer Probleme durch das Lieblingsmärchen eines Kindes bemühen. Bei Kindern dürfte das Problem der Erinnerung hinfällig und das Lieblingsmärchen, sofern das Kind eines besitzt, erzählbar sein. Wenn beim Kind aber Zusammenhänge zwischen dem Märchen und aktuellen psychischen Themen nachweisbar sind, legt dies die Möglichkeit eines solchen Zugangs zur Kindheit auch im Erwachsenenalter nahe.

Von lebensgeschichtlichen Risiken – Psychische Konflikte im Märchen

In der Untersuchung wird der Versuch unternommen werden, psychische Konflikte von Kindern über ihr Lieblingsmärchen ausfindig zu machen. Hierbei sind wichtige Fragen bislang offen geblieben: Was ist unter einem psychischen Konflikt zu verstehen, in welchem Verhältnis steht er zur Neurose und lassen sich solche Krisen im Märchen ausfindig machen?

Eine Bestimmung des Begriffs soll hier in Anlehnung an Anna Freud (1965) versucht werden, die sich besonders um die Analyse von Kindern bemüht hat. Sie unterscheidet den äußeren, den verinnerlichten und den inneren Konflikt. Ein äußerer oder realer Konflikt besteht zwischen einem Individuum und seiner Umwelt und entsteht meist aufgrund von Versagungen der Außenwelt gegenüber Triebstrebungen des Kindes. Durch die Internalisierung einer äußeren Konfliktsituation kommt es zu einem verinnerlichten Konflikt, der bei Rudolf Klußmann (1988) auch als Gewissenskonflikt bezeichnet wird. Das von den Eltern übernommene Über-Ich als moralische Instanz stellt sich hier gegen die Triebstrebungen. Der innerliche Konflikt schließlich entspringt der entwicklungsbedingten Beziehung zwischen Es und Ich – das Ich wehrt, verstärkt durch die Abwehrmechanismen des Über-Ich, die Triebimpulse des Es ab (vgl. Freud, A., 1965, S. 2247 ff.). „Konflikte nehmen ihren Anfang in der Außenwelt, sie manifestieren sich zwischen zwei Personen, etwa zwischen Mutter und Kind. (…) Es kommt schließlich zu einer Internalisierung dieser Konflikte und zu ihrer Verarbeitung über Kompromissbildung mit Hilfe entsprechender Ich-Funktionen." (Tyson & Tyson, 2001, S. 40)

In Anlehnung an Nagera unterscheiden Tyson & Tyson (2001, S. 40 f.) verschiedene Krisen im Entwicklungsprozess gemäß ihrer Gewichtigkeit. Der „Entwicklungskonflikt" gilt als normales und charakteristisches Element der Entwicklung, das vorhersehbar und gewöhnlich zeitlich begrenzt, von jedem Kind mehr oder weniger stark ausgeprägt erlebt wird. „Entwicklungsstörungen" entstehen aus der nachhaltigen Frustrierung der kindlichen Bedürfnisse durch die Umwelt. Sie können zweifellos zu pathologischen Abweichungen in der Entwicklung des Kindes führen. Der „internalisierte oder neurotische Konflikt" umfasst bei Anna Freud (1965) die Veränderungen vom äußeren zum inneren Konflikt. Er entsteht dadurch, dass ein Konflikt zwischen äußeren Anforderungen und inneren Wünschen zu einem Konflikt zwischen inneren Ansprüchen und Strebungen wird. Gelingt die Lösung dieser phasengerechten Konflikte nur über Kompromissbildung und Modifizierung des entsprechenden Triebwunsches, das heißt durch Einsatz von Abwehrmechanismen, kann dies zur Ausbildung einer „infantilen Neurose" führen. Diese kann sich beeinträchtigend auf die Weiterentwicklung des Kindes auswirken.

Die „Kinderneurose" hat gemäß Anna Freud (1965) eine typische und vorbildliche Bedeutung für die Neurose des Erwachsenenalters – die Neurose kann nämlich als direkte Fortsetzung der infantilen Erkrankung verstanden werden. Vereinfacht kann also formuliert werden, dass die Neurose sich aus den infantilen Konflikten herausentwickelt.

Für die Untersuchung sind im Sprachgebrauch Nageras (1966, zitiert nach Tyson & Tyson, 2001, S. 40 f.) insbesondere normale Entwicklungskonflikte, Entwicklungsstörungen und internalisierte Konflikte von Bedeutung. Anna Freud fasst diese unter dem Begriff der Entwicklungsbedingten Störungen zusammen: „Entwicklungsbedingte Störungen haben ihren Ursprung einerseits in der Abhängigkeit des Kindes von der Objektwelt, andererseits in den Ansprüchen, die der Entwicklungsvorgang selbst an das kindliche Ich stellt." (Freud, A., 1965, S. 2270)[30]

Die wichtigen Momente und Bedingungen, die zu solchen Störungen und Krisen im Entwicklungsprozess des Kindes führen können, wurden innerhalb der Psychoanalyse mehrfach diskutiert. Es sei an dieser Stelle nur an die Stufen psychosexueller Entwicklung von Sigmund Freud (1905), an die Entwicklungstheorie von Erik H. Erikson (1973) oder an die Sechs-Phasen-Theorie der Separation und Individuation von Margret Mahler (1968) erinnert. Es kann nicht Ziel dieser Arbeit sein, einen Überblick über diese Theorien zu geben[31], vielmehr soll aufgezeigt werden, dass sich solche Themen im Märchen finden.

Rose Maria Rosenkötter etwa hat den Versuch unternommen, Grimms Märchen „als eine vorwissenschaftliche Entwicklungspsychologie" zu lesen und damit „lebensgeschichtliche Risiken und Möglichkeiten" im Märchen aufzuzeigen (Rosenkötter, 1980, S. 168). In den Märchen finden wir einzelne psychoanalytische Entwicklungsschritte gespiegelt, die zunächst wiederum die fünf Stufen der psychosexuellen Entwicklung nach Sigmund Freud (1905), also die orale, die anale, die phallische, die genitale Phase, sowie die Latenz umfassen. Weiters sind auch die groben Schritte der Veränderungen von der Symbiose über die Ambivalenz zur Individuation nach Margret Mahler (1983) enthalten. So erkennt Rosenkötter zum Beispiel im Märchen „Tischchen deck dich, Goldesel und Knüppel aus dem Sack" sowohl orale Bedürfnisse und den Wunsch nach unerschöpflicher Befriedigung derselben (das wundersame Tischchen), als auch die Beherrschung des analen Bereiches (den Goldesel), und der anal-aggressiven Bestrebungen (der Knüppel) – wobei letzterer auch als Ausdruck der phallischen Phase gedeutet werden kann. Daneben gibt es auch noch so genannte „Entwicklungsmärchen", die beinahe die gesamte Entwicklung „vom Jungen zum Mann" beziehungsweise „vom Mädchen zur Frau und Mutter" thematisieren. Solche Märchen sind beispielsweise „Der Teufel mit den drei goldenen Haaren", „Die Gänsemagd" oder „Die Nixe im Teich".

Nicht zuletzt soll an dieser Stelle auch Bruno Bettelheim (2000) angeführt werden, der für die Analyse der Märchen nach entwicklungspsychologischen Gesichtspunkten berühmt geworden ist. In eher unsystematischer Weise entdecken wir auch bei ihm alle zentralen Momente der menschlichen Entwicklung als Motive des Märchens wieder. Das Märchen erzählt also von wichtigen Momenten des menschlichen Lebens und der menschlichen Entwicklung. Lassen sich nun entwicklungsbedingte Störungen über das Märchen erfassen?

Erkenntnisinteresse

Ziel dieser Untersuchung ist es, die Beziehung zwischen dem Lieblingsmärchen der Kindheit und entwicklungsbedingten Störungen[32] zu erforschen. Es wird versucht, auf der Grundlage qualitativer Forschungsperspektiven exemplarisch einen Zusammenhang aufzuzeigen und die sich daraus ergebenden diagnostischen, präventiven und therapeutischen Möglichkeiten zu reflektieren.

Zunächst wird zu klären sein, ob es ein bestimmtes Märchen gibt, das innerhalb eines umschriebenen Zeitabschnitts besondere Faszination auf ein Kind ausübt. Kommt diese Faszination in der häufigen und möglicherweise vielgestaltigen Beschäftigung mit diesem Märchen zum Ausdruck? Welchen Einfluss hat die Einstellung der Erzähler, also der nahen Bezugspersonen, auf die Bedeutung, die einem bestimmten Märchen zukommt? Umfasst dieses Phänomen nur Volksmärchen oder auch andere Geschichten? Ergeben sich Unterschiede zwischen den verschiedenen Literaturformen?

Weiters muss erst bestätigt werden, dass Lieblingsmärchen insbesondere in einem Altersabschnitt von vier beziehungsweise sechs bis zehn Jahren auftreten, wie es in der Literatur angenommen wird. Sind Kinder gerade in dieser Zeit besonders empfänglich für Märchen?

Die Fragestellung der Untersuchung bezieht sich vornehmlich auf Entsprechungen zwischen dem Lieblingsmärchen eines Kindes und seinen entwicklungsbedingten Störungen. Gibt es Übereinstimmungen zwischen den Motiven des Märchens, seinen Hauptgestalten und Handlungsabfolgen und den psychischen Konflikten des Kindes? Was verrät die Erzählweise, Auslassungen und Umgestaltungen des Märchens über die Lebenssituation und das Erleben des Kindes? Welche Konflikte lassen sich durch das Lieblingsmärchen erfassen? Was wird über Bewältigungsmöglichkeiten des Kindes erfahrbar? Welche diagnostischen Möglichkeiten ergeben sich daraus? Welche Verstehens- und Handlungsweisen werden dem Kind durch das Märchen greifbar? Was bedeutet dies für Prävention und Therapie?

Die spezifische Fragestellung lässt sich zusammenfassend wie folgt benennen:
- Zeigen sich in der Erzählung des Lieblingsmärchens sechs- bis zehnjähriger Kinder Entsprechungen zwischen den Motiven des Märchens sowie der Darbietung durch das Kind und möglichen entwicklungsbedingten Störungen?
- Ergeben sich aufgrund der Darstellung des Märchens durch das Kind und des Umgangs mit verschiedenen Spielformen (Imagination, Malen, Umformen und Abändern) Rückschlüsse auf symbolische Entwicklungshilfen des Märchens? Was bedeutet dies für Prävention und Therapie durch das Lieblingsmärchen?

Methoden der Untersuchung

Die vorliegende Untersuchung des Zusammenhangs zwischen dem Lieblingsmärchen eines Kindes und seinen psychischen Konflikten stützt sich auf Methoden der qualitativen Forschung. Diese erhebt den Anspruch, die Lebenswelten der untersuchten Personen „von innen heraus", also aus deren Sicht, zu beleuchten und ist in ihren Zugangsweisen häufig offener und dadurch „näher dran" (vgl. Flick, Kardorff & Steinke, 2000, S. 14 f.). Qualitative Forschung bleibt offen „für das Neue im Untersuchten, das Unbekannte im scheinbar Bekannten" und ermöglicht dadurch die Erforschung neuer Perspektiven und theoretischer Möglichkeiten (ebd. S. 17).

In diesem Kapitel werden die für die Untersuchung relevanten Methoden und Vorgehensweisen dargestellt. Zunächst werde ich die Gruppe der Kinder und ihrer Eltern vorstellen, die an der Untersuchung teilgenommen haben, und die Vorgehensweise und Schwierigkeiten bei der ersten Kontaktaufnahme beschreiben. Danach werde ich den Ablauf der Untersuchung schildern und auf die Untersuchungssituation und deren Bedingungen eingehen. Schließlich werden die psychoanalytische Herangehensweise an das Thema, die Methodik der Gespräche und deren Auswertung beschrieben. Zuletzt werde ich noch kurz die Interpretation der Kinderzeichnungen veranschaulichen, die in der Untersuchung angefertigt wurden, und den zusätzlich eingesetzten Elternfragebogen über das Verhalten von Kindern und Jugendlichen (CBCL/4-18 von Döpfner, Schmeck und Berner, 1994) vorstellen.

Die Kinder und ihre Eltern

Ich bin im Zeitraum von November bis März 2002/2003 mit fünf Familien in Kontakt getreten. Insgesamt habe ich mit neun Kindern und fünf Müttern jeweils ein Gespräch geführt. Die Kinder waren alle im Alter zwischen sechs und zehn Jahren, eine Begrenzung, die sich aus mehreren Überlegungen ergab. Zunächst aus den Angaben bezüglich des Märchenalters in der Literatur; dann sind in einer Untersuchung, die sich auf die direkte Befragung von Kindern stützt, deren Möglichkeiten im sprachlichen Ausdruck zu beachten. In Anlehnung an Franz Petermann und Sabine Windmann (1993) müssen Kinder unter sechs Jahren wegen der sprachlichen Probleme von einer Befragung ausgeschlossen werden. Da in den Gesprächen keine selbstreflexiven Leistungen verlangt werden, ist ein Gespräch mit Kindern ab sechs Jahren möglich (vgl. Strasser, 2001, S. 22 f.).

Ich hatte Kinder ohne besondere psychische oder körperliche Beeinträchtigungen gesucht. Durch diese Eingrenzung hoffte ich, die Zusammenhänge und Möglichkeiten des Lieblingsmärchens eines Kindes zu seinen Schwierigkeiten und Problemen differenzierter erfassen zu können. Die Annahme liegt nämlich nahe, dass ein Kind mit psychischen Störungen diese auf viele Bereiche seines Alltags überträgt und damit auch seine Geschichten und Märchen von seinem Leiden überschattet werden. Umgekehrt darf aber angenommen werden, dass klinische Möglichkeiten des

Lieblingsmärchens, die sich bei gesunden Kindern ergeben, bei beeinträchtigten Kindern noch stärker ihre Wirkung entfalten.

An der Untersuchung nahmen drei Mädchen und sechs Buben teil. Diese Aufteilung ergab sich zufällig, da ich keine bestimmten Angaben bezüglich des Geschlechts der Kinder vorgenommen hatte. Die Verteilung über die verschiedenen Altersstufen war ausgeglichen. Alle Kinder hatten Geschwister, wobei zwei Jungen jeweils alleine an der Untersuchung teilnahmen, während aus allen anderen Familien mehrere Kinder ihre Märchen erzählten.

Neben den Gesprächen mit den Kindern bat ich auch die Eltern um ein Interview. Obwohl die Einladung an beide Elternteile gerichtet war, führte ich alle Gespräche ausschließlich mit den Müttern. Dies ist ein deutlicher Ausdruck der in unserer Gesellschaft vorherrschenden Rollenverteilungen der Geschlechter. Während die Väter auch in diesen Familien vor allem für die ökonomischen Bedürfnisse der Familie gerade stehen, sorgen sich die Mütter hauptsächlich um Haushalt und Kinder. Ich mache demzufolge traditionelle gesellschaftliche Vorgaben verantwortlich für diesen Umstand der Untersuchung. Alle Kinder stammten aus intakten Familien, das heißt die Eltern waren weder getrennt noch geschieden, was in den Elterngesprächen zum Ausdruck kam.

Die Kontaktaufnahme erfolgte zunächst über einen Brief, der an die Eltern der Kinder gerichtet war. Die an der schulpsychologischen Bildungsberatungsstelle Innsbruck tätige Psychologin übernahm freundlicherweise die Verteilung dieser Briefe, in denen kurze Informationen über die Forschungsarbeit und die Bitte um Mitarbeit formuliert waren. Auf die Briefe meldete sich nur eine Familie. Weitere Teilnehmer waren über diesen Weg nicht zu finden, da – so auch die Vermutung der Schulpsychologin – die in die Beratungsstelle kommenden Eltern mit den bestehenden Problemen ausgelastet und damit nicht zu weiteren „psychologischen Aktivitäten" bereit seien. Außerdem könnte die Vermittlerrolle der psychologischen Beraterin zu verschiedenen Phantasien bezüglich der Aufdeckung psychischer Schwierigkeiten, vielleicht sogar unter Beteiligung der Einrichtung, Anlass gegeben.

Einen zweiten Anlauf versuchte ich über einen Aushang, den ich an der Universität aber auch an nicht-studentischen Räumen, etwa im Kindergarten eines Fitness-Studios, anbrachte. Der Aushang an einer Grundschule wurde mir untersagt. Die Direktorin ließ sich nicht davon abbringen, die Untersuchung als zusätzlichen Aufwand für die Kinder, vor allem aber auch für die Lehrer und sich selbst zu sehen, und hat aus einer Art Überforderungsreaktion, die wohl weniger mit dem Forschungsvorhaben an sich verknüpft war, selbst das Anbringen des Aushangs an der Eingangspforte nicht gestattet. Die Gewinnung weiterer Untersuchungsteilnehmer war aber auch auf diesen Wegen nicht möglich. „Die Konflikte der empirischen Forschung sind strukturell gegeben. Sie entstehen durch die Tatsache, dass Forschung stattfindet", meint dazu Birgit Volmerg im Rahmen der Reflexion forschungsspezifischer Barrieren (Leithäuser & Volmerg, 1988, S. 142). So könnten sich die Schwierigkeiten bei der Gewinnung von Teilnehmern dadurch erklären lassen, dass das psychologische Interesse meines Bestrebens klar erkennbar war und eine abschreckende Wirkung hatte. Außerdem liegt die Vermutung nahe, dass sich allein der nötige zeitliche Aufwand auf manche Eltern, deren Zeitreserven angesichts der verschiedensten Anforderungen von Beruf und Familie eng bemessen sind, ungünstig auswirkte.

Schließlich gelang es mir, über persönliche Kontakte Gesprächspartner zu finden. Nur durch die persönliche Vermittlung konnten die Barrieren überwunden werden. Aber auch hier zeigte sich, wie vielschichtig und kompliziert es ist, im Rahmen der Forschung an Kinder heranzutreten. Selbst wenn die Eltern mit der Teilnahme einverstanden waren, kam es darauf an, wie die Kinder in den Entscheidungsprozess eingebunden wurden. So scheiterte manches Gespräch an der mangelhaften oder zu späten Einbeziehung der Kinder, die sehr sensibel auf die bevormundende Entscheidungsfindung durch die Eltern reagierten und sich einfach verweigerten.

Zum Ablauf der Untersuchung

Nach der Kontaktaufnahme mit der Familie vereinbarte ich telefonisch ein erstes Treffen. Ziel dieses Vorgesprächs war die genaue Information der Eltern und ein erster Beziehungsaufbau zu dem Kind. Beide Schritte waren mir von großer Wichtigkeit. Die Eltern mussten als Verantwortungsträger für das Kind über die Teilnahme an der Untersuchung entscheiden und sollten daher über mein Vorgehen genau informiert sein und die Möglichkeit haben, auftauchende Fragen zu klären. Ich überreichte den Müttern in diesem Rahmen auch ein Informationsblatt mit den wichtigsten Angaben über Ziele und Ablauf der Untersuchung sowie über den Umgang mit den Daten. Zudem war es mir ein Anliegen, das Vertrauen der Eltern zu gewinnen, um die Durchführung einzelner Untersuchungsabschnitte zu gewährleisten, in denen ich – falls vom Kind gewünscht – mit diesem allein arbeiten wollte. Ebenso wichtig war es mir, dem Kind die Möglichkeit und den Raum zu bieten, mich kennen zu lernen, sich ein Stück weit an mich zu gewöhnen, sich mir in seiner Eigenheit zu zeigen und sich über mein Vorhaben zu informieren. Den Kindern gab ich, nachdem der eigentliche Gesprächstermin vereinbart war, jeweils ein persönliches Terminkärtchen.

Ich besuchte die Familien, bis auf ein Treffen, das in einer Bibliothek stattfand, zu Hause und auch die folgenden Untersuchungsabschnitte wurden in dem für das Kind bekannten Umfeld durchgeführt. Die gewohnte Atmosphäre sollte es dem Kind erleichtern, aus sich herauszugehen und sich auf die Untersuchung einzulassen. Außerdem ergaben sich durch diese Setting-Wahl keine zusätzlichen Umstände für die Eltern. Für die Untersuchung eröffnete sich dadurch die Möglichkeit, wichtige szenische Informationen zu gewinnen.

Im ersten Teil der eigentlichen Untersuchung sprach ich mit dem Kind in einem tiefenanalytisch orientierten Gespräch über sein Lieblingsmärchen und die Phantasien zu den Figuren und Ereignissen des Märchens. Die Gespräche dauerten von einer halben bis zu einer guten Stunde und wurden auf Video aufgezeichnet. Auf diese Weise konnte auch die nonverbale Kommunikation des Kindes festgehalten werden und in die Auswertung mit einfließen. Ausschlaggebend war aber der sprachliche Ausdruck, also die Erzählung des Lieblingsmärchens. Ich überließ es jeweils dem Kind und seiner Mutter, in welchem Raum das Gespräch stattfand und wer, neben dem Kind, anwesend sein oder sich vielleicht sogar daran beteiligen sollte.

Das Lieblingsmärchen erfragte ich also vom Kind selbst. Da es mir um das subjektive Erleben und die persönliche Wertung des Lieblingsmärchens ging, wurde das Kind dazu angeregt, sein Märchen zu erzählen. Durch seine Darstellung und die szenische Beobachtung war es möglich, etwas über die für das Kind zentralen Stellen, Figuren oder Handlungsweisen im Märchen zu erfahren, die als Hinweise für seine Problematik gedeutet werden konnten. Für dieses Vorgehen sprachen einmal die Einschätzungen von Ottokar Graf Wittgenstein, wenn er schreibt: „Der Mensch drückt seine Gestimmtheit in dem aus, wie er erzählt, was er hinzufügt und was er fortlässt" (Wittgenstein, 1965, S. 130 ff.) „Wer das Märchen nicht auswendig gelernt hat, erzählt es so, wie es ihm innwendig ist." (Ebd., S. 220) Außerdem hat Erich Franzke ausdrücklich auf diese Möglichkeit des Erzählens des Märchens durch den Klienten als Zugang zu klinischen Informationen hingewiesen. Aus dem Vergleich mit dem Originaltext könnten sich wichtige Erkenntnisse ergeben: „Abweichungen, Auslassungen, Hinzugefügtes geben Einblicke in persönlichkeitsspezifische Einflüsse von Seiten des Klienten und/oder der Personen, die ihm Märchen vorgelesen oder erzählt haben." (Franzke, 1985, S. 30) In Bezug auf das Lieblingsmärchen rät Franzke besonders solche Stellen zu beachten, an welchen durch Tonfall, die direkte Rede, Gestik und andere emotionale Zeichen, etwa Erröten, Schwitzen oder Weinen, besondere Ergriffenheit spürbar wird. Dadurch ist erfassbar, ob die ganze Entwicklung im Märchen Ähnlichkeiten mit dem Lebenslauf und dem Werdegang des Erzählers hat, oder ob nur eine bestimmte Situation oder Handlungsweise ihn „angeht" (vgl. ebd., S. 30 f).

Rückschlüsse auf prophylaktische Möglichkeiten des Märchens wurden über die Lösungswege denkbar, die das Märchen hinsichtlich der zu bewältigenden Hindernisse und Schwierigkeiten anbietet, und die sich sinnvoll in die Lebensgeschichte des Kindes einordnen lassen. Es sollte untersucht werden, ob sich Hinweise darauf finden, dass das Kind diese Lösungen und die dargestellten theoretischen Möglichkeiten des Märchens auch erfassen und für sich nutzen kann. Der Zugang zu diesen Vorgängen, die das Kind weder bewusst erleben noch reflektieren kann, wurde über verschiedene Spielformen geschaffen. Das Malen des Märchenbildes, aber auch das Imaginieren und das Umformen und Abändern des Lieblingsmärchens, sollte den Umgang mit dem Märchen und Phantasien dazu fassbar machen. Nach Erich Franzke geben die Veränderungen, die am Märchentext vorgenommen werden, Auskünfte über Wünsche, persönliche Erlebnisweisen und erstrebte Veränderungen (vgl. Franzke, 1985, S. 19 f.). Konkret wurde das Kind zunächst dazu angeregt, sich in seine Lieblingsfigur hineinzuversetzen, im Sinne der Imagination sich auf sein inneres Bild einzulassen und sich im Märchengeschehen zu bewegen. Dasselbe wurde mit anderen Figuren, die dem Kind nicht gefielen, Angst machten oder nicht direkt angesprochen wurden, versucht, um mehr über die Bedeutungen und Phantasien gegenüber diesen Märchengestalten zu erfahren. Außerdem wurde das Kind aufgefordert, in der Rolle eines Geschichtenerzählers das Märchen zu verändern.

Um dem Kind mehr als nur die sprachliche Form der Mitteilung zu ermöglichen, bat ich das Kind, ein Bild zu seinem Lieblingsmärchen zu malen (vgl. Fleck-Baugert, 1994; Strasser, 2001). Der gestalterische Ausdruck trägt außerdem der

Erkenntnis Rechnung, „dass die grundlegendsten Gedanken und Gefühle des Menschen, die sich aus dem Unbewussten ableiten, besser in Bildern als in Worten zum Ausdruck gebracht werden können" (Klosinski, 1998, S. 19). Als Dankeschön für die Mitarbeit überreichte ich den Kindern abschließend ein kleines Plüschtier und auf Wunsch ein Videoband mit den Aufzeichnungen.

Die Informationen bezüglich möglicher Entwicklungsschwierigkeiten des Kindes wurden in einem zweiten Schritt erhoben. Sie waren als Verankerung der durch die Märchenarbeit gewonnenen Daten in der Lebensgeschichte des Kindes und zur Untermauerung der jeweiligen Deutung des Lieblingsmärchens unerlässlich. Gewonnen wurden sie in einem Gespräch mit den Eltern auf der Grundlage eines teilstandardisierten, problemzentrierten Leitfadens.[33] Ich fragte nach wichtigen Entwicklungsschritten im Leben des Kindes, nach Bewältigungsstrategien und kritischen Lebensereignissen. Weiter erfasste ich in diesem Gespräch auch märchenrelevante Faktoren, zum Beispiel die Einstellung zum Märchen in der Familie, die Erzählsituationen, Beobachtungen des Kindes beim Märchenhören und das Lieblingsmärchen der Eltern. Außerdem bat ich die Mütter, den Elternfragebogen über das Verhalten von Kindern und Jugendlichen (CBCL/4-18 von Döpfner, Schmeck und Berner, 1994) auszufüllen, um anamnestische Daten etwa Beruf der Eltern, Hobbys und Schulleistungen der Kinder nicht extra abfragen zu müssen.

Diese Elterngespräche dauerten ein bis zwei Stunden und wurden – bis auf eines, da diese Mutter dem nicht zustimmte – auf Audiokassette aufgenommen. Wieder überließ ich die Gestaltung des Settings den Gesprächspartnern. Als Dankeschön schenkte ich den Müttern ein selbst zusammengestelltes Büchlein über Märchen und wie man diese selbst erarbeiten und mit den Kindern erleben kann (Siehe Anhang).

Es war mir ein Anliegen, dass alles, was in den Gesprächen gesagt wurde, den Kindern und Eltern gehört. In diesem Sinne ließ ich die Transkripte den Familien zukommen, damit sie all das streichen konnten, was sie nicht für die Bearbeitung und die Auswertung der Untersuchung frei geben wollten. Bis zuletzt konnte die Familie damit über ihre Gespräche bestimmen und entscheiden, was verwendet werden durfte und was nicht. Erst das retournierte und damit autorisierte Material fand Eingang in den Bearbeitungs- und Interpretationsprozess.

Methoden der Erhebung und Auswertung

Das Vorgehen in dieser Untersuchung orientiert sich an psychoanalytischen Herangehensweisen, wie sie in der Tiefenhermeneutik von Alfred Lorenzer (1986, nach König, 2000) und im Rahmen psychoanalytischer Sozialpsychologie bei Thomas Leithäuser und Birgit Volmerg (1988) entwickelt worden sind. Die Ursprünge dieses qualitativen Forschungszugangs liegen in der Ethnopsychoanalyse, die von Paul Parin (1985) begründet worden ist, und der es gelungen ist, die Freudsche psychoanalytische Methode und Technik auf ethnologischem Untersuchungsgebiet bei Angehörigen traditionsgeleiteter Kulturen anzuwenden (vgl. Nadig & Reichmayr, 2000).

Die methodischen Grundlagen und das technische Instrumentarium lassen sich mit Maya Nadig und Johannes Reichmayr folgendermaßen charakterisieren: Das vorwiegend qualitative Arbeiten dieser Forschungsrichtung basiert auf der Darstellung von Fallgeschichten und rückt das „Geschichtenerzählen" in den Vordergrund. Durch die Reflexion von Übertragung und Gegenübertragung soll für größtmögliche „Transparenz der Forschungsbeziehung" gesorgt werden. Der Zugang zur jeweiligen Fragestellung wird durch die Deutung der situationsspezifischen, subjektiven Affekte ermöglicht, das heißt, die „Kontextualisierung und Spezifizierung", also die Klärung der jeweiligen Kontextbedingungen, wird der „Kategorisierung" entgegengesetzt. Zudem ist die Reflexion der „Prozesshaftigkeit der Forschung beziehungsweise der Forschungsbeziehung" zu beachten (vgl. Nadig & Reichmayr, 2000, S. 82 f.). Im Folgenden sollen diese Grundelemente der Methode näher erläutert werden.

In der Untersuchung wurden die Kinder, wie oben bereits ausgeführt, auf der Grundlage eines teilstandardisierten, narrativen Interviews dazu angeregt, ihre Lieblingsmärchen und Weiterführendes über die Figuren und Ereignisse des Märchens zu erzählen. In einem teilstandardisierten Interview orientiert sich der Forscher an einem Leitfaden, der jedoch viele Spielräume in den Fragenformulierungen, Nachfragestrategien und in der Abfolge der Fragen lässt (vgl. Hopf, 2000, S. 351). Demzufolge handhabe ich die vorformulierten Fragen in sehr offener und flexibler Art und Weise. Das Grundelement der Gespräche bildete die zentrale Frage nach dem Lieblingsmärchen und die Bitte dieses zu erzählen. Demnach lässt sich die Erhebungsmethode im Rahmen der Gespräche mit den Kindern als narratives Interview beschreiben, in dessen Mittelpunkt die freie Erzählung des Befragten steht (vgl. ebd., S. 355 ff.).

Die Elterngespräche orientierten sich ebenfalls an einem teilstandardisierten Leitfaden, der problemzentriert ausgerichtet war. Das bedeutet, das Vorgehen bei der Erhebung der anamnestischen Informationen über das Kind richtete sich auf verschiedene Themenkomplexe, die frei und angepasst an das jeweilige Gespräch erfragt wurden. Diese Gespräche waren stärker strukturiert als die Interviews mit den Kindern, da der Ablauf von den theoretischen Vorannahmen bezüglich wichtiger Momente in der Entwicklung des Kindes sowie Kenntnissen über mögliche Bewältigungsstrategien und kritische Lebensereignisse ausging.

Die Gestaltung der Untersuchungssituation richtete sich nach den Ausführungen von Harry Hermanns (2000) und Siegfried Bernfeld (1978). Zu den spezifischen Aufgaben des Interviewers zählen die räumlich, zeitlich und thematische Verabredung der Gespräche, die Schaffung einer fruchtbaren Gesprächsatmosphäre und das Einholen des Einverständnisses über die Verwendung eines Aufnahmegerätes. Zudem muss den Interviewpartnern verdeutlicht werden, in welcher Eigenschaft sie angesprochen werden und welche Aufgabenstellung sie erwartet (vgl. Hermanns, 2000. S. 361). Diese Schritte wurden im Vorgespräch bereits angebahnt, etwa das Einverständnis über eine Aufnahme der Gespräche mit den Kindern eingeholt, Informationen übermittelt und Vertrauen gewonnen. „Der Interviewer muss in den ersten Minuten eine Situation herstellen, die so entspannt und offen ist, dass Menschen darin ohne Befürchtungen die unterschiedlichsten Aspekte ihrer Person und ihrer Lebenswelt zeigen können." (ebd., S. 363) Und auch im weiteren Verlauf des Interviews muss er durch die Beseitigung von Gesprächshindernissen Bedingungen schaffen, die es dem Dialogpartner leichter machen, seine Geheimnisse zu offenbaren (vgl. Bernfeld, 1978).

„Von einem methodologischen Gesichtspunkt aus gesehen, ist wissenschaftliche Forschung der Versuch, *Distanz* zu den Phänomenen zu gewinnen, um ihre systematische Beobachtung, Analyse und Beurteilung vornehmen zu können." (Leithäuser & Volmerg, 1988, S. 232) Nun gibt es verschiedene Möglichkeiten, eine solche Distanz zu gewinnen. Im hermeneutischen Wissenschaftsverständnis wird versucht, das Verhältnis von Distanz und Beteiligung zu reflektieren.[34] Die methodische Selbstreflexion ist in der psychoanalytischen Sozialpsychologie somit die Erkenntnismethode der Wahl. Sie wird als eine Art der Selbstverfremdung, des Objektivierens verstanden, indem ermittelt wird, was im Forschungsprozess mit einem selbst passiert. Durch die Grundhaltung einer „gleichschwebenden Aufmerksamkeit", für Freud die uneingeschränkte Aufnahme aller Äußerungen des Patienten, wird jeder Eindruck als Ausdruck des Unbewussten abwartend wahrgenommen. Das bedeutet, der Forscher bemüht sich, „möglichst alle seine Scheuklappen" abzulegen und unvoreingenommen auch unwichtig erscheinende Elemente zunächst aufzunehmen (vgl. Leithäuser & Volmerg, 1988, S. 108).

Die Reflexion von Übertragungs- und Gegenübertragungsphänomenen stellt ein weiteres Element dieses Erkenntnisprozesses dar. „Übertragung" bezeichnet jenen Vorgang, in welchem unbewusste Erlebnisinhalte, Wünsche und Erfahrungen aus frühen Beziehungen aktualisiert werden. Im Forschungsprozess werden diese vom Gesprächspartner auf den Untersucher übertragen. Mit „Gegenübertragung" ist hingegen die Gesamtheit der unbewussten Reaktionen des Forschers auf den Beforschten und dessen Übertragungen gemeint. Der französische Psychoanalytiker und Feldforscher Georges Devereux, der sich im Rahmen seiner Reflexion des Verhältnisses zwischen Angst und Methode in den Verhaltenswissenschaften diesen Phänomenen gewidmet hat, definiert die Gegenübertragung folgendermaßen: „Gegenübertragung ist die Summe aller Verzerrungen, die im Wahrnehmungsbild des Psychoanalytikers von seinem Patienten und in seiner Reaktion auf ihn auftreten." (Devereux, 1967, S. 64) Diese kommen darin zum Ausdruck, dass sich der Analytiker „seinen eigenen – gewöhnlich infantilen – unbewussten Bedürfnissen, Wünschen und Phantasien" entsprechend verhält. Devereux erachtet die Gegenübertragung als „das entscheidende Datum jeglicher Verhaltenswissenschaft" (ebd., S. 17). Durch die Untersuchung des Beobachters wird ein „Zugang zum *Wesen* der Beobachtungs*situation*" eröffnet. Daher fordert Devereux die Aufschlüsselung der Daten unter Berücksichtigung des Verhaltens des Objekts, der Störungen, die durch die Existenz und die Tätigkeit des Beobachters hervorgerufen werden, und des Verhaltens des Beobachters, womit insbesondere seine Ängste, seine Abwehrmanöver, seine Forschungsstrategien und seine „Entscheidungen" angesprochen sind (ebd., S. 20). Der Forscher richtet demnach seine Aufmerksamkeit auf die eigenen Gefühle, Gedanken und Reaktionen, er richtet den Scheinwerfer sozusagen auf sich selbst und gelangt durch das Verstehen dieser Vorgänge zu wichtigen Informationen über den Forschungsinhalt.

Durch die Reflexion der beschriebenen Vorgänge im Forschungsprozess gelingt es dem Forscher, Distanz in der Beteiligung zu erreichen. „Das *Fremde verstehen* heißt hier das *Verstehen des Fremden* in mir selbst." (Leithäuser & Volmerg, 1988, S. 214) Als eine der praktischen Möglichkeiten der Distanzierung wählte ich die „Personenzentrierung" (ebd., S. 219 f.). Das heißt, ich konzentrierte mich in der

Rolle als Forscherin auf die psychischen Konflikte, die in und durch die Forschungssituation entstanden. Alle Irritationen und auftretenden Affekte notierte ich in einem Forschungstagebuch, das „zum methodischen Instrument der Distanzbewahrung" wurde (ebd., S. 219). Die Aufzeichnungen im Tagebuch stellten sozusagen Fixierungen der subjektiven Reaktionen und deren reflexiven Bearbeitung dar und verhinderten die Verflüchtigung von Eindrücken oder Abwandlungen der Erinnerung. Demnach sind „die Anknüpfungspunkte der Forschung (...) alltäglich, durch die man sich gewissermaßen im Sinne einer zweiten Naivität immer wieder überraschen und in Erstaunen versetzen lassen können muss" (ebd., S. 224).

Die Auswertung der so gewonnenen Informationen orientierte sich an der tiefenhermeneutischen Interpretation (vgl. König, 2000; Leithäuser & Volmerg, 1988). Zunächst werden Textpassagen ausgewählt, die aufgrund der Irritationen, die sie auslösen, aufgrund der Erlebnishaltigkeit oder Wiederholung im Gespräch geeignet sind, den Gesprächskontext zu verdeutlichen. Diese Ausschnitte werden dann auf verschiedenen Sinnebenen interpretiert. Zunächst wird auf einer inhaltlichen Ebene geklärt, worüber gesprochen wird. Die zum Ausdruck gebrachte Wirklichkeit wird zunächst unabhängig von der Person erfasst, wobei besonderes Augenmerk auf Missverständnisse in der Kommunikation gerichtet wird. Im nächsten Schritt soll ein Bild der Persönlichkeit der Sprechenden gezeichnet werden. Es geht im Rahmen eines „psychologischen Verstehens" darum zu klären, wie miteinander gesprochen wird. Da psychische Prozesse nur zu einem geringen Teil in direkten sprachlichen Mitteilungen zum Ausdruck kommen, wird im Folgenden besonders auf die nicht-sprachliche Kommunikation geachtet. Es geht darum, Beziehungs- und Interaktionsmuster zu erfassen, die nicht bewusst in Szene gesetzt, aber zum Beispiel durch die Gestik oder dadurch, wie sich der Gesprächspartner gibt, vermittelt werden. Dieses „szenische Verstehen" orientiert sich an der Frage: „Wie wird worüber gesprochen?" und versucht, den Kontext des Gesprächs zu vergegenwärtigen. Abschließend wird durch das „tiefenhermeneutische Verstehen" versucht, die Verstehensprozesse der bisherigen Ebenen miteinander zu verbinden und eine Antwort auf die Frage: „Warum wird wie worüber gesprochen?" zu geben.

Die beschriebene Herangehensweise bot sich für die Fragestellung und die spezifischen Untersuchungsbedingungen, insbesondere die Ausrichtung an Kindern, aus mehreren Gründen an. Zunächst gelingt es Kindern nicht, den Sprung von der Märchenwelt in die Realität zu vollziehen, der nötig ist, um einen Zusammenhang zwischen dem Lieblingsmärchen und realen psychischen Konflikten zu erfassen (vgl. Salz, 1992). Ebenso zeigte sich, dass keine Einsicht in die subjektiven Gründe für die Wahl eines bestimmten Märchens zum Lieblingsmärchen besteht. Durch die im dialogischen Prozess auftretenden Irritationen kann aber auf die für das Kind bedeutsamen Stellen geschlossen werden, die – so die Annahme – Informationen über die entwicklungsbedingten Störungen enthalten. Außerdem sind die Widerstände bei Kindern stärker ausgeprägt, da die Triebe im Verhältnis zum Ich mächtiger sind (vgl. A. Freud, 1965, S. 2154 f.). Das bedeutet, dass auch Übertragungs- und Gegenübertragungsphänomene von größerer Bedeutung sind und dem Erkenntnisprozess zu Gute kommen. Ein offener

Zugang im Sinne der gleichschwebenden Aufmerksamkeit erleichtert zudem ein Einlassen und Ernstnehmen der kindlichen Verstehens- und Erlebensweisen. Die flexible Durchführung der narrativen Gespräche bot den Kindern eine ansprechende Form des Dialogs.

Wie im Abschnitt über den Ablauf der Untersuchung bereits dargestellt, fertigten die Kinder – bis auf eines, das dazu nicht bereit war – zusätzlich Bilder über ihr Märchen an. Das Thema der Zeichnung war nur insofern eingeschränkt, als ich darum bat, etwas zu dem genannten Lieblingsmärchen zu malen. Die Kinderzeichnung als weitere Ausdrucksmöglichkeit neben der Sprache war mir aus mehreren Gründen wichtig. Zunächst können Zeichnungen, besser als das gesprochene Wort, Feinheiten des Affekts zum Ausdruck bringen und Inhalte in beeindruckender Ganzheitlichkeit vermitteln (vgl. DiLeo, 1992, S. 13 und 80 f.). Weiters ermöglichen Bilder Einblicke in die bunte Phantasiewelt der Kinderseele und bauen als Kommunikationsmittel Beziehungsbrücken zwischen Kindern und Erwachsenen (vgl. Fleck-Baugert, 1994, S. 13). Nicht zuletzt diente die „Malpause" auch als Auflockerung der für die Kinder doch anstrengenden Gesprächssituation.

Die Interpretation und Wertung der Zeichnungen muss sehr vorsichtig gehandhabt werden und wird in dieser Untersuchung nur als Verdeutlichung einzelner Aspekte verstanden. Im Sinne DiLeos (1992) sollen sie zur Untermauerung der Ergebnisse des sprachlichen Vorgehens herangezogen werden und gegebenenfalls bislang wenig beachtete Perspektiven unterstützen. Die Betrachtung der Bilder orientiert sich an den drei Grundregeln, die Fleck-Baugert (1994) anführt. Zunächst soll der erste Eindruck festgehalten und versucht werden, dem Bild „zuzuhören", das heißt, sich in die Zeichnung einzufühlen und diese wahrzunehmen. Weiters werde ich auf Brennpunkte achten, die Teile untereinander und in Bezug zum Ganzen reflektieren, und darauf Wert legen, was das Kind zu seinem Bild geäußert hat. Abschließend wird miteinander in Beziehung gebracht, was aus den einzelnen Komponenten erfahrbar war, und die Informationen werden zusammengefügt.

Grundlegend ist die Betrachtung der Zeichnungen vor dem Hintergrund der Lebensumstände des Kindes und des Beziehungsgeflechts der Familie. „So wie der manifeste Inhalt eines Traumes erst dann sinnvoll wird, wenn man ihn mit den persönlichen Assoziationen des Träumenden verknüpft, so erhalten auch die bewusst oder unbewusst gezeichneten Symbole erst dann Bedeutung, wenn sie im Kontext der persönlichen Geschichte des Zeichnenden betrachtet werden." (DiLeo, 1992, S. 18)

Auf die Durchführung des „Elternfragebogens über das Verhalten von Kindern und Jugendlichen" (Child Behavior Checklist) in deutscher Fassung von Manfred Döpfner, Klaus Schmeck und Walter Berner (1994) wurde bereits hingewiesen. Der Fragebogen erfasst das Urteil von Eltern über Kompetenzen, Verhaltens- und emotionale Auffälligkeiten von Kindern und Jugendlichen im Alter von 4 bis 18 Jahren. Im ersten Teil werden Kompetenzen des Kindes erfragt, etwa sportliche Aktivitäten, Hobbys, die Mitgliedschaft in Organisationen sowie die Arbeiten und Pflichten, die es im Haushalt übernimmt. Ebenso beurteilen die Eltern den Umgang mit Geschwistern und Freunden, die Schulleistungen und Erkrankungen des Kindes. Der zweite Teil des Fragebogens besteht aus 120 Items, in denen Verhaltensauffälligkeiten, körperliche Beschwerden und emotionale Aspekte beschrieben werden. Für Jungen und Mädchen liegen getrennte Normierungen vor.

Die interne Konsistenz (Reliabilität) des Gesamtauffälligkeitswertes ist mit $r_{tt} = .94$ sehr gut, die Retest-Reliabilität variiert zwischen $r_{tt} = .72$ und $r_{tt} = .89$. Die faktorielle Validität konnte bestätigt werden. In der Auswertung werden ein Auffälligkeitswert für die Kompetenzen und ein Gesamtwert für die Syndromskalen errechnet.

Wie bereits ausgeführt, wurde der Fragebogen als Entlastung bei der Erfassung anamnestischer Informationen eingesetzt, und dazu, Auffälligkeiten der Kinder auszuschließen.

Die Gespräche

Insgesamt habe ich neun Kinder gebeten, mir ihr Lieblingsmärchen zu erzählen und mir einen Einblick in ihr Märchenland zu gestatten. Dadurch hoffte ich, Bilder und Hinweise auf jene Geschehnisse der äußeren Lebenswelt aber auch der Innenwelt des Kindes zu erhalten, die für seine Entwicklung von Bedeutung sind.

Zunächst werde ich jeweils einen eigenen Abschnitt dieses Kapitels einem Kind und seinem Lieblingsmärchen widmen. Ich werde hier wie im letzten Teil dieses Kapitels teilweise auch auf die Lieblingsmärchen und Geschichten der Geschwister zurückgreifen. Eine getrennte Behandlung ihrer Märchen und Erlebnisweisen würde zu einer künstlichen Aufteilung führen. Ich möchte aber auch die Gemeinsamkeiten und Übereinstimungen untersuchen sowie auf Unterschiede eingehen, die sich aus der Geschwisterkonstellation ergeben. Die Darstellungen können sich dadurch gegenseitig ergänzen, erhellen oder erweitern.

Im letzten Abschnitt werde ich dann auf Ergänzungen und Erkenntnisse eingehen, die sich aus den Gesprächen mit jenen Kindern ergaben, die kein bestimmtes Lieblingsmärchen nennen konnten oder deren Geschichte nicht den von mir vorgenommenen Eingrenzungen entsprach. Das sind Erzählungen, die nicht als Volksmärchen gelten können oder die kein wirkliches Lieblingsmärchen darstellen, weil der Geschichte keine besondere Bedeutung im Leben des Kindes zukommt – das heißt, sie weder oftmals gehört wurde noch besonders beliebt oder gefürchtet war.

Vorweggenommen seien die Ergebnisse der Durchführung des Elternfragebogens über das Verhalten von Kindern und Jugendlichen (CBCL/4-18 von Döpfner, Schmeck und Berner, 1994). Keines der Kinder wies Auffälligkeiten im Bereich der Syndromskalen auf. Damit können sowohl internalisierende Störungen ausgeschlossen werden, also sozialer Rückzug des Kindes, körperliche Beschwerden sowie Angst und Depressivität, als auch externalisierende Störungen, womit delinquentes und aggressives Verhalten gemeint sind. In den Gesamtwert gehen zudem drei Skalen aus der Gruppe gemischter Störungen ein, nämlich soziale Probleme, schizoid/zwanghafte Tendenzen und Aufmerksamkeitsstörungen, und weitere 33 Items, die keiner Skala zugeordnet sind. Mit T-Werten unter 60 liegen alle Kinder unter dem absoluten cut-off für klinische Auffälligkeiten.

Dieselben Ergebnisse erreichten die Kinder im Bereich der Kompetenzskalen. Es zeigten sich keinerlei Auffälligkeiten in den Skalen Aktivitäten, soziale Kompetenz und Schule. Der aus diesen Skalen gebildete Gesamtwert liegt mit T-Werten über 40 wiederum außerhalb des Bereichs klinischer Auffälligkeiten. Die Angaben der Mütter zu den erfassten Kompetenzen werden in die folgenden Ausführungen mit einfließen.

Der Froschkönig

Anfang Dezember 2002 sprach ich mit Ruben über sein Lieblingsmärchen und seine Phantasien zu den Figuren und Geschehnissen dieses Märchens. Ich hatte den zehnjährigen Ruben als einen sehr aufmerksamen und zuvorkommenden Jungen kennen gelernt. Als ich zum ersten mal über die Schwelle der warmen und geräumigen Familienwohnung trat, um mich und mein Vorhaben im Rahmen des Vorgespräches vorzustellen, trat er mir gespannt, mit ausgestreckter Hand und freudigem Lächeln entgegen. Im Gegensatz zu seinen Geschwistern, die mit ihren alltäglichen Verrichtungen beschäftigt waren, schien Ruben mich bereits erwartet zu haben. Er hatte sich offensichtlich auf mein Kommen vorbereitet und mit geschwellter Brust trug er mir später, aus erhöhter Position auf seinem Bett stehend, einen kleinen Aufsatz über Märchen vor, während ich am Boden des Kinderzimmers hockte. Er genoss sichtlich die Überraschung und Begeisterung seines Publikums: sein kleinerer Bruder und ich blickten gespannt von unten zu ihm hinauf und seine Mutter lehnte stolz am Türrahmen.

Ruben erweckte in mir die Idee jener „neuen Männer", wie die Gesellschaft sie heute häufig fordert: smart und adrett, feinfühlig und sehr korrekt. Bei jedem Besuch öffnete er mir die Tür und begleitete mich höflich zu meinem jeweiligen Gesprächspartner. Immer zeigte er sich sehr bemüht und schien nur auf ein Zeichen zu warten, um dem Gegenüber jeden Wunsch zu erfüllen. Ruben ist der älteste Sohn von drei Kindern eines selbständigen Kaufmanns und einer teilzeitbeschäftigten Mutter. Diese beschreibt ihn als sehr fleißigen und guten Schüler – er besucht das Gymnasium – und besonders seine Aufsätze seien *„wahnsinnig gut"*, er hätte geradezu eine Begabung zum Geschichtenerzählen. Ebenso sei er ein begeisterter und talentierter Sportler: Fußball spielen, Radfahren und Schifahren stehen in der Freizeit an erster Stelle. Der Einschätzung der Mutter zufolge verträgt sich Ruben sowohl mit seinen beiden Geschwistern als auch mit seinen Eltern sehr gut, sogar besser als andere Kinder seines Alters.

Das Gespräch fand im Kinderzimmer der Schwester statt. Es war das kleinste Zimmer, nahe der Küche, indem – so die Mutter – wir ungestört arbeiten könnten. Ruben setzte sich in die Ecke hinter die Tür auf einen großen Polster, die Beine angewinkelt, spielte er nervös mit seinen Füßen und folgte mit den Augen jeder meiner Bewegungen. Aufmerksam, aber etwas distanziert lauschte Ruben meinen Worten, als ich nochmals erklärte, worum es in dem Gespräch gehen würde. Als ich mich zum Abschluss erkundigte, ob er noch eine Frage hätte, gestand Ruben, er hätte der Mutter schon oft Märchen erzählt. *„Ich meine aber nicht solche Märchen, ich meine andere Märchen ..."*. Mit dem Hinweis auf die Lügenmärchen hatte er mir ein Geheimnis verraten und dies durch sein verstohlenes Lachen bekräftigt. Wollte Ruben mich dadurch zu seiner Komplizin machen? Wollte er mich testen und sehen, auf welche Seite ich mich stellte? Oder hatte meine Rolle als Forscherin ihn dazu bewogen, die Karten offen auf den Tisch zu legen, um unangenehme Überraschungen zu vermeiden? Vielleicht wollte Ruben damit auch zeigen, dass er nicht nur der folgsame Sohn seiner Mutter ist?

Ich ging nicht näher darauf ein und verdeutlichte nochmals mein Erkenntnisinteresse in der Hoffnung, dadurch meine neutrale Haltung in der Mutter-Sohn-Beziehung zu unterstreichen. Auf die Frage, woher Ruben Märchen kenne, erzählte er von Büchern, Filmen, Hörspielkassetten und den Erzählungen seines Vaters.

> *Ruben: Ja, „Prinzessin auf der Erbse" erzählt er oft und „Froschkönig", die zwei will ich dauernd neu hören.*

Damit hatte Ruben einen ersten Hinweis auf mögliche Lieblingsmärchen gegeben. Als ich aber wissen wollte, welches ihm nun am besten gefalle, zögerte er zunächst. Ich hatte das Gefühl, er wolle sich nicht festlegen, und meinte vorsichtig:

> *Verena: Ja, gibt es ein Märchen, das dir ganz besonders gefällt?*
> *Ruben: Nein, eigentlich nicht. Mir gefallen alle gut!*
> *Verena: Mhm.*
> *Ruben: Aber „Froschkönig" find ich vielleicht am tollsten.*

Das abschwächende „vielleicht" verlor in einer späteren Gesprächssequenz an Gewicht. Ruben erzählte von einer Hörspielkassette, die er erst kürzlich wieder entdeckt hatte, und die er nun beinahe jeden Tag abspielte. Abwechselnd lausche er den drei Märchen dieser Kassette, nämlich „Der Froschkönig", „Die Prinzessin auf der Erbse" und „Des Kaisers neue Kleider". Auf meine Frage, ob er nun von den genannten drei Märchen den „Froschkönig" am liebsten höre, antwortete Ruben mit einem bestimmten: *„Ja"*.

Ich bat Ruben sein Lieblingsmärchen zu erzählen, und sogleich setzte er freudig an. Sein Blick schweifte ab und er schien ganz einzutauchen in eine ferne Welt, nur ab und zu versicherte er sich durch einen kurzen Blick meiner Aufmerksamkeit. Das Märchen trägt den vollen Titel „Der Froschkönig oder der eiserne Heinrich"[35] und bildet die Eröffnungserzählung der Grimmschen Märchensammlung. Es erzählt von der jüngsten, wunderschönen Tochter eines Königs, die mit ihrer Goldkugel am Rande eines Brunnens spielt. Als ihr das wertvolle Spielzeug ins Wasser rollt und sie zu weinen und klagen beginnt, holt ihr ein Frosch die Kugel zurück, gegen das Versprechen, mit ihm Tisch und Bett zu teilen. Die Königstochter aber hält ihr Versprechen nicht und erst auf Geheiß des Königs und voll Widerwillen lässt sie den Frosch, der ihr gefolgt war, eintreten, an ihrem Tische sitzen und zuletzt in ihr Schlafgemach. Als dieser aber in ihr Bett will, wirft sie ihn böse an die Wand, und so wird aus dem garstigen Frosch ein Königssohn mit schönen freundlichen Augen. In der Literatur wird dieses Märchen häufig als sexuelles Aufklärungsmärchen gedeutet. Darin werde das erste widerwillige und angstbesetzte Entdecken der Sexualität beschrieben sowie die Ausbildung des Über-Ichs, die dazu nötige, eingegangene Verpflichtungen auch zu erfüllen (vgl. Bettelheim, 2000, S. 335 ff.).

In der Erzählung von Ruben wurde aber deutlich, dass für ihn ein ganz anderes Moment des Märchens von Bedeutung ist. Diese Stelle schmückte er aus und erzählte ausschweifend und breit, während er spätere Teile der Geschichte nur sehr kurz und teilweise fast gelangweilt darstellte. Dies gilt insbesondere für die im Rahmen psychologischer Märchendeutungen als zentral erachtete Szene des jähen „Endes" des Frosches an der Wand. Hier nun aber jener Ausschnitt, der alleine durch seinen Umfang im Vergleich zur restlichen Erzählung hervorsticht:

Ruben: ... Und dann ist eines Tages die Prinzessin ... also ihr war so heiß, das war ganz ein heißer Tag und dann hat sie geschwitzt und ihre zwei Lieblingshunde, die wollten nicht mit ihm sp... mit ihr spielen ... ja und dann hat, ist sie raus gegangen und ist etwas spazieren gegangen mit ihrem goldenen Ball, das war ihr Lieblingsspielzeug. Sie ist in den großen Wald gegangen und hat da das Vogelgezwitscher gehört und war ganz glücklich. Ja und sie hat keine Angst gehabt, weil der Wald, der hat zu ihrem Grundstück gehört, also zum Schloss. Wie sie sich gerade im Wasser gespiegelt hat ist ihr der Ball hineingefallen, dann hat es so getan: „plupp". Ja und dann hat sie zuerst gar nichts mitgekriegt, dann hat sie geschaut und hat gesehen, wie da noch ein paar Ringe waren und dann, ja dann ist sie traurig geworden und dann hat kein Vogel mehr seine Stimme hören lassen. Dann hat sie furchtbar angefangen zu weinen und zu schluchzen, ja und dann ist auf einmal ein Frosch zu ihr gekommen und hat gesagt: Warum weinst du denn? Und dann hat sie gesagt: Gib Ruh du blöder Frosch, du kannst mir ja sicher auch nicht helfen! Und dann hat er gesagt: Was soll ich dir denn helfen? Ja, du schaffst das eh nicht, den Ball da aus dem Brunnen herauszuholen. Ja, da hat er gesagt: Doch ich kann es machen, aber dann musst du mir versprechen, dass du mich von deinem Tellerchen essen lässt, in deinem Bettchen schlafen darf und eben, dass du mich gern hast (steigernd). Ja und dann hat sie gesagt: Ja alles werde ich dir erfüllen, alles!

Die Erzählung weicht an mehreren Stellen vom Original ab. Zunächst scheint die Königstochter deshalb in den Wald zu laufen, weil ihre zwei Lieblingshunde nicht mit ihr spielen wollen. Der Wald mutet in Rubens Erzählung außerdem etwas bedrohlich an und ich konnte mich des Gefühls nicht erwehren, die Prinzessin hätte lieber Angst haben sollen, so wäre alles weitere vielleicht erst gar nicht passiert. Das Märchen der Brüder Grimm vermittelt einen anderen Eindruck vom Wald und vom Erleben der Königstochter. Diese scheint es vielmehr zu genießen, die angenehme Kühle am Brunnenrand unter der großen Linde als Erfrischung zu empfinden und das Spiel dort mit der goldenen Kugel als liebsten Zeitvertreib. Als der Spielball dann in den Brunnen fällt, geschieht das nicht aus narzisstischer Eitelkeit, weil die Prinzessin sich gerade im Brunnen spiegelte, sondern vielmehr aus Ungeschicklichkeit. Im Original heißt es: *Nun trug es sich einmal zu, dass die goldene Kugel der Königstochter nicht in ihr Händchen fiel, das sie in die Höhe gehalten hatte, sondern vorbei auf die Erde schlug und geradezu ins Wasser hineinrollte.* Im Märchen ist das traurige Unglück also viel weniger „Schuld" der Prinzessin als in der Erzählung von Ruben. Dort fällt der Ball direkt in den Brunnen und mit einem leisen „*Plupp*" hinterlässt er ein dumpfes Gefühl im Magen und aufgewühltes Wasser, das seine Kreise zieht. Für ein stilles Schuldempfinden würde auch die Entschuldigung Rubens sprechen, wenn er einfügt, die Prinzessin hätte zunächst gar nichts mitgekriegt, das heißt, sie hätte es nicht verhindern können.

Ein weiterer Einschub, der im Märchen der Brüder Grimm so nicht zu finden ist, sind die Vöglein, die mit ihrem Gezwitscher ein Spiegel für die Gefühle der Königstochter sind. Solange die Prinzessin glücklich ist, zwitschern sie, sobald aber der goldene Ball in den Brunnen gefallen ist und sie darüber traurig wird, ist kein einziger Vogel mehr zu hören. Ich möchte diesem Zusatz nicht allzu große Bedeutung beimessen, es wäre nämlich durchaus denkbar, dass Ruben dies einer bestimmten Version vielleicht der Hörspielkassette entnommen hat, wo häufiger Tiere auftreten als in den originalen Erzählungen. In jedem Fall unterstreicht das Verstummen der Vögel die Tragik der eingetretenen Situation. Interessant ist auch die aus ihrer Traurigkeit heraus forsche Reaktion der Königstochter auf das Hilfsangebot des Frosches. Sie beschimpft ihn mit: „*Gib Ruh, du blöder Frosch!*" und traut ihm nicht zu, den goldenen Ball wieder heraufzuholen. Im Originaltext klagt sie nur traurig: *Ach, du bist's, alter Wasserpatscher (...), ich weine über meine goldene Kugel, die mir in den Brunnen gefallen ist*, und verspricht ihm darauf: *was du haben willst, lieber Frosch*.

Zentral erscheint mir an dieser Märchenszene, wie sie Ruben darstellt, die nicht nur unglückliche, sondern auch etwas verzweifelte Gefühlsqualität, die die Königstochter im großen dunklen Wald am Rand des kühlen Brunnens ergreift. Es ist, als hätte sie den engen Kreis ihrer schützenden Umgebung, das väterliche Schloss, verlassen und fühle sich nun verlassen und mutlos. In dieser Sequenz verspricht sich Ruben auch, und dies könnte zu der Vermutung veranlassen, dass gerade die Königstochter jene Figur ist, mit der er fühlt.

Ruben: und ihre zwei Lieblingshunde, die wollten nicht mit ihm sp... mit ihr spielen ...

Im Gespräch gab es mehrere Stellen, an denen eine solche Situation der Entmutigung und traurigen Verzweiflung, wie sie die Prinzessin erlebt, als sie alleine und angewiesen auf fremde Hilfe tief betroffen ist, spürbar wurde. An einer Stelle flocht Ruben eine Geschichte ein, die er selbst verfasst hatte:

Ruben: Über einen Wal, der niemals zu Weinen aufhören wollte. Da habe ich so geschrieben: Der hat keinen Freund gehabt – da war ich in der ersten Klasse, nein in der zweiten war ich da – und ja dann war er furchtbar traurig. Dann sind Fische gekommen und haben ihn gefragt: Was hast du? Dann hat er gesagt: Ich habe keinen einzigen Freund. Da sind sie einfach weg geschwommen und einen Tag später, da hat er Geburtstag gehabt und keiner hat es gemerkt und dann haben sie es aber doch noch gemerkt und dann hat ihm jemand gesagt: Komm, schwimm mir nach! Da ist er ihm nach geschwommen und dann haben sie eine große Party für ihn gemacht. Da hat er sich sehr, sehr gefreut.

Das Motiv des Ausgeschlossen-Seins aus den Spielen und Vergnügungen anderer wurde ebenso virulent, als ich Ruben dazu aufforderte, sich in die Rolle der älteren Königstochter hineinzuversetzen, die im Märchen so gut wie gar nicht auftritt. Er machte deutlich, dass dies ziemlich langweilig wäre, er sich unwohl fühlen und mit allen Mitteln versuchen würde, die Aufmerksamkeit mehr auf sich zu lenken.

Verena: Was würdest du zum Beispiel machen?
Ruben: Ich würde zum Beispiel sagen: Dein Vater ... also ...also... zum Beispiel, wenn der Vater das gesagt hat, dann würde ich zum Beispiel sagen: Genau, mach das jetzt! So – klingt zwar ein bisschen blöd, aber man kann nie was sagen, sonst

kann ich nichts sagen. Ja, und ich würde halt mit ihr mitgehen zum, ...ja dann würde ich auch mehr da sein.
Verena: Mitgehen? Wohin mitgehen?
Ruben: Also, wenn die Prinzessin rausgeht ...
Verena: Zum Spielen?
Ruben: ...zum Brunnen, dann würde ich gerne, also dann würde ich mitgehen.

Ich erlebte die Umschiffung des an sich nahe liegenden Gedankens mit der Königsschwester einfach zu spielen, die sich mir insbesondere im letzten Satz aufdrängte, als Ausdruck einer bedauerlichen Unmöglichkeit. Ungesagt schien der Zusatz, die Prinzessin hätte eh nicht mitspielen wollen.

Dass gerade diese Stelle des Märchens, in der sich die Prinzessin alleine und verzagt fühlt, für das Erleben von Ruben wichtig ist, wird auch in seiner Zeichnung deutlich, die jenen Moment darstellt, wo die Prinzessin am Brunnen über den Verlust der Kugel klagt (siehe Bildteil, Abbildung 1). Ruben wusste nach meiner Aufforderung, ein Bild zum Märchen zu zeichnen, sofort, welche Szene er malen wollte. Er begann zunächst den Brunnen, dann den Frosch zu zeichnen und fügte darauf mit zarten und geschickten Strichen die weinende Prinzessin hinzu, die sich in ihrer Not die Hände vors Gesicht hält. Eine dicke blaue Träne kullert ihr über die Wangen und ihr Mundwinkel ist tief nach unten gezogen. Der gekrümmte, abgewandte Baum entstand erst am Schluss. Ruben erklärte: „*Da weint sie*".

Auf die Frage, welche Stelle im Märchen ihm am allerbesten gefalle, antwortete Ruben:

Ruben: Ähm, also da wo ihr der Ball hineinfällt.
...
Nein, nein, noch besser gefällt mir die mit der alten Hexe, wo die alte Hexe dann kommt, auftaucht im Moor.

In der Szene, die Ruben hier anspricht, kommt verschärft ein gefahrvolles Moment zum Vorschein, das draußen lauern kann. Es handelt sich um die Eingangsszene, die Rubens Vater seinem Sohn erzählt, ursprünglich aber nicht im Märchen enthalten ist.[36] Hören wir im Folgenden, wie Ruben sie mir geschildert hat.

Ruben: Also da war mal ein Prinz mit seinem Kutscher. Ja und dann sind sie am Abend ... gefahren und wollten zum Schloss fahren, da sind sie einer Hexe begegnet, und die hat gesagt: Du sollst mich heiraten, oder ich gebe dir eine Strafe. Da hat der Prinz gesagt: Ich werde doch nicht eine so hässliche Moorhexe heiraten! Und da hat sie ihn verzaubert in einen Frosch und hat eben gesagt: Erst wenn dich eine Prinzessin in deinem Bett schlafen lässt, in ihrem Bett schlafen lässt, von ihrem Tellerchen essen lässt und ... ja und dich gern hat, dann ... also dann kannst du wieder ein Prinz werden. Ja, und dann ist er ganz verzweifelt weg gesprungen. Ja, und der Kutscher, der war auch sehr traurig. Ja und dann sind sie aber ... ja ist der Frosch weit weg gesprungen, ja und der Kutscher ist wieder zum Schloss gefahren.

In diesem Motiv ist wieder jemand – abseits vom sicheren Zuhause – einer fremden Macht hilflos ausgeliefert und gerät in Verzweiflung. Dies dürfte die für Ruben wichtige Aussage dieses Ausschnittes sein. An dieser Hinzufügung wird aber zugleich nachfühlbar, welche Bedeutung das Erleben und die Darstellung der Eltern beziehungsweise der nahe stehenden Erzähler einnimmt. Ich neige dazu anzunehmen, dass in dieser Sequenz vor allem auch etwas vom Vater enthalten ist, der sozusagen über das Märchen dem Sohn vom Leben berichtet. Es scheint, als wäre diese Ahnung auch Ruben nicht fremd, der auf die generelle Frage, woher er Märchen kenne, erzählt:

Ruben: Und ...mh, ja und die Mama, der Papa erzählt mir auch oft, also nicht gerade Märchen, aber Sachen von seinem früheren Alter, da ... und Märchen gleichzeitig, also, ich meine Märchen auch. Ja, und da höre ich immer ganz aufmerksam zu.

Lassen sich nun Parallelen zu Rubens Lebenssituation, seinem Erleben und seinen Reaktionsmechanismen ziehen, wie sie im Gespräch mit der Mutter erfahrbar wurden? Kann die hervorgehobene Märchenszene, in der Verzweiflung und Hilflosigkeit dominieren, demnach als Hinweis auf einen psychischen Konflikt Rubens verstanden werden? Die zentralen Momente im Märchen vom „Froschkönig" scheinen jene zu sein, in denen eine Hauptfigur sich von der sicheren, heimischen Umgebung ein Stück weit entfernt, in ein gefahrvolles Verhängnis gerät und in gewisser Weise von anderen abhängig wird: die Königstochter verliert die goldene Kugel und lernt dadurch unwillig den Frosch kennen; der Prinz begegnet der Moorhexe und unterliegt ihrem Zauber. Im Gespräch mit der Mutter wurde einsichtig, dass Ruben in einem sehr behüteten, sicheren und gewaltfreien Ambiente groß geworden ist. Streitereien zwischen den Geschwistern wurden niemals gewaltsam ausgetragen, das wurde nach eigenen Aussagen von den Eltern von Anfang an unterbunden. Im Kindergarten und den ersten Schuljahren hatte Ruben vor allem einen Freund, den die Mutter als sehr feinfühlig beschreibt: *... Der hat nichts Grobes, es wird nie vorkommen, dass der ihn haut oder was. Ganz feinfühlig, mit dem kommt er gut zurecht ...* Die Klasse bestand hauptsächlich aus Mädchen und von den wenigen Buben waren einige nicht der richtige Umgang für Ruben, so die Mutter. Die seien auf der Straße aufgewachsen und *„haben ganz andere Ausdrücke"*, weshalb die Mutter ihn vor ihnen warnte und zu ihm meinte, das seien keine echten Freunde. Besonders einer hätte versucht, sich an Ruben *„anzuhängen"* und ihn von der rechten Bahn zu bringen, aber er hätte sich ganz gut gehalten und wohl selbst *„gemerkt, dass das nicht gerade das Wahre ist"*. Auch ganz aktuell beschäftige Ruben das unkorrekte Verhalten eines Mitschülers, der ihn schikanieren würde. Im Allgemeinen würde er es außerdem vorziehen, wenn Freunde zu ihm nach Hause kommen und eher ungern würde er außer Haus schlafen. Ruben gehört keinen Vereinen, Sportgruppen oder Ähnlichem an. Die Mutter gab auf die sehr allgemein gehaltene Frage, welche Schwierigkeiten Ruben und seine Geschwister in ihrer Entwicklung zu bewältigen hatten, die zusammenfassende Antwort:

Mutter: Sie sind generell sehr behütete Kinder. Das ist vielleicht zu sehr von mir, das mag ein Fehler sein ab und zu, sage ich jetzt mal, weil sie ein bisschen unselbstständig sind in manchen Dingen, wobei der Ruben sich sicher jetzt langsam behaupten muss im Gymnasium, also absolut keine Frage! Ich meine, okay – später? Er fängt jetzt an, er hat also zwei, drei Dinge gut und wunderbar überstanden, äh ... die er selber lösen musste ... weil, da hat er sich selber darum kümmern müssen, in der Volksschule machst du das viel für die anderen. Und da merkst du schon die Selbstständigkeit, die jetzt langsam kommt und die sie auch fordern. Natürlich! Und die man ihnen geben muss, sag ich jetzt mal.

Man könnte demnach vermuten, dass Ruben in den beschriebenen Szenen des Märchens seine eigene Hilflosigkeit und seine Verzweiflung wieder entdeckte, die ihm womöglich außerhalb der heimischen Obsorge entgegentritt. Umgekehrt könnten diese über das Märchen erfahrbar werden. Im Hinblick auf die Ausführungen von Wittgenstein tritt noch eine weitere Komponente hervor, die sich sinnvoll in Rubens Märchenerleben fügen lässt. Wittgenstein fragt nämlich nach der Bedeutung der Kugel, „um die ein Mädchen so jämmerlich weint und klagt, wenn sie verlustig geht." (Wittgenstein, 1965, S. 92) Er erkennt in ihr ein Symbol für das in sich geschlossene Weltbild eines Kindes. Die goldene Kugel, die die Prinzessin im Spiel auf und abwirft wie einen Ball, erscheint am Himmel wie Sonne und Mond, die auf- und untergehen und so schafft sich das Kind seine eigene Welt. Zudem ist die Kugel Sinnbild für ein selbstgenügsames, als lustvoll erlebtes Spiel. Wenn die Kugel nun in den Brunnen fällt, ist sie für immer verloren und mit ihr das autarke Erleben der Welt. Selbst wenn die Prinzessin die Kugel zurückerhält, hat sich diese im Brunnen verwandelt und ist nun ein „Zeichen der Verbindung und versprochenen Verbindlichkeit" (ebd., S. 93). Das Spiel mit der Kugel ist von nun an ein ständiges Wechselspiel von einem zum anderen und bedarf des Anderen als Gegenüber. Wittgenstein spielt auf einen männlichen, also gegengeschlechtlichen Widerpart an, doch kann darin meines Erachtens auch die generelle Forderung nach einem Wahrnehmen und Einlassen auf den Anderen enthalten sein.

Warum wählte Ruben dieses Märchen, in dem diese Gefühlsqualitäten, im Gegensatz zu vielen anderen Geschichten, in so feiner und milder Art zum Ausdruck kommen? Zunächst hat dies wohl damit zu tun, dass Ruben wahrscheinlich gar keinen Zugang zu ungestümeren Märchen hatte, da grausame und ängstigende Erzählungen und Szenen von den Eltern ganz bewusst ausgespart werden. Dasselbe gilt für gewaltsame Bilder im Fernsehen, vor denen sie alle drei Kinder bewahren. Weiter möchte ich annehmen, dass das Märchen vom Froschkönig der weichen und feinen Art Rubens durchaus entspricht und vielleicht gerade wegen der behutsamen Darstellungen für ihn ansprechend ist. An einer Stelle des Gespräches erklärte Ruben:

Ruben: Ja, weil ... ich bin einer, also wenn ich irgendetwas im Märchen ein spannendes Abenteuer sehe, und dann wird es spannend, also für mich ist das irgendwie ein richtiges Abenteuer, also ein Abenteuer zu sehen. Für andere ist das nur ein Film, aber ich ziehe mich da echt rein. Also bei mir klopft das Herz ganz schnell, wenn jetzt etwas spannend wird und ich erschrecke, auch wenn was ... wenn der im Film erschrickt, so ... wäre das ...

Rubens Erzählung des „Froschkönigs" beinhaltet zudem Hinweise auf bestehende und zukunftsweisende Reaktions- und Bewältigungsmechanismen. Die zu Tode betrübte und zugleich vorwerfende und abweisende Haltung der Königstochter bei der ersten Begegnung mit dem Frosch könnte als Entsprechung zu Rubens Verhalten in kritischen Situationen verstanden werden. Wie die Mutter im Gespräch beschrieb, bekommt er insbesondere dann, wenn er sich ungerecht behandelt fühlt, einen kurzen, „hysterischen" Schrei- und Weinanfall, stampft auf dem Boden auf und beklagt sich: *„Keiner hat mich lieb!"* Ich fühlte mich bei dieser Aussage an die Worte des Frosches erinnert, der von der Königstochter verlangt, sie müsse ihn von ihrem Tellerchen essen, in ihrem Bettchen schlafen lassen und ihn gern haben. Es war, als würde der Frosch ausdrücken, was die Königstochter fühlt: Ich will nicht alleine sein, alle sollen mich lieb haben und mit mir spielen wollen.

Welche anderen Möglichkeiten und Rollen könnte nun das Märchen Ruben anbieten, für Situationen, in denen man dem Alleinsein, vielleicht sogar der Ausgeschlossenheit und Verzweiflung begegnet? Auf die spielerische Frage, in welche Figur Ruben sich am liebsten „hinein-beamen" würde, antwortete er ohne zu überlegen:

Ruben: Also, in die Moorhexe.
Verena: In die Moorhexe?
Ruben: Ja, weil das würde mir irgendwie so gefallen, wenn alle ein bisschen Angst vor mir haben.
Verena: Und was würdest du tun als Moorhexe?
Ruben: Ja, aber ich würde es irgendwie anders machen, aber, wenn es jetzt so, … also irgendwie würde ich es anders machen und tät halt, nichts sagen, würde nur, weiß nicht eigentlich. Ich würde ihn nicht gerade … ich würde ihn nicht gerade so zaubern, ich würde etwas anderes sagen und, … so ich will dass er… dass eben, sagen muss …also, ich will das ganze Märchen gar nicht haben (lacht) also irgendwie, also was ich gleich mache, ich sage gar nichts, also gar nichts.

Die anfängliche Faszination, selbst die Rolle des Bösen zu übernehmen, so dass alle zumindest ein bisschen Angst vor ihm hätten, schlägt bald in Verzagtheit um. Es scheint, als könnte Ruben sich nicht vorstellen, selbst so Grausames zu vollbringen und er grenzt die unheilvolle Macht der Moorhexe immer weiter ein, bis diese schließlich zur stummen Requisite wird. Die Überlegung, dass die Moorhexe in der Rahmenerzählung des Vaters zuletzt durch die Liebe des Königspaares zerstört wird, brachte Ruben dann ganz von einer Identifikation mit der Hexe ab und es kam zu folgender Überlegung:

Ruben: Der Frosch würde ich auch nicht gerne sein, weil der wird an die Wand gehauen und das tut weh. Prinzessin möchte ich auch nicht gerne sein, weil, sonst muss ich den ekeligen Frosch angreifen. Ja, König wäre ich am liebsten.
Verena: Ja. Also wärst du am liebsten der König …
Ruben: Ja.

Als Alternative greift Ruben auf den König zurück, jene Figur, die ihm auch am besten gefiel und die er an einer anderen Stelle als einen schmalen, kraftlosen, aber vollbärtigen und strengen Mann mit tiefer, machtvoller Stimme beschreibt. Der König tritt im Märchen nur kurz auf, als er die Königstochter bestimmt und ruhig dazu auffordert, ihr Versprechen zu halten. Er steht kraft seines Amtes über den Dingen und trotz seiner schmächtigen Figur genügt ein Wort, um seine Macht geltend zu machen. Könnte es sein, dass Ruben diese unantastbare Macht gerne auf seiner Seite hätte, sodass er quasi ob seiner Position Gefühle der Hilflosigkeit und Abgeschiedenheit gar nicht empfinden müsste? Drückt die Amtmacht des Königs den Wunsch nach mehr Selbstsicherheit und Vertrauen in die eigenen Stärken aus?

Ich tendiere dazu, das Märchen vom „Froschkönig" im Falle von Ruben subjektstufig zu deuten. Das bedeutet, ich gehe davon aus, dass alle Charaktere des Märchens in gewisser Form und Intensität Seiten und Erlebnisweisen von Ruben selbst darstellen. Die Königstochter ist, nach meinem Empfinden, von der Ausgangssituation her die zentrale Figur in Rubens „Froschkönig", weil er von ihrem Schicksal und ihrem verzagten Erleben angezogen wird und sich in ihr für ihn selbst typische Reaktionsweisen zeigen. Ebenso wichtig scheint mir aber auch der Frosch, der in seiner Rolle als der isolierte und Abneigung erregende Andere sich nach Liebe und Anerkennung sehnt und all seine Fähigkeiten einsetzt, um diese auch zu erreichen. Daneben könnte man vermuten, dass in der Gestalt der Moorhexe aggressive und weniger zahme Gefühle ihre Projektionsfläche finden, und dass im König nochmals deutlich der Wunsch nach bedingungsloser Anerkennung und Wertschätzung, aber auch nach mehr Selbstbewusstsein zum Ausdruck kommt.

Welche Lösungsmöglichkeit schlägt das Märchen auf dem Hintergrund der beschriebenen Qualitäten von trauriger Verzweiflung und ungewollter Ausgrenzung vor? Die Königstochter befreit sich von den unangenehmen Forderungen des Frosches dadurch, dass sie Zugang zu ihren Emotionen findet und voller Wut den garstigen Frosch in einem Kraftakt an die Wand knallt. Letztlich ist es im Märchen eine doch gewaltsame Geste, die zur Entzauberung des Frosches und Erlösung der Königstochter führt. Für Ruben scheint diese Szene jedoch weniger reizvoll zu sein, da er ihr im Gespräch wenig Beachtung schenkte. Vielleicht könnte man die Bedeutsamkeit des Märchens, und die Lösung, die es Ruben vorschlägt, folgendermaßen zusammenfassen: Es ist zu vermuten, dass das Verlassen völlig unbedrohlicher Umgebungen, das Wagnis, sich alleine der Welt und ihren oft gefahrvollen Anforderungen zu stellen, in bestimmten Situationen Ruben nicht ganz leicht fällt. Durch die durchaus schmerzvolle Abstreifung bisheriger Verhaltens- und Erlebnisweisen und dem gleichzeitigen Zulassen von aggressiveren Gefühlen – im ursprünglichen Sinne von etwas „angehen" – und der Aneignung von neuen Reaktionsmöglichkeiten könnte ihm die Selbstbehauptung leichter gelingen.

Mit anderen Worten, müsste der kleine betrübte Frosch mit seinen großartigen Ansprüchen durch die Wut der Königstochter an die Wand geworfen werden, damit er auf diesem Wege seine alte Haut abstreifen, und als selbstbewusster Prinz das Leben als erstaunliche Herausforderung begreifen kann.

Der Wolf und das junge Geißlein

Als ich das erste Mal die Wohnung der Familie von Alan betrat, wurde ich abwartend und eher reserviert empfangen. Es wurde freundlich um mein leibliches Wohl gesorgt, doch fühlte ich mich zunächst einerseits auf dem Prüfstand und andererseits seltsam gehemmt und unsicher. In der Küche, wo dieses erste Vorgespräch stattfand, stand ein großer Tisch, an dem Alan und sein Bruder mit einem Rätselbuch beschäftigt waren. Sie begutachteten mich kurz und wandten sich wieder ihrem Spiel zu. Nachdem ich nur kurz und sehr prägnant über mein Forschungsvorhaben berichtet hatte, begann die Mutter mit mir ein Gespräch über mein Studium und meine Diplomarbeit. Ich hatte ein dumpfes und konfuses Gefühl, spürte einen seltsamen Druck, mich bedeckt zu halten und nicht zu viel von mir persönlich preis zu geben. Es war als würde mich Angst überkommen, die Prüfung, der ich mich hier unterzogen fühlte, nicht bestehen zu können und mein Gesicht zu verlieren. Auch um die Aufmerksamkeit der beiden Jungen musste ich mühsam werben und es fiel ungewöhnlich schwer, ein unverfängliches Gespräch zu führen. Erst als der ältere Bruder sich mir etwas zuwandte, wurde auch Alan offener und wechselte mit mir einige verhaltene Worte. Als ich die Familie wieder verließ, war ich meiner Sache nicht sehr sicher, doch hatte ich das charmante Lächeln vor Augen, das Alan mir nur kurz zugeworfen hatte und mich meinen ließ, er würde gerne an meiner Untersuchung teilnehmen.

Ich kam also wieder und erlebte eine völlig neue, warme und offene Atmosphäre. Was war geschehen? Erst um vieles später und mit der Kenntnis des Lieblingsmärchens von Alan „Der Wolf und die sieben jungen Geißlein" konnte ich mir einen Reim darauf machen. Ich hatte beobachtet, wie Alan sich bei meinem Eintreten noch kurz scheu an seine Mutter klammerte und unverständliche Worte flüsterte. Sie schob ihn mit den Worten: „*Das macht ihr schon*" weg und kam auf mich zu. In meiner fremden Rolle als Forscherin musste ich wie ein bedrohlicher Wolf erscheinen. Ich musste mich zunächst, wie im Märchen, der Prüfung unterziehen, und erst als gesichert schien, dass meine Hände rein und meine Stimme echt waren, wurde ich herzlich empfangen.

Der achtjährige Alan ist das jüngere Kind eines Landwirten und einer Sekretärin. Er hat einen um zwei Jahre älteren Bruder, den er bewundert. Alan ist nach Angaben der Mutter ein guter und zufriedener Schüler, ein recht unkompliziertes Kind. Er ist Mitglied in den verschiedensten Sportvereinen und auch sonst gut in die Dorfgemeinschaft integriert und allseits beliebt. Am Abend genießt es Alan auch manchmal, sich in sein Zimmer zurückzuziehen und dort Musik zu hören.

Das eigentliche Gespräch über das Lieblingsmärchen fand im Wohnzimmer statt. Es war ein geräumiger und behaglicher Raum, der von einem großen Sofa dominiert wurde, auf dem Alan auch sofort Platz nahm. Aus seiner Kuschelecke inmitten der Polster, bekleidet mit einem etwas zu groß wirkenden Trainingsanzug, guckte er mich mit großen Augen abwartend und etwas schüchtern an. Die Mutter war zwar nicht im selben Zimmer, hielt sich aber – vor allem zu Beginn – im offen zugänglichen Nebenraum, also in sichernder Nähe und Hörweite auf. Ich versuchte Alan zunächst mit einem alltäglichen Gespräch aufzulockern, bis ich das Gefühl hatte, er wolle anfangen.

Das Lieblingsmärchen von Alan ist „*Die sieben Geißlein*". Der eigentliche Titel dieses Märchens von den Gebrüdern Grimm lautet: „Der Wolf und die sieben jungen Geißlein". Alan hat damit einen, wie sich noch herausstellen sollte, wichtigen Protagonisten des Märchens schon aus dem Titel beseitigt. Doch wenden wir uns zunächst dem Märchen zu, so wie Alan es erzählt hat:

Alan: Da war eben mal so ... eine Geiß und ... mit sieben Jungen... und der Wolf. Und der wollte sie immer fressen, die Kleinen. Und dann ... hat die, die Mutter wollte Futter holen (räuspert sich) und sie dürfen nicht den Wolf herein lassen. Dann hat der Wolf bei der Tür geklopft und da, dann (räuspert sich) i... hab..., haben sie gehört, dass er nicht so eine ..., äh, er hat eine rauere Stimme als die Mama. Dann eben ist er beim ..., hat er Creme rein, hat er Creme gegessen, dann ist er noch mal zum Haus rüber und hat noch mal geklopft. Und dann, dann haben sie gesehen, dass er eine schwarze Pfote hat (räuspert sich, schluckt). Und dann ... hat er s..., da haben sie auch noch gewusst, dass es der Wolf ist. Und dann ist er zum Bäcker gegangen und hat sich, hat sich Mehl darauf lassen und dann ist er danach noch mal gekommen und dann haben sie gemeint, jetzt kommt dies..., ihre Mami. Haben sie die Tür aufgetan und dann war es der Wolf (räuspert sich und stöhnt seltsam). Und dann haben sie sich alle versteckt. Und dann hat der Wolf eben alle gefressen, außer dem Kleinsten. Und dann ist er hinausgegangen ... dann ist er unter einem Baum, geschlafen und dann ist die ... die Mu... die Mutter gekommen (räuspert sich) und die hat dann, da waren die Tische und alles umgeworfen (räuspert sich) und da, hat sie dann gemerkt (räuspert sich), dass der Wolf gekommen ist. Dann ist das Kleine und die Mutter hinaus, dann (räuspert sich) haben sie eben den Wolf auch gesehen und dann haben sie den Bauch aufgeschnitten. Dann sind alle, alle wieder herausgehüpft. (schluckt) Und dann (räuspert sich) ist, eben ähm ... haben sie, hat er weiter geschlafen der Wolf und sie haben dann ... hat ... die Mami gesagt, dass sie alle (schluckt) Steine holen gehen sollen. Und dann haben, ha... hat die Mami alle hineingetan und dann (räuspert sich und schluckt) ist ... (räuspert sich) ist ... der ...(räuspert sich) der Wolf ist dann aufgewacht ... (schluckt) und dann ist ... ist er (räuspert sich) ist er ... ähm ... hat er es nicht mehr tragen können. (räuspert sich) Und dann ist er zum Brunnen hinüber, dann war er tot. Und dann (räuspert sich) haben sie, haben alle gesungen: Der Wolf ist tot! Der Wolf ist tot! (freudig)

Während der gesamten Erzählung schaute Alan konzentriert und mit strahlenden Augen zu mir oder in die Kamera. Fast immer lächelte er dabei, sodass seine weißen, großen Vorderzähne mit seinen Augen um die Wette blitzten. Zwei Dinge erschienen mir in dieser Darbietung auffällig, die in weiten Teilen dem Originaltext – wenn auch in verkürzter Form – entspricht. Zunächst die Häufigkeit, mit der Alan sich räusperte oder hörbar schluckte. Dies ist anfangs dann der Fall, wenn Gefahr im Verzug ist, etwa als die Geißenmutter die Geißlein alleine lässt, der Wolf an die Tür klopft und dann in das Haus eindringt. Besonders gehäuft sind diese Schluck- und Räuspergebärden aber gegen Ende zu finden, wenn die Geißenfamilie dem Wolf die tödlichen Wackersteine in den Wanst näht. In mir erweckte dies die Idee, Alan sträube sich dagegen, den Wolf auf solche Art und Weise sterben zu lassen. Etwas später im Gespräch meinte er auf meine Frage, ob er wisse, woran der Wolf überhaupt gestorben sei:

Alan: Nein! (Keine Ahnung!)
Verena: Hast du dir das noch nie überlegt?
Alan: Nein! Da steht einfach im Buch, dass ... dass er am Schluss zum Brunnen geht und dann... fällt er in den Brunnen hinein und dann ist er tot.
Verena: Dann ist er einfach tot.

Im Text der Brüder Grimm wird aber unmissverständlich darauf hingewiesen, dass der Wolf, aufgrund der Steine in seinem Bauch, von Durst gequält zum Brunnen ging und *da zogen ihn die schweren Steine hinein und er musste jämmerlich ersaufen.* Wollte Alan nicht wahrhaben, dass die Geißenfamilie den Wolf getötet hatte oder war es schlicht nicht vorstellbar, dass dies gelingen konnte?

Weiter fiel auf, dass in der Darstellung von Alan nur zwei kurze Sätze vorkommen, in denen der Wolf nicht agiert. In so gut wie allen anderen stellt er den Hauptakteur dar. Diese Gestalt erzeugt den Anschein einer allgegenwärtigen und unbeschränkten Anwesenheit. Dies drückte sich auch in den Formulierungen von Alan aus, der gleich zu Beginn hervorhob: „... *der [Wolf] wollte sie immer fressen, die Kleinen*", oder an einer anderen Stelle: „...*hinter dem Baum ist immer der Wolf (...) dann hat er immer geklopft*". Weiter scheint dem Wolf nichts entgegenzusetzen zu sein, das heißt er wird unbesiegbar, ja sogar unanfechtbar beschrieben. Dies wurde an mehreren Stellen deutlich, etwa wenn Alan auf die Frage, was er an Stelle der Geißenmutter unternommen hätte, wäre diese rechtzeitig von der Futtersuche zurückgekehrt, antwortet:

Alan: Dann ... würde ich einfach weiter gehen. (lacht) Aber dann merke ich ja nichts. ...

Oder als ich Alan dazu aufforderte, sich in eines der Geißlein hineinzuversetzen und für ihn nur zwei Möglichkeiten denkbar wurden, gefressen zu werden oder ganz weit fort zu sein, in der nahen Stadt oder im Wald. Ein Angreifen oder der aktive Kampf gegen den Wolf wurden kaum in Betracht gezogen. Selbst die Chance, das gesamte Märchen zu verändern, führte bei Alan lediglich zu einer Schwächung der Gefahr durch den Wolf. Er würde sich wünschen, ... *dass der Wolf ganz alt ist ... und nicht so schnell wäre.* Zudem wäre das Märchen ohne Wolf nicht denkbar, denn was in der Vorstellung von Alan nach dem Tod des Wolfes geschieht, wird weiterhin von diesem bestimmt: „*... Dass ... sie dann ... froh leben und ... dass sie keine, dass sie eben keine Angst mehr haben, ... weil der Wolf tot ist*".

In der Bearbeitung des Textes und dieser Auffälligkeiten verspürte ich immer wieder heftige Ambivalenzen: einerseits das freudige Strahlen von Alan während er erzählte, andererseits das tragische Geschehen im Märchen. Die Not der Geißlein als wichtige und erschreckende Empfindung und gleichzeitig ein Mitfühlen mit dem bedauernswerten Wolf, der im Schlaf ermordet wird. Was war für Alan der Kern dieses Märchens?

Verena: Mhm. Und was gefällt dir denn so besonders an dem Märchen?
Alan: Dass, ... dass sie, dass ... wenn sie sich alle verstecken.
Verena: Dass sie sich alle verstecken?
Alan: Ja.
Verena: Mhm.
Alan: Und dann, dann er alle auffrisst.
Verena: Acha.
Alan: (schluckt) ... Und da dann (räuspert sich) wenn, wenn das ... wenn das Kleinste vom Uhrenkasten nicht mehr heraus gekommen ist. (lächelt)
Verena: Wieso? Ist es nicht mehr herausgekommen?
Alan: Sie hat gerufen und dann ist die ... die Mama jetzt schon gekommen. Und dann hat sie ... hat sie dann ... ges... hat sie dann aufgemacht.

Alan greift damit gerade jene Stelle des Märchens heraus, die man als die Furcht erregendste und grausamste auffassen könnte. Die gespannte Erregung, wenn die Geißlein in ihre Verstecke flüchten und dort ausharren, in der Hoffnung, der Wolf möge sie nicht finden, schien Alan besonders anzusprechen. Mich erinnerte diese Szene, die in dieser Darstellung etwas Lustvolles an sich hatte, an das Kinderspiel, das gerade diese Spannung des Versteckens und Gefunden-Werdens zum Inhalt hat. Das Geschehen mutet wie ein Spiel an, in welchem das kleine, graue Geißlein – mit dem Alan sich identifizierte, weil es eben nicht gefressen wird – sich mit dem Wolf auseinandersetzt. Damit war für mich auch in dieser Gesprächssequenz ein ambivalentes Gefühl, hier zwischen banger Anspannung und spielerischer Aufregung spürbar.

Alans Zeichnung vermittelt ebenso eine Ahnung von der Wichtigkeit des Wolfes und der Ambivalenz, mit der dieser erlebt wird. Im Malprozess zeichnete Alan zunächst das Haus, man könnte vermuten als Ort des Schutzes, sozusagen als Absicherung, als sichere Grundlage, auf der die Begegnung mit dem Wolf gewagt werden kann, oder aber einfach nur als Ort der Auseinandersetzung. Als Gegenpol folgte der Hauptakteur: der Wolf. Diese beiden Elemente bilden den Rahmen des Bildes, das Alan durch das junge Geißlein und zuletzt durch die Geißenmutter sowie den Baum ergänzte. Ich hatte das Gefühl, als ob diese beiden letzten Motive einen weiteren Schutz bildeten, eine Pufferzone zwischen dem gefährlichen Wolf und dem Geißlein, die sich zuvor direkt gegenübergestanden waren. Auch die Ähnlichkeit in der Darstellung, die dunkle Farbe und die zugewandte Haltung könnten auf eine bestimmte Nähe zwischen Alan als dem jungen Geißlein und dem Wolf hinweisen (siehe Bildteil, Abbildung 2). Es drängt sich nun die Frage auf, wen oder was der Wolf darstellt. Die Allgegenwärtigkeit und überragende Bedeutung dieser Gestalt sowie die Ambivalenz, mit der diese erlebt zu werden anmutet, sprechen meines Erachtens dafür, dass es sich um keine bestimmte Person im Leben von Alan handelt. Vielmehr vermute ich, dass hierbei ein gewaltiges aber diffuses Gefühl im Vordergrund steht, das ich als lustvolle und auch bange Anspannung beschrieben habe. Wir stoßen hier auf ein Phänomen, das ich im Zusammenhang der Einwände gegen das Märchen diskutiert habe. Die Annahme von Hildegard Schaufelberger (1991), dass auch diffuse Ängste auf die Bilder des Märchens projiziert und dort Gestalt werden, scheint hier realisiert zu sein. Gibt es Hinweise auf ein solches Erleben von Alan aus dem Alltag, die wiederum einen illustrativen Zusammenhang zwischen dem Lieblingsmärchen und einer möglichen entwicklungsbedingten Störung nahe legen würden?

Im Gespräch mit der Mutter rückten verschiedene Dinge in den Vordergrund. Auf meine sehr allgemein gehaltene Frage nach möglichen Sorgen, Ängsten oder Schwierigkeiten berichtete Alans Mutter, er würde nachts manchmal aus dem Schlaf aufschrecken und erzählen, Schlangen gesehen zu haben, vor denen er sich fürchtete. Sein älterer Bruder würde diese Tiere lieben und Alan manchmal damit aufziehen und erschrecken. Weiters befürchtete die Mutter, dass Alan durch seine sportlichen Aktivitäten oftmals überfordert sei. Dann werde er sehr schnell wütend und lasse sich rasch aus der Ruhe bringen. Der vielleicht belastende Ehrgeiz im Sport, habe außerdem mit Alans Bruder zu tun:

Mutter: Er fährt ja Schi und spielt Fußball und mir kommt oft selbst vor, dass er überfordert ist. Weißt du, dass er dann, wie könnte man sagen ..., dass er überfordert ist, auch körperlich, weil, du hast ja gesehen, dass er so mager ist.
Verena: Ja, dass es ihm zu viel wird?
Mutter: Ja.
(...)
Eben, weil der Marcel [Bruder] auch so ein Sportler ist, weißt du, die ... die ... zwischen ihnen ist oft auch ... weißt du, er will dann immer so sein wie der Marcel und deshalb wäre mir oft recht, wenn sie nicht dieselben Dinge machen würden, weil da ist immer die Konkurrenz. Und der eine ist eben zwei Jahre älter – ist ja klar, dass er schneller fährt und schneller läuft!

Der ältere Bruder war im gesamten Elterngespräch über Alan sehr präsent, wie – so wurde mir deutlich – überhaupt im Leben von Alan. Die beiden Jungs würden, abgesehen davon, dass sie in denselben Vereinen aktiv waren, am Nachmittag viel zusammen spielen, erzählte die Mutter, und jeden Morgen verlasse der Kleine nur an der Seite des Großen das Haus, um zur Schule zu gehen. Das Stärkenverhältnis zwischen den beiden Brüdern zeigt sich recht einseitig verteilt: wenn es Streit gibt, dann werde Alan manchmal zwar sehr wütend, letztendlich ziehe er aber immer den kürzeren – Marcel sei nun mal *„älter, größer, stärker"*. Außerdem berichtete die Mutter, dass sie und ihr Mann mittlerweile sehr aufmerksam darauf achten, die Buben gleich zu behandeln und ihnen gleichermaßen Aufmerksamkeit zu schenken. Früher hätte sich eben alles um Marcel gedreht und es wurde viel über ihn gesprochen: *„Er ist super in der Schule und im Sport"*, er war das erste Enkelkind und damit *„der König"*.

Im familiären Umfeld von Alan scheinen vor allem die Männer zu dominieren. Die Mutter erzählte, dass Alan *„ein besonders Verhältnis"* zu seinem Vater habe, wahrscheinlich weil dieser in seinen ersten Lebensjahren präsenter war als sie. Er helfe dem Vater bei der Arbeit und sei, im Gegensatz zu seinem Bruder, im Handwerklichen sehr geschickt. Auch würde er immer wieder stolz verkünden, *„er wird der Bauer"* und damit seine Nähe zum Vater unterstreichen. Außerdem hat Alan, so die Mutter, einen Onkel, der sein Pate und Vorbild ist. Ausflüge mit ihm werden zum *„schönsten Erlebnis"*, und alles was der Onkel tut, mache Alan auch.

Ich denke, dass diese Ausführungen das diffuse und ambivalente Gefühl, das der Wolf möglicherweise symbolisiert, ein Stück weit erklären können. Einerseits sind da die sowohl körperliche als auch seelische Konfrontation und Überforderung, die dem Bruder gegenüber spürbar, aber aufgrund der brüderlichen Bewunderung und Zuneigung nicht fassbar zu werden scheint; andererseits die Faszination für die erstrebte und bedeutende männliche Stärke und deren Erscheinung. Letztere könnte ein Hinweis auf die spürbar gewordene Ambivalenz sein, auf jenen Aspekt, der die Anziehungskraft des Wolfes ausmacht. Die überwältigende Seite dieses Gefühlgemenges vermag die Unantastbarkeit des Wolfes und seiner gefährlichen Macht zu erklären, die in der Phantasie von Alan sogar die seines Bruders übertrifft. Darauf könnte zumindest jene Szene hinweisen, die Alan im Gespräch über sein Lieblingsmärchen erzählte, und die nicht im Originaltext vorkommt:

Verena: Und, wo meinst du, dass sich die [Geißlein] alle versteckt haben?
Alan: Das ist im Buch schon gestanden. Einer ist ... unter dem Tisch, einer ähm ... einer ... einer unter dem Teppich, einer ... im Kasten ... und nein, zwei unter dem Tisch, dann ... einer ist in den oberen Stock gelaufen und hat sich da unter dem Bett versteckt und das letzte ist ... das letzte ist hinaus gelaufen.
Verena: Hinaus gelaufen und hat sich draußen irgendwo versteckt?
Alan: Ja. Hinter dem Baum.
Verena: Aber der Wolf hat sie alle gefunden in ihrem Versteck?
Alan: Ja. ... Das letzte ist hinaus und dann ... ist er unter dem Baum und genau da hinter dem Baum ist das Geißlein gestanden.
Verena: Oh, genau so hat er es erwischt?
Alan: Ja. Aber er ... er hat nicht wollen, das fressen, dann ist er einfach hinüber, dann hat er auf einmal auf den Baum hinaufgeschaut und auf einmal war es da unter dem Baum
Verena: Aha?
Alan: Dann ist er hinüber gesprungen und hat es gehabt.
Verena: Hat das auch noch gepackt?
Alan: Ja.

Wenn ich annehmen darf, dass es sich bei diesem mutigen Geißlein um Alans großen Bruder handelt, so könnte man diese Szene als Ausdruck des Unglaubens verstehen, den Alan verspürt angesichts der unübertrefflichen Größe seines Bruders: Es ist kaum annehmbar, dass Marcel dem bösen Wolf erliegt, während der kleine Alan im Uhrenkasten überlebt. Andererseits wird aber auch die Zuneigung spürbar, die Alan seinem Bruder gegenüber empfindet und die sein Gefressenwerden nicht zuzulassen scheint.

Ein weiteres Moment, das im Gespräch mit der Mutter auffiel, könnte diesen Erklärungsversuch abrunden. Auf die Frage, ob Alan ein eher ängstliches Kind sei, meinte sie, eher nicht, aber wenn er abends ab und zu im elterlichen Bett einschlafen will, weil die Eltern außer Haus sind, so habe sie Verständnis dafür.

Mutter: Ich weiß das von mir, ich hab auch immer Angst gehabt. Ich wollte nie alleine bleiben, weißt du, in der Nacht habe ich immer Angst gehabt. Sagen wir, ich wollte nie, dass meine Mama geht.

Was für die Mutter eine angstvoll erlebte Befürchtung war, scheint für Alan zur realen Erfahrung geworden zu sein. Im Elterngespräch wurde deutlich, dass die Mutter in seiner frühen Kindheit berufstätig und daher abends häufig außer Haus war. Im Gespräch mit Alan über sein Lieblingsmärchen finden sich beeindruckende Aussagen, die als Hinweise auf diese frühe Situation verstanden werden können. Im Zusammenhang mit der Frage nach Veränderungsvorschlägen für das Märchen etwa kam er auf die Geißenmutter zu sprechen. Alan würde gern in deren Rolle schlüpfen und anders handeln als diese, *„weil die nie kommt und ... weißt du, wenn, wenn der Wolf da kommt und sie frisst, da kommt sie ... nicht. ... Und dann ... erfährt sie es erst danach ...* Das Märchen spiegelt also ein Stück weit auch die realen Gegebenheiten aus Alans Kindheit. Weiters liegt aber vielleicht auch die Annahme nicht allzu fern, dass Alan die Grundangst der Mutter unbewusst wahrgenommen und teilweise übernommen hat. Aus dem klinischen Bereich ist bekannt, dass gerade im Bezug auf Angstsyndrome hohe Korrelationen zwischen den Ängsten von Eltern und ihren Kindern bestehen (vgl. Remschmidt, 2000, S. 207). Vor allem das Diffuse an der Gestalt des Wolfes und dem, was er repräsentiert, könnte dafür sprechen.

Auf dem Hintergrund dieser Informationen und Überlegungen wird vielleicht nachvollziehbar, warum das Märchen „Der Wolf und die sieben jungen Geißlein" für Alan so wichtig geworden ist. Die von der Mutter berichtete Freude von Alan am Ende des Märchens und das begeisterte Mitsingen, wenn die Geißlein um den Brunnen tanzen und rufen: *Der Wolf ist tot! Der Wolf ist tot!*, wird ebenso verständlich, wie die Lust, den Wolf immer wieder auferstehen zu lassen und das Märchen von neuem zu hören. Ich nehme an, dass dieses Märchen Alan zunächst ein Bild anbot, auf das er seine überwältigenden aber unerklärlichen Empfindungen projizieren konnte (vgl. Schaufelberger, 1991). In der Gestalt des bösen Wolfes wurden vermutlich Gefühle der Überforderung, der Überwältigung angesichts der kaum eingeschränkten Überlegenheit des Bruders und der diffusen Ängstlichkeit sowie die Zuneigung gegenüber dem Anderen und die Bewunderung von Stärke, Macht und männlicher Größe greifbar. Die Angst, von diesem Wulst an starken Emotionen übermannt, ja gefressen zu werden, konnte im Märchen „Der Wolf und die sieben jungen Geißlein" ebenso erlebt werden, wie der Triumph, der Bedrohung zu widerstehen, trotz der kleinen und schmächtigen Beschaffenheit zu überleben und letztlich zu dominieren.

Damit sind bereits die Möglichkeiten angesprochen, die das Märchen Alan zur Überwindung seiner Belastungen vermutlich bietet. Durch die Identifikation mit dem jüngsten Geißlein können verschiedenste Genugtuungen und Befriedigungen erfahren werden. Zunächst werden unerklärliche Gefühle weniger bedrohlich, wenn man sie beim Namen nennen kann, und genau dies ermöglicht das Märchen mit der Gestalt des bösen Wolfes. Das kleine Geißlein im Uhrenkasten kann als einziges dem bösen Wolf entkommen, was bedeutet, dass Hoffnung und Zuversicht vermittelt werden. Zudem kann in der Identifikation mit dem jungen Geißlein die bange Anspannung der direkten Bedrohung durch den Wolf aus einer sicheren Position heraus empfunden und durch das wiederholte Ertragen ein Stück weit bewältigt werden. Weiters wird das Geißlein im Märchen zum Helden, weil es der Mutter von dem Unglück berichtet und mit dieser gemeinsam die Geschwister befreit, was sicherlich dem Empfinden von Selbstbewusstsein und Stolz entgegenkommt. Es gelangt außerdem in den Genuss, die Geißenmutter, zumindest für kurze Zeit, ganz für sich alleine zu haben und somit ein Gefühl der Exklusivität zu erleben. Vielleicht kann dadurch gefühlsmäßig sogar ein wenig die Abwesenheit der Mutter ausgeglichen werden.

Auf diese Weise ist also Alans Faszination für das Märchen „Der Wolf und die sieben jungen Geißlein" zu erklären. Zudem vermute ich, dass er aus dem mehrfachen Hören und Erleben des Märchens – vielleicht gerade an der Seite der Mutter, die angab, überwiegend dem Märchenerzählen nachgekommen zu sein – Sicherheit und Kraft schöpfen konnte – ein Hinweis auf die Wirksamkeit des Märchens als präventive Kraft.

Schneewittchen und das kleine Geißlein

Das Vorgespräch mit Anna, Mathias und ihrer Mutter fand in einer ruhigen Ecke einer öffentlichen Bibliothek statt. Dies ergab sich aus der Unverbindlichkeit, mit der diese erste Verabredung getroffen worden war, da die Familie noch keinerlei Informationen über mein Forschungsinteresse erhalten und ich ihnen lediglich telefonisch erklärt hatte, dass ich im Rahmen meiner Forschungsarbeit Kinder im Alter zwischen sechs und zehn Jahren suche. Ich wurde durch meine Mutter auf sie aufmerksam gemacht, die mir Mathias und Annas Mutter als sehr aufgeschlossene und interessierte Frau beschrieben hatte, was die Unterstützung meiner Forschungsarbeit erwarten ließ.

Ich erklärte zunächst der Mutter Näheres über mein Vorhaben und kam auf die Anforderungen an die Kinder innerhalb der Untersuchung zu sprechen, worauf sie diese zu uns rief, und ich ihnen alles Weitere direkt erläuterte. Anna und Mathias waren anfangs sehr schüchtern, hörten aber aufmerksam zu und waren sofort mit der Teilnahme einverstanden: Sie wollten mir gerne ihre Lieblingsmärchen erzählen und Mathias sagte auch gleich ganz leise mit einem schüchternen Lächeln den Titel seines Märchens, nämlich „Der Wolf und die sieben jungen Geißlein". Anna zögerte erst noch, auf mehrmaliges Nachfragen der Mutter und nach intensiverem Nachdenken gab aber auch sie ihr Lieblingsmärchen preis: „Schneewittchen".

Schneewittchen und die böse Königin

Anna ist ein sehr aufgewecktes Mädchen von zehn Jahren, mit einem freundlichen Lächeln und großen, klugen Augen. Nach Angabe ihrer Mutter ist sie eine überdurchschnittlich gute Schülerin. In ihrer Freizeit tanzt sie Ballett, fährt Schi, spielt Flöte; sie hat viele Freunde. Neben ihrem jüngeren Bruder Mathias hat Anna eine ältere Schwester; ihr Vater ist Geschäftsführer, die Mutter Hausfrau. Sie saß im Gespräch über ihr Lieblingsmärchen neben mir am Küchentisch der hellen und behaglichen Wohnung. Ihr mittellanges, hellbraunes Haar, das an den Seiten zu zwei kleineren Zöpfen geflochten war, hatte sie am Hinterkopf zusammengebunden. Sie saß aufrecht und ganz ruhig vor der Kamera, die sie zunächst in ihrer Haltung zu beeinflussen schien. Ihre Hände kamen während des gesamten Gesprächs nicht unter dem Tisch hervor und nur ihre ausdrucksstarken Augen wanderten immerzu hin und her. Annas Mutter saß neben ihr und mir gegenüber, während Mathias hinter dem Aufnahmegerät als Kameramann Position bezog. Später kam auch noch die ältere Schwester hinzu, womit die Familie, bis auf den Vater, vollzählig anwesend war und gemeinschaftlich auf die Gestaltung der folgenden Konversation einwirkte. Insbesondere durch das Tuscheln der beiden Geschwister gegen Ende des Gesprächs wurde Anna stark abgelenkt und ich empfand es als sehr anstrengend, mich unter diesen Bedingungen zu konzentrieren, da sich immer wieder die Frage in den Vordergrund drängte, was da wohl besprochen werden musste. Ich möchte vermuten, dass es Anna ähnlich erging und das Gespräch daher ins Stocken geriet.

Auch erlebte ich den Tisch, der wie eine Barriere zwischen uns stand und jede spontane Bewegung einschränkte, als Distanz schaffend und ich hatte das Gefühl, auch den Kindern fiel es dadurch schwerer, sich auf das Märchen und sein gefühlsmäßiges Erleben einzulassen. In meinem Forschungstagebuch vermerkte ich zudem, dass die Sprache in der Begegnung mit Kindern ein Hindernis darstellt, was sich daraus ergab, dass ich die Gespräche an diesem Tag als schwerfällig und mühsam wahrgenommen hatte. In der Reflexion irritierte mich diese Anmerkung, war doch gerade Anna in ihrer Art sehr sprachgewandt und auch erzählfreudig. Es drängte sich mir die Vermutung auf, dass das Empfinden eines schleppenden Vorankommens mit der Anwesenheit der Mutter zusammenhängen könnte. Es ist nahe liegend, dass diese einen Einfluss auf den Gesprächsverlauf ausübte und dass die Kinder sie in ihre Darstellung und die Auswahl der Erzählinhalte miteinbezogen und daher nicht völlig frei erzählten. Doch wenden wir uns nun dem Gespräch mit Anna zu.

Gleich zu Beginn wurde deutlich, dass Annas Interesse an Märchen mittlerweile überwunden war. In ihrem Alter, so auch die Mutter, sind Märchen nicht mehr „cool" genug, andere Erzählungen und Geschichten treten in den Vordergrund, aber es wurde dennoch spürbar, dass etwas von der Faszination der Märchen erhalten geblieben war und immer noch als aktuell erlebt wurde:

Verena: Gefallen dir die Märchen?
Anna: Ja. (verhalten, wenig überzeugend mit indifferentem Gesichtsausdruck; zuckt mit den Achseln)
Verena: Ja? Nicht so besonders?
Anna: Doch. (wenig überzeugend)
Verena: Ja? Du hörst oder liest aber lieber andere Geschichten?
Anna: Ja. (überzeugter)
Mutter: Aber kleiner haben sie schon ...
Verena: Ja. Früher anderes gelesen, oder? Hast du da lieber Märchen gehört – gerne gehört?
Anna: Ja! (überzeugt, mit freudiger Stimme)

Damit war der Einstieg in das Thema geschafft, und Anna begann von ihrem Lieblingsmärchen zu reden, von den besten Szenen und dem Erleben der Märchenerzählstunden. Ich bat sie gleich im Anschluss ihr Märchen „Sneewittchen"[37] zu erzählen, das sie in der Wiedergabe durch die Mutter und Großmutter kennen gelernt und später wiederholt in einer filmischen Darstellung gesehen hatte. Im Mittelpunkt des sehr bekannten und in verschiedenen Versionen vorliegenden Märchens steht die neid- und hasserfüllte Beziehung zwischen der *stolzen und übermütigen Königin* und Schneewittchen, das *so schön wie der klare Tag* war *und schöner als die Königin selbst*. Die Königin war aber nicht die leibliche Mutter des Kindes. Anna beschreibt, wie es dazu kam:

> *Anna: Also, da war einmal eine Frau und ein Mann, die, die haben sich ein Kind gewünscht. Einmal hat die ähm ... Frau etwas gestr... gestrickt, da hat sie sich mit der, mit der Nadel in den Finger gestochen, dann ist ein Tropfen Blut auf den Schnee hinuntergefallen, da hat sie sich gedacht: Hätte ich nur ein, ein Kind das so rot wie Blut, so weiß wie Schnee und so schwarz wie Ebenholz ist! Und dann hat sie es eben gekriegt und der ... nach der Geburt stirbt sie. Dann hat sich der Mann eine andere gesucht, nach ein paar Jahren. Und die war, ähm, eine Königin, die war sehr stolz. (schluckt)*

Am Anfang steht die Dreierkonstellation Frau, Mann und Kind und der sehnliche Wunsch des Paares, insbesondere der Mutter, nach einem ganz besonderen Kind, „ *...und dann hat sie es eben gekriegt...*". Aus diesem Satz scheint Trotz und Auflehnung zu sprechen, ja sogar ein leichter Vorwurf wird spürbar, so als wollte Anna damit sagen: Du wolltest es so, jetzt hast du es! Auch bezieht sich diese Aussage ausschließlich auf die Mutter von Schneewittchen, der Vater bleibt ausgespart. Die Frau stirbt und der Mann nimmt sich eine andere Gemahlin, „eine Königin". Es scheint mir auffällig, dass Anna bis dahin keinen Hinweis darauf gegeben hatte, dass es sich um eine Königsfamilie handelt. Im Text der Brüder Grimm beginnt das Märchen mit den Worten: *Es war einmal mitten im Winter und die Schneeflocken fielen wie Federn vom Himmel herab, da saß eine Königin an einem Fenster ...* In Annas Erzählung besteht die Ursprungsfamilie hingegen aus einem Mann, einer Frau und einem Kind, erst später kommt die Königin hinzu, die sich von dieser gemeinen Familie abhebt und den Anschein erweckt, sie hätte besondere Mächte oder Fähigkeiten. Die Verhältnisse werden gleichsam umgedreht: die eigentliche Königin wird zur gewöhnlichen Frau und die neue Gemahlin des Vaters, die im Märchen zunächst als *Frau* bezeichnet wird, zur Königin. Außerdem konnte ich mich des Gefühls nicht erwehren, dass Anna den Tod der Mutter beinahe vergessen hätte zu nennen, da sie nach der Geburt des Kindes sofort mit den Worten „*und der ...*" fort fuhr und das Sterben der Mutter dann erst einschob.

Die stolze, neue Königin im Märchen besitzt einen wunderbaren Spiegel, der ihr ihre Schönheit immer bestätigt, bis er eines Tages verkündet, Schneewittchen sei tausendmal schöner als sie. *Da erschrak die Königin und ward gelb und grün vor Neid. Von Stund an, wenn sie Schneewittchen erblickte, kehrte sich ihr Herz im Leibe herum, so hasste sie das Mädchen. Und der Neid und Hochmut wuchsen wie ein Unkraut in ihrem Herzen immer höher, dass sie Tag und Nacht keine Ruhe mehr hatte.* Anna erzählte im Vergleich zu dieser Furcht erregenden Szene nur schlicht „*und dann ist sie zornig geworden ...*". Die hasserfüllte Königin schickt den Jäger das Mädchen zu töten und ihr Lunge und Leber zum Wahrzeichen zu bringen, worauf dieser mit Schneewittchen in den Wald geht, dort aber ihrem verzweifelten Weinen voller Mitleid nachgibt und sie laufen lässt. Anna erzählte diesen Teil des Märchens sehr hastig, in sehr schneller Abfolge, wodurch die angstvolle Anspannung dieser gefährlichen Situation des ersten Mordversuchs an dem schönen Schneewittchen deutlich nachfühlbar wurde. Nach einem tiefen Durchatmen fuhr sie fort:

Anna: Da hat er sie gehen lassen und hat ihr das Herz gebracht von einem ... Tier (bestimmt nach einer kurzen Denkpause; fährt in normalem Tempo fort), weil sie hat gesagt er soll das Herz von ihr bringen als Beweis. Und dann ist sie durch den Wald gelaufen, und dann ist sie zu einem kleinen Häuschen gekommen. Da sind die sieben Zwerge gewesen, aber niemand war zu Hause. Da hat sie alle Tiere auch gesehen, die haben ihr zugeschaut, da haben sie sich auch versteckt. Und dann ähm ist sie hinein, und dann hat sie sich auf einen Stuhl gesessen, hat gegessen, dann ist sie schlafen gegangen. Danach sind eben die sieben Zwerge gekommen und die haben (schluckt) dann gefragt: Wer ist auf meinem Stühlchen gesessen? Wer hat aus meinem Tellerlein gegessen? Wer hat von ähm Gabel ... wer hat mit meiner Gabel gegessen? Wer hat von meinem Becher getrunken? Und einer hat gefragt: Wer liegt denn da in meinem Bett? Da haben sie sie bewundert und dann, einer hat gesagt: Das ist bestimmt eine Zauberin! (In schneller Abfolge:) Da hat einer gesagt, er soll still sein, sonst wacht sie noch auf. Da ist sie aufgewacht, dann hat sie gefragt, wer die sind. Dann haben sie es gesagt, dann haben sie gefragt, wer sie ist, und wo sie herkommt, da hat sie ihnen alles erzählt. (Schluckt, fährt in normalem Tempo fort) Danach durfte sie bei ihnen bleiben, hat ihnen immer das Essen gekocht, sie sind immer arbeiten gegangen, da hat sie allen „Pfiati" [dialektaler Gruß] gesagt und hat immer, haben sie immer gesagt, sie soll nicht, niemandem die Tür auf, ähm mit niemandem reden ... nehmen die Sachen.

Zunächst fällt auf, dass Anna ein anderes Wahrzeichen gewählt hatte. Anstelle von Lunge und Leber, die nach Bettelheim (2000, S. 239) als Symbol der Anziehungskraft Schneewittchens verstanden werden können, die sich die Königin durch den Verzehr der Organe einverleiben wollte, bringt der Jäger das Herz, jenes Organ das für Leben und Liebe steht. Die Gefahr ist damit aber überwunden, ein Tier wurde geopfert und Schneewittchen überlebt. Die folgende Schilderung der Flucht und das Gelangen zu dem Häuschen, in dem die sieben Zwerge wohnen, weichen wiederum vom Original ab. Während dort Schneewittchen bange Stunden erlebt und voller Angst durch den gefahrvollen Wald läuft bis es schließlich an ein kleines Häuschen gelangt, das sie ob dessen Besonderheiten in Erstaunen versetzt, scheint auf Annas Schneewittchen nur Vertrautes zuzukommen. Die sieben Zwerge, die eigentlich erst zu später Stunde nach Hause kommen und dort das Mädchen entdecken, welches am nächsten Morgen beim Anblick der arbeitsamen und etwas schrulligen Gestalten erschrickt, erscheinen in Annas Erzählung fast wie alte Bekannte. Keine Gefahr und kein Schrecken wurden in dieser Szene spürbar, vielmehr meinte ich, Schneewittchen hätte eine wohlige Idylle wieder gefunden: freundliche Tiere beobachten das Geschehen (vermutlich eine Entlehnung aus dem gleichnamigen Zeichentrickfilm), vorbereitetes Essen und ein warmes Bett erwarten sie, was Schneewittchen ohne zu zögern in Anspruch nimmt, fast so, als sei sie in ihr Zuhause zurückgekehrt. Später übernimmt sie als Hausmütterchen die Frauenrolle, während die Zwerge ihre „männlichen" Pflichten wahrnehmen und besonders durch den allmorgendlichen und vertraulichen Gruß der Zwerge fühlte ich mich an eine familiäre Szene erinnert. Irritierend erlebte ich lediglich die erneute Zunahme des Tempos, wenn Schneewittchen erwacht und es zur ersten Begegnung mit den Zwergen kommt. Ich neige dazu, dies damit zu erklären, dass in diesem Moment die Aufnahme bei den Zwergen als ungewiss erlebt und daher eine gewisse Spannung verspürt wurde.

Im letzten Satz des oben angeführten Gesprächsauszugs wird bereits deutlich, dass nun wieder Gefahr droht. Anna begann zu stocken und minderte die anfänglich resolute Forderung der Zwerge, niemandem die Tür zu öffnen, auf ein „Mit-Niemandem-Sprechen" und letztlich „Nichts-Annehmen". Die Bedrohung naht in Form einer Frau, die dermaßen in den Vordergrund drängt, dass Anna ganz auf die Vorgeschichte zu vergessen schien, wo die böse Stiefmutter durch ihren Spiegel von Schneewittchens Überleben und ihrem Aufenthaltsort erfährt.

Anna: Dann ist eine Frau…, hat sich die Königin, noch mal gefragt: Spieglein, Spieglein an der Wand, wer ist die Schönste im ganzen Land? Da hat er gesagt: Ihr seid die Schönste hier, aber Schneewittchen hinter den Bergen, bei den sieben Zwergen ist tausendmal schöner als ihr! Da ist sie zornig geworden, und dann hat, hat sie sich verwandelt (schluckt) und hat einen giftigen Apfel ge…macht. Dann ist sie hinter den Bergen bei den sieben Zwergen dort, und da hat sie gefragt eben, das Schneewittchen, ob sie einen Apfel will. Sie hat sich verzaubert, damit sie sie nicht erkennt (erklärend). Dann hat sie ihn angenommen, dann hat sie gegessen, weil eine … die gelbe Seite hat die ähm Königin gegessen und die rote Seite hat das Schneewittchen abgebissen, und sobald sie abgebissen hat, ist sie umgefallen, tot gewe… (leise) ähm, (fährt schnell, in zügig steigerndem Tempo fort) dann sind die sieben Zwerge gekommen, dann haben sie ähm gesehen, was passiert ist, haben sie probiert aufzuwecken, nichts gegangen, dann haben sie sie eben in einen Sarg gelegt und haben sie mit Blumen, hinauf auf einen Hügel. Sind da immer, immer sind zwei oben gewesen bewach… bewachen.

In diesem Ausschnitt wird die gefährliche Macht der bösen Königin deutlich. Sie kann sich verwandeln und verzaubern und dadurch das arme Schneewittchen täuschen, sie vermag einen Apfel so kunstvoll zu vergiften, dass nur eine Hälfte tödlich ist und führt das Mädchen damit hinters Licht, und nicht zuletzt gelangt sie auf geheimnisvolle Weise, wie von selbst, zum Häuschen der sieben Zwerge, Schneewittchens Zufluchtsort. Das schöne Mädchen erscheint demgegenüber völlig hilflos. Wie im Märchen der Brüder Grimm unterstrich Anna dies durch die mehrmalige Betonung der Täuschungsmanöver der hexenhaften Königin. Und dann scheint es dieser tatsächlich gelungen zu sein, Schneewittchen zu töten. Wie gefahrvoll und bedrohlich dies für Anna anmuten mag, wird dadurch erahnbar, dass sie an dieser Stelle wiederum ins Stocken geriet und die verhängnisvollen Worte gar nicht auszusprechen vermochte. Zudem weist auch das wieder gesteigerte Tempo auf die Wichtigkeit dieser Sequenz hin, und ich hatte das Gefühl, Anna wolle damit davon laufen und diese bedrohliche Erfahrung dadurch mindern. Nicht zuletzt die starke

Verkürzung des Märchens an dieser Stelle erlebte ich als irritierend. Das Märchen der Brüder Grimm erzählt nämlich von zwei weiteren Mordanschlägen der stolzen Königin auf Schneewittchen: zunächst versucht sie es durch einen Schnürriemen zu töten, mit dem sie dem Mädchen die Luft zum Atmen nimmt, und dann mit einem vergifteten Kamm, durch den dieses die Besinnung verliert. Warum hat Anna diese beiden Szenen verschwiegen? Später im Gespräch wies die Mutter sie auf die Auslassung hin, worauf Anna meinte: „Nein, die sind nicht bei allen. Weil bei einer ist das nicht und bei einer ist das schon", wobei ich keine solche verkürzte Version in Erfahrung bringen konnte. Etwas widerwillig, so schien mir, und nur nach wiederholtem Nachfragen, erzählte Anna die beiden Szenen dann doch. Wurden ihr diese zusätzlichen Angriffe auf das Schneewittchen zuviel? Waren gleich vier Mordversuche zu bedrohlich?

Das Ende des Märchens beschrieb Anna wiederum sehr eindrücklich. Auffallend erschien mir hier das starke Hin und Her zwischen dem Prinzen und den Zwergen, das ich als wahren Zwiespalt und als Zerrissenheit erlebte.

Anna: Da ist ein Prinz gekommen, der hat, ähm, gesagt, hat gefragt, ob er sie kann mitnehmen… hat, haben sie zuerst nein gesagt, dann hat, haben, hat er sie doch mitnehmen dürfen, dann sind die Diener, haben sie geholt, dann sind sie gestolpert, dann ist ihr, das Stückchen heraus gefallen, das Stückchen Apfel. Und dann ähm, haben sie gesehen, dass es wieder aufwacht, da sind sie auf, zum Schloss gegangen und dann, danach Hochzeit gehabt, und die sieben Zwerge sind da gewesen! Und die Königin hat getanzt bis sie umgefallen ist mit den heißen Schuhen.

Der Prinz scheint nicht zu sein, worauf Schneewittchen gewartet hatte, er wird, so meine ich, nicht wirklich als Erlösung empfunden und als Beginn einer glücklichen Existenz, sondern vielmehr als Eindringling, der eine Trennung zwischen den Zwergen und Schneewittchen herbeiführt. Dies wurde nochmals besonders deutlich, als ich Anna fragte, wie das Märchen anders hätte verlaufen können:

Anna: Weil die Zwerge gehen ja wieder heim.
Verena: Ja?
Anna: Und da stelle ich mir immer, immer vor, dass es mit ihnen geht … heim.
Verena: Dass das Schneewittchen mit ihnen heim geht?
Anna: Nein, dass sie ähm mit ins Schloss gehen, die Zwerge.

Auch für ihre zeichnerische Darstellung wählte Anna die behagliche Idylle bei den sieben Zwergen als Motiv (siehe Bildteil, Abbildung 3). Ihr Bild zeigt Schneewittchen inmitten der sieben Männlein auf einer grünen Wiese. Anna zeichnete unermüdlich, in einem recht langwierigen Malprozess einen Zwerg nach dem anderen und ließ sich auch von der erstaunten und zugleich erschöpften Bemerkung der Mutter, „Zeichnest du alle sieben?", nicht aus der Ruhe bringen. Jeder der sich ähnelnden Zwerge erhielt sein Hemdchen und sein Höschen in einer anderen Farbe und auch die Zipfelmützen wurden mit viel Geduld ausgemalt.

Was sind nun in dieser Darstellung die zentralen Aspekte des Märchens? Was wird über Anna und ihr Erleben erfahrbar und welche Hinweise können sich daraus auf einen zugrunde liegenden psychischen Konflikt ergeben? Für Anna war zunächst die Königin von Bedeutung, was an mehreren Stellen deutlich wurde. Gleich zu Beginn meinte sie auf die allgemeine Frage, warum sie Märchen so gerne gehört hätte, *"wegen der Tiere und wegen der Königin (...), wie sie beim Spiegel ... gefragt hat, wer die Schönste ist"*. „Schneewittchen" sei ihr Lieblingsmärchen, *"wegen der Königin, wenn sie umfällt"* und – was sehr eindrücklich zum Ausdruck kam – weil diese sich verkleiden kann:

> *Anna: Ja, wenn sie ... wenn sie sich verkleid...verkleidet ... mit dem Apfel. Wenn sie sich verkleidet, das ist schön, weil sie oft verkleidet ist. Weil, bei einigen Kassetten ist sie als junges Mädchen, bei einer ist sie eben als alt...*

Interessant erweist sich die Frage, wer oder was diese böse Stiefmutter nun eigentlich ist. Ich bezeichnete sie nämlich an einer Stelle als Hexe, erkannte aber an Annas Gesichtsausdruck, dass dies für sie nicht ganz stimmig war und als ich darauf nachfragte, sagte sie, sie sei eine *„Königin!"* Etwas später im Gespräch kam es auf meine Frage, was Anna sich zu dem Märchen überlegt habe, zu folgender Sequenz:

> *Anna: Ja ... wieso die Stiefmutter, äh die Königin eigentlich zaubern kann, wenn sie eine Königin ist.*
> *Verena: Ah. Was sie dann eigentlich ist, oder? Aha. Und, was denkst du?*
> *Anna: Königin.*
> *Verena: Sie ist die Königin. Aber warum glaubst du, dass sie dann zaubern kann?*
> *Anna: Weiß ich nicht, vielleicht ist sie Königin und eine Hexe.*
> *Verena: Beides! Mhm. Welche Seite der Königin gefällt dir denn besser?*
> *Anna: Wenn sie brav ist.*
> *Verena: Wenn sie die Königin ist? Dann wäre auch egal wenn sie nicht zaubern könnte?*
> *Anna: Ja.*

Ich denke, hier wird einerseits eine Spaltung im Erleben der Königin fühlbar, die im ursprünglichen Märchen ausschließlich als stolze, neidische und hasserfüllte Frau dargestellt wird, andererseits findet aber auch die Verwunderung über ihre hexenhaften Mächte Ausdruck. Besonders diese Trennung zwischen einer guten und einer bösen Seite der stiefmütterlichen Königin und auch die besondere Betonung ihrer Verkleidungskünste erinnerten mich an Überlegungen aus der Fachliteratur. Dort wird aus einer mehr historischen Perspektive aufgezeigt, dass es in der Erstausgabe der Brüder Grimm die leibliche Mutter war, die ihr Kind vernichten will (vgl. Scherf, 1982, S. 365). In der Erzählung von Anna könnten die Vermengung und Vertauschung der Begriffe „Frau" und „Königin" sowie die beinahe Auslassung des Todes der leiblichen Mutter als Hinweise auf die psychologische Stimmigkeit einer solchen Gleichsetzung von Mutter und Stiefmutter im Märchen gedeutet werden. Agnes Gutter hat zudem darauf hingewiesen, dass die Stiefmutter oder Hexe im Märchen als Symbol der vernachlässigenden, hassenden, ablehnenden, aber auch verwöhnenden oder fesselnden Mutter zu verstehen ist. Durch die Abspaltung der „Stiefmütterlichkeit" kann die „gute Mutter" weiter existieren (Gutter, 1968, S. 24 ff.).

Das Märchen „Schneewittchen" wird weiter als Darstellung ödipaler Konflikte zwischen Mutter und Tochter verstanden (vgl. Bettelheim, 2000, S. 230 ff.). In der Phantasie des Kindes werden die Eifersucht und das Minderwertigkeitsgefühl gegenüber der Mutter, ebenso wie der Wunsch, sich der Rivalin um den Vater zu entledigen, auf diese übertragen. Ebendies wird im Märchen auf indirekte Weise ausgedrückt. Gleichzeitig wird dadurch aber die Befürchtung genährt, die Liebe der Mutter zu verlieren, was wiederum die Aufgabe ödipaler Wünsche und die Identifikation mit der Mutter fördern, oder aber zu einer Regression auf eine vorödipale Entwicklungsstufe führen kann (vgl. auch Tyson & Tyson, 2001, S. 271 ff.). Viele der oben angeführten Auffälligkeiten in der Erzählung des „Schneewittchen" von Anna lassen sich sinnvoll in ein solches Bild fügen: die zurücknehmende Beschreibung der schier unbegrenzten Wut und des Hasses der Königin, als sie durch den Spiegel erfährt, Schneewittchen sei tausendmal schöner als sie; die Anspannung und mitfühlbare Bedrohung bei den beiden erzählten Tötungsversuchen durch die Königin; die Auslassung der zwei weiteren Mordversuche; die überwältigende Macht der hexenhaften Königin; all dies spricht für eine vorsichtige und um eine gewisse Balance bemühte Darstellung der erlebten Mutter-Tochter-Beziehung. Die behagliche und familiäre Stimmung bei den Zwergen könnte demnach als Wunsch nach einem erneut idyllischen Familienleben verstanden werden, der in dem Märchen vermutlich ausgelebt werden kann. Anna ist also das Schneewittchen, dessen Rolle sie auch am liebsten übernehmen würde, und ihre Mutter die Königin mit all jenen Ambivalenzen, die sie für Anna versinnbildlicht und die die Darstellung im ursprünglichen Märchen übersteigen.

Hinweise auf die Stimmigkeit einer solchen Interpretation ergaben sich besonders auf der Ebene szenischen Geschehens. Zunächst im Gespräch mit Anna, dem die Mutter, wie angedeutet, ohne Unterbrechung beiwohnte. Anna schaute von Zeit zu Zeit zu ihrer Mutter, wobei ich diese Blicke zumindest teilweise als vorsichtig prüfend und abwartend beschreiben möchte. Dies geschah vornehmlich dann, wenn Anna über Schneewittchen, die Königin oder deren Beziehung sprach: mehrfach, als die verkleidete Stiefmutter Schneewittchen den vergifteten Apfel feilbot, als die Königin in den feurigen Schuhen sterben musste, als sie Schneewittchen als sehr schön bezeichnete oder ihre Verwunderung ob der Hexenkräfte der Königin bekundete. In einer Szene während des Malprozesses kam es ebenso zu einer solchen Situation. Anna sollte zunächst die Königin mit drei Wie-Worten beschreiben und dann Schneewittchen. Für die Königin fand sie die Worte *„stolz"* und *„nicht brav"*, worauf sie ihrer Mutter einen langen und abwägenden Blick zuwarf und fast lustvoll *„bös ... bös"* sagte. Darauf kaute sie einige Zeit abwesend auf ihren Lippen. Schneewittchen beschrieb sie als *„brav"* und *„schön"*, während ihr Blick nach innen gerichtet schien. Wieder schaute sie schüchtern zur Mutter, die diesmal vergnügt und voller Zuneigung auflachte und Anna kurz über die Wange strich.

Während des Gesprächs mit der Mutter war auch Anna anwesend. Sie lag etwas abseits krank auf dem Sofa und spielte mit einer Freundin. Insgesamt erzählte die Mutter, vielleicht gerade aufgrund ihrer Anwesenheit, nicht allzu viel von Anna. Mehrmals kam es vor, dass sie über die ältere Schwester berichtete und dann hinzufügte: *„sie auch, ja"*. Anna litt besonders als Kleinkind unter Neurodermitis, die sie mittlerweile so gut wie überwunden hat. In diesem Zusammenhang erhielt der Aspekt der Schönheit von Schneewittchen neue Bedeutung und auch die Vertrautheit in der oben beschriebenen Szene, wo es eben darum ging, wurde verständlicher. Es wurde aber auch erahnbar, worauf die rivalisierende und wütende Haltung zwischen Schneewittchen und der Königin, die für Anna ausschlaggebend zu sein scheint, zurückgeführt werden kann. Die Mutter erzählte über Streitsituationen in der Familie, vor allem zwischen Anna und ihrem jüngeren Bruder Mathias:

> *Mutter: Sie, die Anna, wenn sie fühlt, dass ... sagen wir, ich habe sie ausgeschimpft und sie ist im Unrecht..., oder dass ich sie ... dann startet sie so und: Das ist jetzt nicht meine Schuld gewesen! Und hinein ins Zimmer und die Tür zu. Und ich gehe ihr dann nach: Du weißt genau, dass ich nicht will, dass du die Türen zuhaust! (lacht) Und das geht so und da ist sie dann beleidigt.*
> *(...)*
> *Statt oft herzugehen und zu fragen, was da jetzt gewesen ist, da sagt man schon: Jetzt gebt halt mal ..., nicht? Und da macht man den Fehler und sagt: Jetzt gib halt mal Ruh, du als großes Mädchen, nicht, oder? ...unschuldig! (...) und da wird sie schon oft zornig.*

Später im Gespräch meinte sie dann: *„Anna ist die Schafferin, nicht Anna?"* und wandte sich damit dem Mädchen zu, das etwas verlegen wegschaute. Die Oma würde sagen, sie sei wie die Mami, was Anna dann erst recht wütend macht, *„dann geht's erst richtig los!"*

Es kann also angenommen werden, dass Anna durch das Märchen „Schneewittchen" eine Projektionsfläche für ihre Wut gegenüber den unangenehmen Seiten einer auch strafenden und letztlich machtvolleren Mutter gefunden hat. Dass die Bilder im Märchen dies vielleicht zu kraftvoll darstellen, könnte man aufgrund der vielen kleinen Veränderungen und Zurücknahmen in der Erzählung in Anwesenheit der Mutter von Anna vermuten. Zudem erlaubt die Darstellung im Märchen gleichzeitig, das Bild der liebenden Mutter unangetastet zu lassen und sich zumindest zeitweise der, wie angenommen, konfliktiv erlebten Mutter-Tochter-Beziehung durch die Flucht ins Land *hinter den sieben Bergen bei den sieben Zwergen* zu entziehen.

Das Märchen „Schneewittchen" gibt dem Kind aber zu verstehen, so Bruno Bettelheim, dass ein idyllisches Heim, wie Anna es sich wohl erträumt, nur in einem Phantasieland existiert (Bettelheim, 2000, S. 240). Letztlich muss Schneewittchen das Leben in der Welt der Zwerge aufgeben und sich mit dem Prinzen vereinen, „eine schwierige und schmerzhafte, aber unvermeidliche Wachstumserfahrung" (ebd. S. 248). Nur durch das Aufgeben kindlicher Abhängigkeiten kann man auf eine höhere Ebene der Entwicklung gelangen und ein reicheres und glücklicheres Leben beginnen. Wie schwer dies Anna noch fällt, kommt in folgender Gesprächssequenz nochmals anschaulich zum Ausdruck, die ich zum Abschluss anführen möchte.

> *Verena: Wenn sich Schneewittchen hätte entscheiden müssen, ob sie lieber bei den Zwergen bleibt oder lieber mit dem Prinzen mitgeht, auf das Schloss? Was meinst du, wie sie sich entschieden hätte?*

Anna: Mhm, mit dem Prinzen.
Verena: Wäre sie mit dem Prinzen mitgegangen? Auch wenn sie dann die Zwerge nicht mehr gesehen hätte?
Anna: Mhm.
Verena: Und wenn du für sie entscheiden könntest, wenn du die Geschichtenerzählerin bist?
Anna: Mhm, ... dass sie mit beiden ist.
Verena: Aber wenn das nicht geht, wenn sie sich entscheiden müsste?
Anna: Mit dem Prinzen.
Verena: Doch mit dem Prinzen? Wieso? Sie könnte ja bei den Zwergen bleiben?
Anna: Ja. ...
Verena: Warum meinst du, geht sie lieber mit dem Prinzen?
Anna: Ich weiß nicht.
...
(schaut zur Mutter und lacht)
Mutter: Wärst du auch gegangen mit dem Prinzen?
Anna: N-n.
Mutter: Nicht? Warum nicht? Du bist ja gerne eine Prinzessin! (lacht)
Anna: N-n.

Das kleine Geißlein und der Wolf

Ich erlebte Mathias beim Gespräch über sein Lieblingsmärchen als sehr schüchtern und zerbrechlich. Der knapp sechsjährige Junge schien hinter dem überdimensional groß wirkenden Küchentisch, an dem das Gespräch wiederum stattfand, fast zu verschwinden. Alles an ihm wirkte klein und zart, sein zierlicher Körper, die kleinen Hände mit den schlanken Fingern, sein schmales Gesicht. Zugleich aber blickte er mit wachen, leuchtenden Augen, und immer wenn ein kurzes, doch gewinnendes Lächeln über sein Gesicht huschte, kamen seine kleinen Zähnchen zum Vorschein und blitzten mit seinen lustig strahlenden Augen um die Wette. In diesen Momenten wurde fühlbar, was Mathias Mutter damit meinte, wenn sie liebevoll bemerkte, er sei *„ein kleiner Spitzbub"*. Mathias wird erst im Herbst eingeschult und besucht noch den Kindergarten. Die Mutter erzählte, dass er anfangs nur vormittags im Kindergarten war, da er nachmittags seinen Schlaf brauche. Er hat viele Freunde und morgens würden *„alle hart auf ihn warten"*. In der Freizeit fährt Mathias Schi und liebt es ansonsten, mit seinen Autos oder Bauklötzen zu spielen oder Musik zu hören. Seine liebste CD ist die vom Märchen „Der Wolf und die sieben jungen Geißlein". Besonders wenn er vom Kindergarten kommt, hockt er sich vor die Stereoanlage und lauscht gespannt den Stimmen. Selbst wenn er einen Freund mitbringt, lässt er sich nicht davon abbringen.

Besonders am Anfang des Gespräches, in dem Mathias zwischen mir und seiner Mutter am Tisch saß, während seine größere Schwester Anna sich ihm gegenüber hinter der Kamera versteckte, war er sehr aufgeregt. Dies wurde an seiner gespannten Haltung und besonders an seiner Stimme erkennbar. Er sprach zunächst sehr undeutlich und leise und verschluckte die Endungen der Worte so konstant und eindrücklich, dass ich zuerst annahm, Mathias leide unter Atemproblemen. Außerdem warf er der Mutter immer wieder vorsichtige Blicke zu, so als wollte er sich versichern, ob alles in Ordnung sei. Ihre Anwesenheit schien ihm die nötige Sicherheit zu vermitteln und erwies sich für ihn als stützend. Sehr bald verflog die Aufregung aber und er erzählte mit lauter, kräftiger Stimme von den Märchen, die seine Oma für ihn erfand.

Dass mein Kommen und die Anforderung an Mathias, mir sein Märchen zu erzählen, ihn schon länger beschäftigt und wahrscheinlich auch ein wenig geängstigt hatten, wurde auch im Gespräch deutlich. Die Mutter erzählte:

Mutter: Ja, weil er hat mir gestern am Abend, hat er gesagt, beim Schlafengehen: Mami, darf ich dir heute das Märchen erzählen? Weil ich habe ja nie, nichts gesagt ... und ich war dann so, weil da hat er es noch schöner, aber alles so nach der Schrift! ... Ich war da ganz ...ganz ... dass er das so schön, weil, ich meine, er ist ja noch nicht mal ganz sechs! Da habe ich mir gedacht... (lacht)

In diesem Zusammenhang wird verständlich, dass Mathias das Erzählen seines Lieblingsmärchens vor mir – einer ihm völlig fremden Person – und vor der Videokamera als eine Art Prüfung erleben musste. Damit sind mir auch das aufgeregte und hastig wirkende Sprechen sowie das stockende Atmen verstehbar, das wieder einsetzte als er zu erzählen begann. Auch im sprachlichen Ausdruck wurde seine Aufregung merklich. Mathias drückte sich nämlich vor allem zu Beginn des Gespräches in sehr kurzen und unvollständigen Sätzen aus und antwortete gehäuft: „*ich weiß nicht*" auf Fragen, die er – der verwunderten Mutter nach – eigentlich beantworten konnte. Außerdem ließ er in der Erzählung des Märchens Einzelheiten aus, die er, wieder nach Aussagen der Mutter, am Tag zuvor noch perfekt beherrschte.

Mathias Lieblingsmärchen ist das von den „*Sieben Geißlein*", das uns bereits aus dem obigen Abschnitt aus dem Gespräch mit Alan bekannt ist. Es war interessant zu erleben, wie unterschiedlich Kinder ein und dasselbe Märchen darstellen. Was in Mathias Erzählung sehr eindrücklich zur Geltung kam, war einmal die Begeisterung und Faszination für ein bestimmtes Märchen und dann, wie genau Kinder sich den Wortlaut einer solchen Geschichte einprägen können. Über weite Teile verwendete Mathias, der im familiären Umfeld und auch mir gegenüber Dialekt sprach, die Hochsprache. Es wurde leicht ersichtlich, dass er in Formulierung, Betonung und Aussprache der Darstellung seiner Märchen-CD folgte. Hier ein Beispiel aus der Szene, wo der Wolf an die Tür der Geißenfamilie klopft:

Mathias: Hallo meine süßen, lieben Kinderlein, eure Mutter ist wieder da! Öffnet mir die Tür, ich hab' für jeden etwas mitgebracht! Nein, das ist nicht unsere Mutti, die Geißenmutter, wir öffnen nicht die Tür, unsere Mutti hat eine ganz reine und feine Stimme, deine ist aber tief und rau. Wir öffnen nicht die Tür, denn du sprichst genauso wie der böse Wolf! Der Wolf war sehr ärgerlich, dass sein Plan nicht gelungen war, die sieben Geißlein zu überlisten. ... Plötzlich rannte er schnell zum Kaufmann. Er hatte mal gehört, dass die Stimme heller klingt, wenn man Kreide isst. Ähm ... Und dann läuft er schnell wieder zur Hütte, und sagt wieder: Hallo meine süßen, lieben Kinderlein, eure Mutter ist schon wieder da! Öffnet mir die Tür, ich hab' für jeden etwas mitgebracht, soviel dass ihr es kaum tragen könnt! Das ist wirklich unsere Mutti! So schnell kann sie gar nicht zurück sein. Soll er uns doch die Pfote zeigen! Oh ja, zeig uns erst deine Pfote. Wir werden die Tür öffnen, aber zeig uns erst deine Pfote! ... Wollt ihr meine Pfote sehen? Hier! Da haben sie gesagt: Unsere Mutter hat eine ganz feine und weiße Pfote, deine ist aber sch... schwarz! Nein, wir öffnen nicht die Tür, denn du bist der böse Wolf!

Abweichungen von der genauen Widergabe der Vorlage waren nur an wenigen Stellen zu finden. Zunächst am Beginn des Märchens, wo Mathias nur kurz einleitend die Ausgangssituation schilderte, dann wieder, als der Wolf in das Haus eindringt: „Der Wolf stürzte in die Hütte und alle versteckten sich ... aber ich weiß nicht wo!" Diesen Zusatz formulierte Mathias ganz plötzlich und unerwartet in breitem Dialekt, was erst gemeinsames Lachen bewirkte, im Wesentlichen aber genau die jähe Verzweiflung zum Ausdruck brachte, die die Geißlein in dieser lebensbedrohlichen Situation ergriffen hat. Eine weitere umgangssprachliche Sequenz der Erzählung stand am Ende, als die Geißenmutter dem bösen Wolf den Wanst aufschneidet:

Mathias: Da sprangen alle, eins und eins heraus. ... und dann... ähm ... oh ... sagt sie den Kindern, dass sie eben schwere Wackersteine holen. Und ...dann... tut sie eben wieder zunähen... und dann, ... und dann ...ähm, ähm wacht der Wolf langsam auf... und, und jedes Mal blieb er stehen und sagte: Was rumpelt und pumpelt in meinem Bauch herum? Ich dachte ich hätte sechs Geißlein gefressen, da fühlt es sich an als seien lauter Wackersteine drin! Als er dann trinken wollte und sich über den Rand des Brunnens beugte, plumpste er kopfüber ins Wasser und die schweren Steine zogen ihn in die Tiefe. Plötzlich kam ähm, ähm ... die Mutter und ...(?) und sangen fröhlich: Der Wolf ist tot, der Wolf ist tot! Gott sei dank, der Wolf ist tot!

Es sind das Einnähen der Wackersteine und die ersten Momente nach dem Tod des Wolfes, in denen Mathias sich mit seinen eigenen Worten ausdrückt. Beide Szenen können als relativ riskant und gefährlich erlebt werden, der Wolf könnte ja aus seinem Schlaf erwachen oder noch nicht tot sein. Aus dem nachfolgenden Gespräch wurde ersichtlich, dass für Mathias die bedeutendste Stelle des Märchens jene ist, wo der Wolf in den Brunnen fällt. Insgesamt dreimal wies er im Laufe des Gespräches darauf hin. Am liebsten, so wurde deutlich, wäre er das jüngste Geißlein, die Rolle des Wolfes wollte er gar nicht übernehmen, „weil der in den Brunnen fällt".

Aufgrund der wenigen Veränderungen in der Erzählung von Mathias gegenüber dem Original fällt es schwer, Hinweise auf mögliche psychische Konflikte zu formulieren. Ich hatte das Gefühl, die Überwindung des bösen Wolfes wurde von Mathias nicht angstvoll, sondern eher mit einer Mischung aus anregendem Nervenkitzel und ängstlicher Lust erlebt. Aspekte, die auch bei Alan anzutreffen waren. Kann auch hier eine spielerische Bewältigung von Furcht erregenden und vielleicht ängstigenden Momenten in der phantastischen Welt des Märchens vermutet werden? Haben die beiden Buben dasselbe Märchen als Spiegel für dieselben Schwierigkeiten gewählt?

Im Gespräch mit Mathias Mutter kamen bemerkenswerter Weise Facetten zum Ausdruck, die jenen der Lebenssituation von Alan annähernd gleichen. Auf die Frage nach Ängsten der Kinder, meinte sie, wenn es donnert, habe Mathias Angst. Aber sie würde die Kinder besonders abends niemals alleine lassen, weil *„ich bin eher ein ängstlicher Typ"*.

Mutter: Das habe ich von meiner Mama, die hat immer: ist die Tür wohl zugesperrt? Eben, die Mama, und wenn man merkt, die Mama, die hat Angst ... und, obwohl meine Geschwisterchen, die haben nicht so Angst, die sind eher ... Aber ich habe das wahrscheinlich so von ihr übernommen, nicht? Und, nur durfte ich ihnen das so nicht, also wenn ich jetzt sagen würde: ich habe Angst, dann kriegen sie schon auch Angst. Ich versuche das immer zu überspielen.

Unterschiede ergaben sich in der Geschwisterkonstellation. Mathias ist zwar genauso wie Alan das jüngste Kind in der Familie, schien dadurch aber einen anderen Status zu genießen, als dies bei Alan der Fall war. Er liebt es mit der Mutter zu kuscheln und kommt sofort an, sobald er merkt, dass seine Schwestern gerade vertraut mit ihr zusammensitzen. Mathias Mutter brachte es auf den Punkt: Er ist *„der Kleine und meint, bei ihm wird meistens nachgegeben"*. Durch das Märchen wird Mathias in der Rolle des kleinsten Geißleins für kurze Zeit zum geliebten Einzigen der Mutter und durch sein Überleben wird er zum Helden, der Anspruch auf eine Vormachtstellung gewinnt. Mehr als bei Alan scheint im Verstehen des Märchens der Aspekt der beschützenden Mutter hervorzutreten, den Rose Maria Rosenkötter in ihrer Deutung des Märchens als Trennungsangst kennzeichnet (vgl. Rosenkötter, 1980, S. 172). Durch die Nähe zur Mutter und zu ihren schützenden Mächten – die auch im Uhrenkasten als Symbol für den Mutterbauch zum Ausdruck kommen, in dem sich das jüngste Geißlein versteckt – kann der Wolf sicher überwunden werden.

Das Märchen „Der Wolf und die sieben jungen Geißlein" besitzt vermutlich gerade für zarte und körperlich schwächere Kinder, die in ihrer Familie verdeckte Ängste erleben, eine große Anziehungskraft. Zumindest scheinen diese beiden Gespräche darauf hinzuweisen. Dieses Märchen löst offenbar keine überwältigende Angst aus, wie man vielleicht vermuten könnte, sondern ermöglicht gerade durch die wiederholte Rezeption deren Bewältigung. Es ist dabei von großer Wichtigkeit, dass der Wolf im Märchen verortet bleibt, alles andere wäre wahrscheinlich zu bedrohlich. Dies wurde im Gespräch mit Mathias besonders schön deutlich. Als ich ihn fragte, ob man vor dem Wolf keine Angst zu haben braucht, antwortete er: *„Nein, weil es ist ja nur ein Märchen!"* Seine Zeichnung zeigte zunächst lediglich ein Haus und einen Baum, den Wolf malte Mathias erst nach Aufforderung der Mutter (siehe Bildteil, Abbildung 4). Das in schnellen Zügen mit Wachsmalfarben – eine für Mathias neue Technik – angefertigte Bild, offenbart den Wolf als gefährlichen Eindringling, der sich mit weit aufgerissenem Maul, reißenden Zähnen und ausgestreckten Pratzen auf das sichernde Haus stürzt. Die Türklinke ist das einzige Detail in Mathias' Zeichnung und weist darauf hin, dass die Tür verschließbar und in diesem unheilvollen Augenblick wahrscheinlich verschlossen ist. Ist es für Mathias, der den Wolf zunächst gar nicht malen wollte, vielleicht bereits zu beunruhigend, den Wolf auf dem Papier lebendig werden zu lassen?

Zuletzt möchte ich noch auf den Zusammenhang dieser beiden letzten Geschichten von Anna und Mathias verweisen. Ich empfand es als sehr erstaunlich, welch unterschiedliche Eindrücke die Kinder von ihrer annähernd gleichen Lebenswelt über das Märchen vermittelten.

Knüppel aus dem Sack!

Bei meinem ersten Besuch in Max' Familie wurde ich trotz meiner fühlbar befremdlichen Rolle als Forscherin herzlich aufgenommen. Max, der schon auf mich gewartet hatte, empfing mich nüchtern und gefasst. Es fiel mir schwer einzuschätzen, ob dies von einer gewissen Aufgeregtheit herrührte oder ob er wirklich so souverän war, wie er sich zeigte. Während die Mutter sehr direkt und offenherzig auf mich zukam und mich unbefangen sofort in alltägliche Erzählungen einband, hielt er sich zunächst abwartend, aber aufmerksam im Hintergrund. Mein Anliegen interessierte ihn, da er ein echter Märchenfan ist und diese phantastischen Geschichten nicht nur liest und ihnen in Filmen und Hörspielkassetten wiederholt begegnet, sondern sie auch in Rollenspielen mit der Verwandtschaft oder in Form eines selbst erdachten Märchenquiz erlebt hatte. Erst kürzlich sei dieses neue Spiel entstanden, wo Eltern, Freunde und Bekannte auf die Probe gestellt wurden und aus drei Antwortmöglichkeiten auf eine Märchenfrage auswählen mussten. Je nach Anzahl der richtigen Antworten wurden dann Noten verteilt, die sich an denen des Schulsystems orientieren. Max machte es sichtlich Spaß, sich selbst den Erwachsenen in diesem Spiel überlegen zu fühlen und „abzusahnen". Damit wurde eine weitere Facette deutlich, die für das Mitmachen Max' an der Untersuchung wohl von Bedeutung war. Ich denke, er erhielt dadurch die Möglichkeit, sich auf einem Gebiet, auf dem er sich sehr sicher fühlt, darzustellen und zu profilieren und dies in einer Welt der Erwachsenen, die ich wohl für ihn repräsentiere.

Der siebenjährige Max ist der einzige Sohn eines Tischlers und einer Hausfrau. Er hat eine um vier Jahre ältere Schwester, die ihm aufgrund ihrer sehr scheuen und unsicheren Art – auch nach Aussagen der Mutter – spürbar unterlegen ist. *„Er ist der stärkere Charakter (...), er ist es gewohnt, dass er für sie schafft"*. Seine Hobbys sind Fußball spielen, Schwimmen und Rad fahren, außerdem liest er viel und spielt Schach. In der Schule hat er keine nennenswerten Probleme, in Lesen und Mathematik zeigt er sogar überdurchschnittliche Leistungen.

Das Gespräch über Max' Lieblingsmärchen fand in der Küche der elterlichen Wohnung statt. Max und ich saßen uns auf der Eckbank schräg gegenüber und seine Mutter, die aufmerksam lauschte, aber kein Wort von sich gab, nahm auf der Arbeitsfläche der Küchenzeile Platz. Max schien ungewöhnlich ruhig und gelassen. Mit seinen tief hängenden Augenlidern, dem vorgeschobenen Kinn und dem durch seine vollen Lippen wie schmollend aussehenden Lächeln wirkte er etwas teilnahmslos auf mich.

Nach einigen einleitenden Sätzen fragte ich Max nach seinem Lieblingsmärchen und ohne zu überlegen schoss die Antwort aus seinem Mund: *„Tischlein deck dich"*. In diesem Augenblick lächelte er freundlich und lebhaft und begann dann, das sehr umfangreiche Märchen der Brüder Grimm mit hoch erhobenem Kopf zu erzählen. Seine Augen waren die meiste Zeit nach oben gerichtet, schweiften ab, und nur selten sah er zu mir oder seiner Mutter. Max erzählte das an Einzelheiten reiche und lange Märchen mit seinen eigenen Worten außergewöhnlich präzise und originalgetreu. In dem Märchen „Tischchen deck dich, Goldesel und Knüppel aus dem Sack" werden drei Söhne der Reihe nach vom Vater aus dem Haus geprügelt, weil die Ziege, die die Schneiderfamilie nährt, diesem weismacht, dass sie auf der Weide nicht satt geworden wäre, obwohl sie dort, unter der Obhut jeweils eines Jungen, den ganzen Tag gefressen hatte. Als der Vater begreift, dass er betrogen wurde, jagt er die zuvor kahl geschorene Ziege mit der Peitsche davon. Die drei Söhne aber finden in der Welt ihr Auskommen: der erste wird Tischler, der zweite geht bei einem Müller in die Lehre und der dritte bei einem Drechsler. Zum Lohn erhält jeder eine Zaubergabe: der erste einen Tisch, der so oft sein Besitzer „Tischlein deck dich" ruft, sich von selbst mit den herrlichsten Speisen deckt, der zweite einen Esel, der vorn und hinten Gold speit und der letzte einen Knüppel in einem Sack, der sobald sein Meister ruft, herausspringt und die Leute solange verprügelt, bis er wieder zurückgerufen wird. Die ersten beiden Söhne werden von einem Wirten, bei dem sie einkehren, nach ihrer Prahlerei um ihre Zaubergaben gebracht und ernten – nach Hause zurückgekehrt –, im Kreise der Verwandten ob des verlorenen Tisches und Esels nur Spott und Gelächter. Der jüngste aber, der um die Taten des Wirtes weiß, lässt bei seiner Einkehr seinen Knüppel solange auf dessen Rücken herumtanzen, bis dieser alles wieder herausgibt. Nach seiner Rückkehr in des Vaters Haus wird ein großes Fest gefeiert. Die Ziege aber, die sich aus Scham über ihre Kahlheit in einem Fuchsloch versteckt hatte, erschreckt mit ihrem Augenfunkeln zwar den Fuchs und den Bären, letztlich wird sie jedoch vom Stich einer kleinen Biene verjagt und niemand weiß, wo sie geblieben ist.

Max erzählte das Märchen, wie angedeutet, sehr genau aber gleichzeitig seltsam unbeteiligt und flach. Im Gespräch sowie in der Bearbeitung des Textes wurden nur wenige Hinweise auf zentrale Szenen zugänglich, auch über die Erzählweise wurden kaum Emotionen spürbar. Hier ein kleiner Ausschnitt aus jener Sequenz des Märchens, wo der erste Sohn sich mit seinem Zaubertischchen auf den Rückweg zum Vater macht:

Max: Der erste ist (lang gezogen) zu einem Tischler gegangen. ... Und der ist, der hat dann zum Schluss einen Tisch gekriegt. Wenn er sagt: Tischlein deck dich! (ganz gewichtig), dann sind alles schöne ... ähm Getränke und Essen da. Dann hat er gesagt, hat er sich bedankt und ist in ein Wirtshaus gegangen und hat gesagt: Ich lade euch heute alle ein zum Essen. Haben sie alle gelacht. Dann hat er gesagt: Tischlein deck dich! (wieder ganz deutlich und gewichtig betont) Dann sind alles Schöne ... da gewesen. Haben sie alle gestaunt. Hat der Wirt gedacht: Das muss ich haben. Dann haben sie alle gegessen, ... dann sind sie schlafen gegangen. Da hat er gedacht: Ah, in der Speisekammer liegt so ein ganz ein ähnlicher Tisch! Dann ... ist er hinüber, hat sie ausgetauscht, am nächsten Tag hat er gezahlt, das Essen, und danach ist er nach Hause gegangen zum Vater. Dann hat er gesagt: Hallo Vater! Ich habe etwas mitgebracht, bin Tischler geworden. Da hat er gesagt: Tischlein deck dich! Aber es ist nichts gekommen. Aber... Dann hat er erst gemerkt, dass es ausgetauscht worden war. Und dann sind ... sind die

Leute, haben gemeint, dass er das getan hat und dann hat er, der Sohn gemeint, das hat nur weil, weil ... weil es nicht geladen ist. Weil, man muss etwas tun, dann hat er ... weil etwas ist, dann hat er ... es repariert. Und dann sind alle Leute gekommen und dann hat er wieder gesagt: Tischlein deck dich! Aber es ist nichts gegangen. Da mussten sie nach Hause gehen.

Im oberen Teil dieses Ausschnittes wird die eng an den ursprünglichen Text angelehnte Erzählweise von Max deutlich. In der letzten Sequenz, die Szene in der alle Verwandten und Freunde ins Haus des Schneiders geladen werden, um des wunderbaren Zaubertisches teilhaftig zu werden, war Max etwas ins Stocken geraten und ließ eine eigene Überlegung einfließen. Es ist dies der wiederholte Versuch, das Tischchen zum „Funktionieren" zu bringen, indem es aufgeladen und repariert wird. Nach meinem Empfinden kommt hierbei einerseits die Mühe zum Ausdruck, die Schmach des Tischlers und die Verspottung, die er erleben muss, auszuhalten. Andererseits könnte aber auch die verzweifelte Überzeugung dahinter stecken, das müsse doch zu verhindern sein, und der Versuch, ohne Gesichtsverlust davon zukommen.

Als Max auf das Schicksal des dritten und jüngsten Sohnes zu sprechen kommen wollte, fiel ihm dessen Beruf nicht mehr ein:

Max: ... und dann hat er, mhm der dritte Sohn weiß ich jetzt nicht mehr genau... was ist der geworden? ... Ganz etwas... Mhm. ... Jetzt weiß ich es nicht mehr! (verwundert, etwas enttäuscht) ... Eben etwas ganz, ganz Wertvolles, so Goldmacher ...

Nur kurze Zeit später fehlten ihm die Worte, um den schlagkräftigen Knüppel aus seinem Sack zu holen, und er musste länger überlegen, bevor ihm der Zauberspruch *„Knüppel aus dem Sack!"* über die Lippen kam. Auf meine Frage, wer von den Gestalten des Märchens Max am liebsten wäre, antwortete er: „Der kleine Sohn", und fuhr dann fort:

Max: Weil er dann kann ... den Knüppel ... Aber ich kann das nicht machen, was er tut.
Verena: Warum?
Max: Ich weiß nicht, wie man das Gold macht.
(...)
Max: Kriegt man da bei jeder Arbeit den Knüppel?
Verena: Wäre das besser? Würdest du dann etwas anderes wählen?
Max: N-n. Ich weiß nicht. ...
Verena: Was würdest du am liebsten machen? Nehmen wir mal an, du würdest bei jeder Arbeit den Knüppel kriegen ...?
Max: ... (bläst laut) Hm. ... Tischler. Nein, das ist der andere! ... Lehrer.

Der Knüppel, dessen Erwerb, Besitz und Beherrschung, scheinen im Zentrum von Max' Phantasien um das Märchen zu stehen. So empfand er etwa die Szene, *„wenn der Ding, wenn der Wirt schreit: Au! Au! Au!"* als das Schönste an dem Märchen.

Allerdings fiel ihm der spielerische Wechsel von der Realität in die phantastische Wirklichkeit des Märchens an mehreren Stellen schwer. So veranlasste ihn die Idee, die Rolle der Ziege einer Freundin zu geben, zu der Befürchtung, der Schneider würde sie dann mit einer echten Peitsche schlagen und ihr dabei ernstlich „weh tun".

In der Reflexion der Erzählung des Märchens durch Max rückte demnach immer weiter die Frage in den Vordergrund, was der Knüppel für ihn bedeuten könnte und wen er damit sich unterordnen will. Ich vermutete darin ein Symbol für die männliche Macht, ein Mittel zur Behauptung und Durchsetzung gegenüber Stärkeren oder Mächtigeren. Im Märchen ermöglicht der Knüppel die Wiederbeschaffung der beiden anderen Zauberdinge, die Tilgung der Schmach der beiden älteren Brüder und, nicht zuletzt, die Gewinnung der Anerkennung des Vaters.

Im Gespräch mit der Mutter wurde einsichtig, wie vielschichtig und umfassend das Märchen „Tischchen deck dich, Goldesel und Knüppel aus dem Sack" Max' Lebenswelt zu spiegeln vermag. Alle wesentlichen Emotionen und Haltungen dieses „Männer-Märchens",[38] die Aggression, die Scham, die Wut, die Forderung nach Gerechtigkeit, die Anforderung sich zu behaupten und der Wunsch nach Anerkennung durch den Vater fanden sich in den Ausführungen über Max wieder. Die Mutter erzählte:

> *Mutter: Aber recht beleidigt [ist er] wenn der Tata [Vater] schimpft.*
> *Verena: Das verträgt er nicht?*
> *Mutter: Nein, ... oder wenn er ihn für Dummheit [aus Spaß] beleidigt. (...) wenn der Tata sagt: Ah, du bist so ein Angsthase, oder ... so, ... so Kleinigkeiten, nicht? Und wo ihm dann vorkommt, das ist nicht so und der Tata sagt es natürlich für Dummheit, weil ... er tut ihn extra ein bisschen, ... das verträgt er überhaupt nicht, nein. (...) Wenn ich das sagen würde oder seine Schwester, wäre das egal, aber vom Tata verträgt er es nicht. Das wundert mich oft, weil er verträgt es von vielen, vom Vater aber nicht. So Kleinigkeiten, nicht ernste Beleidigungen: du bist nur so ein Stopsel ...oder du bist ja fast der Kleinste. Da ist er richtig beleidigt!*

Es wird deutlich, wie bitter und beschämend Max die Scherze des Vaters erleben muss. Gerade auch, weil Max, der Mutter zufolge, sehr darauf bedacht ist, in gutem Licht zu erscheinen: „*Was er gut kann, das tut er umso lieber, was er nicht kann, da findet er jede Ausrede (...). Was er nicht kann, will er nicht!*" Dies war wahrscheinlich auch der Grund dafür, dass Max nicht dazu bereit war, ein Bild für die Untersuchung zu malen. Aufgrund seiner leichten motorischen Schwächen falle ihm das Zeichnen schwer und er habe Angst, von mir negativ beurteilt zu werden, so die Vermutung der Mutter. Darin wird deutlich, dass Max Situationen, die ihn beschämen könnten, wie es den ersten beiden Söhnen im Märchen geschieht, zu umgehen versucht.

Die Meinung des Vaters ist wohl daher so wichtig, weil für die Entwicklung eines Jungen, insbesondere für die Ausbildung der Geschlechtsidentität, die Identifizierung mit dem Vater ausschlaggebend ist. Außerdem wird eine narzisstische Besetzung des männlichen Körperbildes und des Männlichkeitsempfindens des Jungen durch den sichtlichen Stolz der Eltern auf dessen Männlichkeit gefördert. Dem Vater kommt in dieser Zeit die Modulierung aggressiver Tendenzen sowie die Verfügbarkeit als Rollenmodell bei der Übernahme männlicher Verhaltensweisen zu (vgl. Tyson & Tyson, 2001, S. 281 ff.). In diesem Zusammenhang wird auch das symbolische Verständnis des Knüppels als männliches Geschlechtsorgan und Sinnbild für die Männlichkeit lohnend. Die oben angeführte Frage von Max, durch welche Arbeit man den Knüppel bekommen könnte, veranlasste ihn nicht von ungefähr zu den beiden Wunschberufen Tischler und Lehrer. Die Mutter berichtete im Gespräch:

Mutter: Bis jetzt hat er immer, immer gesagt, ich werde Tischler – der Vater ist Tischler und das ist ja logisch. (…) [Einmal fragte Max] Meinst du der Tata [Vater] ist beleidigt, wenn ich Lehrer werde? Da habe ich mir gedacht, höre ich nicht recht? (…) Da habe ich gefragt, ja wie kommst du jetzt auf so was? Ja, weil, ich würde das alles viel gerechter in die Hand nehmen. Warum denn, was ist denn ungerecht? (…) Ja, weil oft ist das, und wegen den Strafen und wegen der Aufgabe …

Max möchte also selbst an diesen „Knüppel" gelangen und beschäftigt sich mit der Frage, was man sein und können muss, um dies zu erwirken. Ist die Beherrschung des Knüppels auch in anderen Rollen, in anderen Berufen möglich, als in dem des Vaters? Die eigentliche Frage lautet vermutlich: Wie gelangt man an Männlichkeit und Macht? In diese Richtung deuten die Ausführungen von Wittgenstein (1965), der den Knüppel als Sinnbild für männliche Machtbehauptung durch körperliche Gewalt und durch die Hervorhebung geschlechtlicher Überlegenheit versteht.

Das Thema „Gerechtigkeit" scheint Max, wie oben bereits angespielt, ebenso zu berühren. Die Mutter erzählte, er komme öfters von der Schule heim und würde sich darüber beklagen, wie „*ungerecht*" es da zugehe. In seinem Alltag sorgt Max bezeichnenderweise durch die Strategie des jüngsten Sohnes aus dem Märchen für Gerechtigkeit: In der Beziehung zu seiner Schwester etwa greift er schnell zu härteren Mitteln und setzt sich vor allem mit Stoßen und Boxen durch. Er sei schon oft frech, müsse immer Recht und das letzte Wort haben. Ebenso scheint Max es mit seinen Freunden zu handhaben, wie es unter Buben „*ganz normal*" sei, so die Mutter.

Im Gespräch brachte die Mutter besonders die ihr gegenüber kindlich-anhänglichen Züge von Max zum Ausdruck. Er zeige sich ihr gegenüber sehr aufgeschlossen und redselig, frage ständig und über alles nach, außerdem sei er verständnisvoll und folgsam.

Mutter: Mit ihm kannst du „närrisch" gut reden und das finde ich so toll! Überhaupt wenn wir beide alleine sind, super, da kannst du reden … wir zwei … wie …, manchmal denke ich, nicht mal wie mit einem siebenjährigen Kind! (…) Da ist er super! Das genieße ich richtig, bei ihm ist das herrlich, super! Da brauchen wir unser Plätzchen, egal wo, im Bett, auf dem Sofa oder hier [in der Küche] …

Max scheint also reichliche Anerkennung und uneingeschränkte Zuneigung seitens der Mutter zu genießen. Doch wurde mehrfach deutlich, dass diese an dem „kleinen" Max hängt, zu gerne manchmal mit ihm kuscheln möchte – was er aber abweisen würde – und sie hofft, er möge noch lange zu ihr kommen, um alles mit ihr zu besprechen. Nicht ohne Stolz meinte sie, *„da kommt er schon leichter zu mir als zum Tata [Vater]"*. Es drängt sich mir die Vermutung auf, dass diese enge Beziehung zur Mutter, die Max einerseits sicherlich genießt, ihm die im Rahmen der Geschlechtsentwicklung anstehende Ablösung von ihr, und die Identifikation mit dem Vater erschwert.

Das Märchen „Tischchen deck dich, Goldesel und Knüppel aus dem Sack" beinhaltet also verschiedene Aspekte aus Max' Erleben und seiner Lebenswelt. Neben dem Besitz des Knüppels und seiner Steuerung und dem Wunsch nach Anerkennung durch den Vater als Hauptaspekte wurden auch die Bedeutung von einem narzisstischen „Sich-Beweisen", der Anspruch auf Gerechtigkeit als wichtiger Bestandteil der Über-Ich-Entwicklung und die Rolle der Mutter in diesem Geschehen nachvollziehbar. Zusätzlich wäre es interessant zu überlegen, welchen Stellenwert die beiden anderen Zaubergaben, das (orale) Tischchen und der (anale) Goldesel in den unbewussten Phantasien von Max haben (vgl. Rosenkötter, 1980, S. 177 f.). An dieser Stelle möchte ich aber nicht weiter darauf eingehen, da die wenigen Hinweise aus der Erzählung des Märchens von Max deutlich machten, dass in seinem momentanen Empfinden der Knüppel mit seinen Implikationen im Vordergrund steht.

Wie lassen sich nun abschließend die wenigen Abänderungen in Max' Erzählung und die von mir als emotionslos erlebte Darbietung des Märchens erklären? Ich fühlte mich nach Beendigung des von mir als sehr kurz erlebten Gespräches seltsam enttäuscht. Meine Fragen waren im Vergleich zu den anderen Gesprächen sehr schnell beantwortet und ich konnte mich des Eindrucks nicht erwehren, nichts „Brauchbares" erfahren zu haben. Könnte es sein, dass es für ihn schwierig ist, das Märchen für kurze Zeit in der Phantasie zur Wirklichkeit werden zu lassen? Max konnte nach Darstellung des Märchens nicht mehr allzu viel dazu sagen, weil es nichts mehr zu sagen gab. Es war, als wäre das Märchen in gewissem Sinne seine „Realität". Damit würde auch verständlich, warum ein Eintauchen in eine solche Welt so wirklich und bedrohlich erlebt wurde. Schließlich gelingt es dem jüngsten Sohn im Märchen durch seinen Knüppel sogar den Vater zu „übertrumpfen". Er ist derjenige geworden, der die Rolle des Vaters übernehmen kann, der sozusagen das Reich erhält (vgl. Scherf, 1982, S. 377).

An dieser Stelle möchte ich auf eine, meines Erachtens, wichtige Erkenntnis hinweisen, die in diesem Gespräch mit Max und seiner Mutter besonders eindringlich zu Tage getreten ist. Über Max' Lieblingsmärchen alleine, und selbst unter Einbeziehung der szenischen Informationen, wäre ein so vielseitiges Verständnis der Beziehung zwischen dem Märchen und dem psychischen Konflikt des Jungen nicht möglich gewesen. Erst nach dem Elterngespräch wurden Zusammenhänge deutlich. Dies würde für eine diagnostische Perspektive bedeuten, dass ein Lieblingsmärchen niemals alleine stehen darf. Nur als ergänzende Möglichkeit des Verstehens kann es in klinischen Prozessen nutzbar gemacht werden. Es birgt dann aber den Vorteil, einen Einblick in die sehr subjektive Sicht des Geschehens, also in das persönliche Erleben eines Klienten zu eröffnen.

Von Märchen und anderen Geschichten

Im Folgenden werde ich auf die Gespräche mit jenen Kindern eingehen, die mir entweder kein Märchen oder kein „echtes" Lieblingsmärchen erzählten. Es waren dies vier von insgesamt neun Kindern. Zwei von ihnen, die Geschwister Gerti und Florian, gaben zwar ein Märchen wieder, doch wurde bald deutlich, dass diese Geschichten nicht als Lieblingsmärchen im eigentlichen Sinne zu werten waren. In ihren Erzählungen kam nicht die Faszination zum Ausdruck, die ich als Kriterium für die Definition eines Lieblingsmärchens angesetzt hatte, und die vor allem durch das Erfragen der wiederholten Beschäftigung mit einem bestimmten Märchen fassbar wird. Alina und Michi, ebenfalls zwei Geschwister, erzählten mir jeweils eine Geschichte, die nicht als Märchen eingestuft werden konnte. Beide schienen zwar vermehrt Zeit mit diesen Formen moderner Kinderliteratur beziehungsweise Science Fiction zu verbringen, doch erfüllten sie damit nicht die Kriterien der Untersuchung. Ich möchte abschließend kurz von diesen Gesprächen berichten, zunächst um dem Geschenk, das mir die Kinder und ihre Eltern durch ihre Teilnahme an der Untersuchung machten, gerecht zu werden und dann auch, um die Erkenntnisse, die mir aus diesen Konstellationen zugänglich wurden, darzustellen.

Ich werde in den folgenden zwei Abschnitten zuerst jeweils skizzieren, wie die Kinder mit meiner Frage nach ihrem Lieblingsmärchen umgingen, und dann Hinweise auf die Beweggründe ihrer Darstellungen formulieren. Welche Unterschiede ergeben sich in ihren Schilderungen im Vergleich zu den Kindern, die ein Lieblingsmärchen erzählten? Was wird aus diesen Geschichten über die Kinder erfahrbar? Kann außerdem eine Antwort darauf gefunden werden, warum diese Kinder kein besonders geliebtes oder gefürchtetes Märchen haben? Was ergibt sich aus diesen Gesprächen bezüglich der Fragestellung dieser Untersuchung?

Goldlöckchen und die Monster

Die achtjährige Gerti hatte sich gewissenhaft auf mein Kommen vorbereitet. Aus dem Vorgespräch war ihr bekannt, dass sie mir ihr Lieblingsmärchen erzählen sollte, also hatte sie ihr illustriertes Märchenbuch aufgeschlagen und das Märchen, das ihr am Besten gefiel, nochmals gelesen und sich eingeprägt. Obwohl sie „Goldlöckchen und die drei Bären" nicht Wort für Wort wiedergab, möchte ich sagen, sie hatte es „auswendig gelernt", denn ich hatte den Eindruck, Gerti konnte diese nicht so erzählen, wie sie ihr „innwendig war" (vgl. Graf Wittgenstein, 1965, S. 130).

Das Märchen neueren Datums stammt nicht aus der Sammlung der Brüder Grimm, seine Herkunft ist bislang ungeklärt. Bruno Bettelheim (2000) nimmt an, dass es aus einer alten, schottischen Erzählung entstanden ist, in der der warnende Charakter der Geschichte im Vordergrund stand. Das Märchen erzählt von einem Mädchen mit goldenen Locken namens Goldlöckchen, das an das Haus einer Bärenfamilie kommt. Da niemand zu Hause und die Tür unverschlossen ist, tritt es ein und isst von der Suppe, die dort bereit steht, setzt sich in einen der Stühle, der unter ihrem Gewicht zusammenbricht, und schläft zuletzt in einem der Betten ein. Es ist jeweils die Suppenschüssel, der Stuhl und das Bett des kleinen Bären, der für

Goldlöckchen *gerade recht* war, während die Dinge der Bäreneltern *zu hart* oder *zu weich* waren. Als Vaterbär, Mutterbär und ihr Söhnchen zurückkehren, ärgern sie sich über den Eindringling. Goldlöckchen erwacht durch die scharfe und schrille Stimme von Baby Bär und springt erschrocken aus dem Fenster. Was darauf mit ihr geschieht bleibt offen. Bettelheim ist der Ansicht, dieser Geschichte fehlen einige der wichtigsten Merkmale des echten Märchens, da der Konflikt keine Lösung findet, am Ende kein glücklicher Ausgang, Wiedergutmachung und Trost stehen. Außerdem werden keine Hoffnung und Zuversicht vermittelt, weil Goldlöckchen vor seiner Entwicklungsaufgabe, der persönlichen und sozialen Identitätsfindung, davonläuft (vgl. Bettelheim, 2000, S. 249 f.).

Das Märchenbuch lag als Gedächtnisstütze vor Gerti und sie blätterte darin, als lese sie mir das Märchen vor. Ihre Erzählung entsprach der Darstellung im Buch, das von der oben beschriebenen ursprünglichen Fassung etwas abweicht. Goldlöckchen wird hier nämlich nicht ärgerlich verjagt, sondern liebevoll und freundschaftlich in die Familienidylle integriert. Gerti erzählte, wie die Bärenfamilie das Mädchen im Bett von Baby Bär entdeckt:

Gerti: Und dann ist der Kleine zu seinem Bett und dann haben sie es gesehen. Dann hat es der Kleine gefragt, die Mama: Vielleicht kann sie mit mir spielen? Dann haben sie sie aufgeweckt, da ist sie schnell weggelaufen…, weil, sie hatte zuerst Angst. Da haben die drei Bären gesagt, dass …, dass sie nicht Angst haben soll, weil wir, der kleine Bär mag nur mit ihr spielen. Dann haben sie ihr eben, dann hat sie es kapiert, dann haben sie gespielt und sie haben dann getanzt. Danach hat sie Honigbutter die M…, feinen Honigkuchen den Kindern gemacht, da haben sie es gegessen und zum Schluss hat sie gesagt: Mm, der war lecker! Dann hat, zum Schluss dann, hat sie gesagt: Ich muss jetzt heim! Dass mein Papi und meine Mami sich nicht Sorgen machen um mich. Dann ist die Geschichte fertig.

Gerti sprach die ganze Erzählung in schöner Schriftsprache, in einer Art und Weise, wie Kinder es häufig in der Schule vor der Lehrerin tun: bemüht aber ohne Engagement. Sie hatte sich auf ihre Aufgabe vorbereitet und erfüllte sie nun bravourös. Es wurde spürbar, dass „Goldlöckchen und die drei Bären" nicht Gertis Lieblingsmärchen ist, in dem Sinne, dass sie es wiederholt liest oder sich in ihrer Phantasie damit beschäftigt. Sie selbst hatte im Vorgespräch gemeint, sie müsse erst sehen, welches Märchen sie erzählen würde, ein echtes Lieblingsmärchen habe sie nicht und ihre Mutter bestätigte das. Dennoch hatte sie letztlich ihre Widerstände und Schwierigkeiten ein Märchen auszuwählen, überwunden und sich für eines entschieden. Als ich im Gespräch nach der Erzählung von Gerti wissen wollte, was ihr von dem Märchen wichtig ist, wurde in ihrer verwirrten, etwas enttäuschten und zuletzt fast genervten Reaktion spürbar, dass es für sie schwierig war, eine Antwort zu finden, entweder weil dieser Gedanke für sie neu war, oder weil sie größeren Widerständen gegenüberstand als die anderen Kinder. „*Dass alles in Hochdeutsch geschrieben ist*", oder „*wegen der schönen Bilder*", antwortete Gerti dann, und verdeutlichend zeigte sie auf die Abbildung, wo die Bärenfamilie fröhlich durch den Wald spaziert: „*weil das da, da begleiten sie sich, die zwei … die zwei Schmetterlinge und die Vögel zwitschern laut*".

Unabhängig davon, ob diese Geschichte für Gerti ein Lieblingsmärchen darstellt oder nicht, beinhaltet das Märchen von „Goldlöckchen und den drei Bären" ein Element, das sie sicherlich angesprochen hat. Die drei Bären, so erzählte sie, gefielen ihr am besten, weil sie auf den Bildern so lustige Gesichter hätten. Auf meine Nachfrage, wie sie diese beschreiben würde, entgegnete Gerti: „*... dass sie eine fröhliche ... fröhliche Familie sind*". Später forderte ich sie auf, das Märchen mit drei Adjektiven zu beschreiben und da flüsterte sie nachdenklich vor sich hin:

Gerti: ... Familie ... Schöne Familie ... (...) Sie sind eine schöne Familie.
Verena: Mhm. Schön. Fallen dir noch zwei Wörter ein? Zwei Wie-Wörter? ... Wie sind sie denn noch?
Gerti: Fröhlich.
Verena: Mhm.
Gerti: Sie sind eine fröhliche Familie. ... Herrliche.

Die Darstellung des harmonischen Familienlebens, wo jeder seinen Platz hat und alle unsagbar zufrieden anmuten, hatte Gerti wohl beeindruckt. Später bekam auch noch die Rolle von Goldlöckchen als Eindringling und Gast Bedeutung. Obwohl sie den Baby Bär bevorzugte, nahm sie meine spielerische Ermunterung, sich in Goldlöckchen hineinzuversetzen an, und sagte, sie würde bei der Bärenfamilie bleiben und nicht fort gehen, „*wenn sie mich lassen (...), weil es so fröhlich war bei den Bären*".

Später im Gespräch trat die Ambivalenz zwischen dem Wunsch, in diese Bilderbuchfamilie integriert zu werden und der Befürchtung, sie könnte abgelehnt werden, noch deutlicher hervor:

Verena: Und wenn du dir jetzt wünschen könntest, dass irgendetwas von dem Märchen, ich weiß nicht, dass eine Gestalt herauskommen würde, oder dass etwas so wäre wie in diesem Märchen, was würdest du dir dann wünschen?
Gerti: ... Dass sie mich aufnehmen.

Gertis Zeichnung zeigt, wie Goldlöckchen und der kleine Bär vergnügt miteinander durch das Bärenhaus tanzen, während die Bärenmutter den Honigkuchen bringt (siehe Bildteil, Abbildung 5). Jede Figur in dem Bild strahlt bis über beide Ohren, allen voran das Mädchen mit den blonden Zöpfen, das mit weit ausgestreckten Armen sowohl dem Baby Bär als auch der Mutter zugewandt ist. Im Malprozess hatte Gerti zunächst Goldlöckchen an den äußeren linken Rand gemalt. Der kleine Bär in der Mitte war ihr erst im zweiten Anlauf nach ihren Vorstellungen gelungen, als er durch seine Größe Goldlöckchen nicht mehr überragte. Die im Bild dargestellte Szene, so möchte ich annehmen, ist die Situation, die Gerti sich wünscht: bedingungslose Zuneigung und Annahme und ein sorgenfreies kindliches Dasein.

Florian, Gertis neunjähriger Bruder, hatte sich ebenso wie seine Schwester schon sehr auf mein Kommen gefreut, was an seiner aufgeregten Vorfreude erkennbar wurde. Er sprach nach seiner Schwester mit mir über sein „Lieblingsmärchen", wobei er sofort hinzufügte, dass ihm dieses nicht so besonders gefalle. Er hätte auch andere erzählen können, letztlich aber „Des Kaisers neue Kleider" gewählt, weil er sich an dieses gut erinnern könne und es nicht so bekannt sei.

> *Verena: Ach ja. Aber wenn du aussuchen könntest, welches gefällt dir am besten?*
> *Florian: Würde ich das Gemischte nehmen.*
> *Verena: Das Gemischte. Möchtest du mir ein bisschen erzählen von dem Gemischten, was du dich da erinnerst?*
> *Florian: Ja. ... (lacht etwas angestrengt, ob der Schwierigkeit der Aufgabe) Da ist eben ein ... ein ganz ein ..., wie sagt man ...Schloss! Und da sind viele Menschen drinnen. Und da ist eine Frau eifersüchtig auf einen anderen Mann, der eine andere Frau, der die Prinzessin hat. Und dann ist ... war das ... war das Baby.*

Dieses „gemischte Märchen" waren Erinnerungsspuren eines offensichtlich sehr komplexen und verwickelten Filmmärchens, das Florian vor einigen Monaten gesehen hatte und das ihn seitdem beschäftigte. Er war der Ansicht, dass in dieser Filmfassung verschiedene Märchen zusammengenommen und zu einem neuen Ganzen „gemischt" worden wären. Die Erzählung Florians war so verwirrend und konfus, dass der Inhalt nicht wiedergegeben werden kann. Gleichwohl kamen darin verschiedenste Figuren und Furcht erregende Ereignisse vor, die einer Gruselgeschichte um nichts nachstanden: Eine eifersüchtige Frau entwendet und stiehlt ein Baby, welches sie zusammen mit seiner Mutter in einen Abgrund wirft. Dessen Vater, ein Prinz, der sich auf die Suche nach seiner Familie macht, stürzt irgendwo hinab und verliert sich in der Erzählung. Drei Wanderer, eine Frau, ein Mann und ein Greis geraten in den Hinterhalt eines dreiköpfigen Drachen, der das Schlüpfen eines einköpfigen Dinosauriers verhindern will. Teufel finden das Baby und feiern mit den drei Wanderern und der eifersüchtigen Frau im Kochtopf ein teuflisches Fest.

Auffällig in der Erzählung waren die Häufung von Angst-Gestalten und schrecklichen Ereignissen und das Verwischen der Grenzen zwischen Gut und Böse. Es wurde zum Beispiel – selbst durch Nachfragen – nicht verständlich, ob die drei Wanderer nun gute oder böse Gestalten waren; die Drachen übernahmen vernichtende und rettende Attribute. Florian schien mir bemüht, möglichst grausame Dinge zu erzählen und rühmte sich damit, Angst erregende Filme, wie „Man in black", „Jurassic Park – Menschensterben" gesehen zu haben. Märchen seien zu wenig *„gruselig"* für ihn. In einer Gegenübertragungsreaktion entsprach ich Florians vordergründigem Verlangen nach schauerlichen Geschichten und erzählte ihm – was ich bislang in keinem Gespräch gemacht hatte – das Märchen vom „König Blaubart". Ich konnte mir nicht vorstellen, dass Florian, den ich als feinfühlig und aufgeschlossen erlebte, keinen Zugang zu Märchen finden konnte. Ich hatte die Phantasie, dass er „seinem" Lieblingsmärchen wohl einfach noch nicht begegnet war und wollte ihm auf dieser Suche behilflich sein. Sein Verlangen nach Schauern und Gruseln musste doch durch die Märchen, die ich ansonsten wegen ihrer Grausamkeit immer verteidigen musste, gestillt werden können. Florian stellte durch seine Haltung meine Überzeugung, dass Märchen wertvoll und vor allem auch in Sachen Gewalt und Aggression durchaus nützliche Helfer sein konnten, in Frage.

Ich erzählte also das Märchen vom „König Blaubart". Es ist dies ein unheimliches und recht grausames Märchen von einem absonderlichen König mit einem blauen Bart, der seine „Bräute" umbringt, sobald diese ihm nicht gehorchen und ein geheimes Zimmer in seinem Schloss aufschließen. Zuletzt unterliegt zwar das Böse, doch ist das Märchen voll von düsteren Bildern. Florian folgte ganz gespannt meinen Worten und ich hatte das Gefühl, er hatte am Ende Schwierigkeiten aus der Geschichte wieder auszusteigen. Erst jetzt dämmerte mir, dass Florian solche Schauermärchen zwar forderte, eigentlich aber nicht mit ihnen umzugehen wusste. Der neunjährige Junge, der mir höflich und rücksichtsvoll begegnete, und es sichtlich genoss, dass jemand ihm ungeteilte Aufmerksamkeit schenkte und seine unaufhaltsamen Erzählungen ernst nahm, fühlte Angst. Meine Annahme, grauenvolle Märchen würden Florian helfen, seinen Gefühlen Ausdruck zu verleihen, zeigte sich als völlig unzutreffend, vielmehr mussten sie in ihm schwer verstehbare und verarbeitbare Emotionen erst auslösen. Ich konnte mich des Eindrucks nicht erwehren, dass es Florian an sicherem Halt und an elementarem Vertrauen mangelte, um solche Dinge auszuhalten. Dennoch forderte er danach, so als wäre er auf einer Suche und überschreite dabei seine eigenen Grenzen. Ihm fehlte, so schien mir, ein schützender und helfender Wegbegleiter, wie er im Märchen häufig auftritt.

Später im Gespräch bat ich Florian sich vorzustellen, selbst ein Geschichtenerzähler zu sein und sein eigenes Lieblingsmärchen zu erfinden. Größtenteils in Hochsprache erzählte er folgende Geschichte:

Florian: Es waren einmal tausend Ritter. Die mussten gegen ... einen Riesen antreten. In der Zwischenzeit hatte der König dieser tausend Ritter noch andere Ritter hergeschafft. Diese tausend Ritter haben in der Zwischenzeit mit dem Riesen ... aber der Riese zerquetschte sie, dass Blut herauskam und schüttete das Blut auf die anderen Leute ... Der Riese nahm die Pistole, sie auch, und schießen aufeinander. Der Riese fällt tot um und a... alles kleine Fetzen fielen heraus. Nach einem Monat lebte der Riese wieder. Seine ganzen Teilchen haben sich wieder zusammengesetzt und er war wie ein Geist. Jeder kämpfte gegen ihn, aber ... sie durchbohrten die Hand, alles ging durch ihn ... und er machte sich wieder, dass er sie wieder greifen kann, danach hat er sie alle wieder zu Blut und so gemacht. Danach ... aber hat er nicht gesehen, dass wieder alles Leute da waren und ihn zerschnitten. Diesmal haben sie aber alle kleinen ... weggetan, dass keiner nichts mehr kann. Plötzlich, in drei Tagen, kam ein anderer Riese. Der starb in einer Minute und sie wussten nicht, was geschehen war. Und dann gingen immer Leute auf diese Wiese und schauten, aber keiner kam wieder zurück, denn der Riese war jetzt unter der Erde und zog jeden Menschen herunter. Unten starb er ... hat ihn jemand aufgegessen, solche kleinen ... kleinen flachen Tiere. Von diesen haben ... die haben jetzt da unten gelebt und die haben jeden Menschen, der das betreten hat, gefressen. Und dann ist einmal ein Mensch gekommen, der ist dahinein, wo die immer hineingehen und hat sie bekämpft. Aber die haben immer wieder gelebt, oder nein... ja und dann ist er wieder gestorben. Dann kommt wieder ein anderer Mensch und der ist wieder gestorben, nachdem .... Der Jüngste von allen geht hinunter, schließt mit ihnen Freundschaft und so sind sie Freunde von ihm geworden. So sind sie glücklich ... haben ... haben sie glücklich weiter gelebt. Für immer ... waren sie Freunde. (lacht)

Vor allem wurden für mich ein Gefühl der Überwältigung durch all die Gefahren drängend, die in dieser Geschichte lauern, und der Unsicherheit, wer denn nun zu fürchten sei und wer die Rolle des Guten übernehmen konnte in dieser Erzählung der Superlative, wo tausend Ritter nicht genügen und auch ein Riese nicht, wo Menschen und Monster einfach sterben und bizarre Tiere aus dem Hinterhalt hervortreten. Florians Zeichnung hält den Moment fest, in welchem ein Riese einen Menschen „zerquetscht", „*er [der Riese] presst ihn ja nur, dann fällt das ganze Blut ..., weil wenn er ihn kaputt macht nur und dann hinunterschmeißt, dann leidet er ja nicht so sehr, als pressen, dann geht das ganze Blut herunter*" (siehe Bildteil, Abbildung 6). Am linken Rand stehen die abertausend Ritter mit ihren Waffen und zielen auf den in Stücke zerfallenden und laut lachenden Riesen – nur ihre Gewehre werden sichtbar. Die braunen Gebilde am unteren Rand des Bildes stellen die „*kleinen, flachen Tiere*" dar, über die Florian während des Malens ausführte:

> *Florian: Die haben ein riesen Maul, die sind wie die Schlangen und können die Zunge herauslassen, so wie Schlangen. Sie können Gerüche ... so riechen mit der Zunge. Und mit der Zunge können sie raus, den anderen bei den Beinen zusammenhalten und die Füße abreißen, den Kopf wegreißen und alles. (...) Aber mit der ...mit dem Schwanz können sie voll schlagen ... voll hinten herumschlagen, dann ... dann fallen alle voll weit weg.*

Am Ende der Geschichte wird aber auch Florians Sehnsucht spürbar, diesem Gefahrenrausch zu entgehen und Freundschaft zu schließen, „*Hauptsache, ... die ganzen Monster sind erledigt*". Er möchte die Rolle des Jüngsten in der Erzählung übernehmen, weil der „*hat es am feinsten, das ist lustig, weil er geht einfach hin, schließt mit ihnen Freundschaft und die anderen streiten, kämpfen, alles gegen alles und werden tot und der andere geht einfach hinein und macht mit ihnen Freundschaft*".

Was könnte nun hinter den Bedürfnissen der beiden Kinder nach unbedingter Zuneigung und Annahme sowie nach festem Halt und Sicherheit stecken, und was bedeutet dies für die Fragestellung dieser Untersuchung? Warum erleben diese Kinder keine Faszination für ein bestimmtes Märchen, das ihnen vielleicht helfen könnte, nicht nur Bilder für ihre Wünsche zu finden, sondern auch zukunftsweisende Wege zu deren Befriedigung ausfindig zu machen? Möglicherweise können die Informationen über die Familie diese Fragen ein Stück weit klären helfen.

Bei meinem ersten Besuch bei der Familie von Gerti und Florian fühlte ich mich wie überschwemmt von einer ganzen Flut an unterschiedlichen Gefühlen und Eindrücken. Ich erlebte die Stimmung seltsam „verdreht": die Kinder riefen laut und wie wild herum, als wollten sie mit aller Kraft meine Aufmerksamkeit auf sich ziehen, während die Mutter ruhig und abgeklärt – ich erlebte sie als wenig emotional und abwesend – dabeisaß. Ein Gespräch war kaum möglich. Ich fühlte mich hin und her gerissen zwischen dem Gefühl stürmisch erwartet und dem Eindruck kühl geduldet zu sein. In meinem Forschungstagebuch hatte ich an jenem Tag vermerkt: Ich fühle mich irgendwie erschlagen von der Wucht und der Kraft dieser hungrigen Wölfe, die sich auf alles Lebendige stürzen, um es sich einzuverleiben. Ich hatte die Phantasie, dass sie wohl genauso wie sie die Kekse am Küchentisch hastig in sich hineinstopften und verschlangen, auch alles andere hungrig an sich rissen und unverdaut hinunterschluckten.

Das Gespräch mit der Mutter durfte ich auf ihren Wunsch hin leider nicht aufzeichnen. Ich bin demnach auf meine nachträglich angefertigten Notizen und meine Erinnerung angewiesen. Deutlich wurden die Bedürfnisse der Kinder bestätigt, die ich oben angesprochen habe: Florian ist sehr sensibel, eher ängstlich, macht sich oft Gedanken darüber, was in der Dunkelheit passieren, wer in der Nacht zur Tür hereinkommen könnte; er weint leicht. Gerti zeigt ein hohes Anlehnungsbedürfnis, den Wunsch nach Nähe und Körperkontakt, den die Eltern – so die Mutter – vielleicht zu wenig erfüllen würden. Sie ist außerdem viel bei den Nachbarn, die für sie wie eine zweite Familie sind. Die Mutter ist als Verwaltungsassistentin tätig und daher oft außer Haus. Der Vater, den ich kurz kennen lernen durfte, arbeitet als Briefträger und scheint eher ruhig und gutmütig.

Gerti und Florian hatten demnach gute Bilder für ihre Wünsche und Bedürfnisse gefunden, die leicht verständlich und fühlbar machten, was sie bewegt. Wie das Märchen „Goldlöckchen und die drei Bären", so zeigten auch die vielen Schreckgeschichten von Florian keine Entwicklung und keine Lösung der Schwierigkeiten auf. Vielleicht konnten sie zeitweise die Wünsche der Kinder in der Phantasie erfüllen, doch scheinen sie Gerti und Florian eher in dieser phantastischen Wunschwelt festzuhalten, als ihnen langfristig weiterzuhelfen und einen hoffnungsvollen Weg in die Zukunft zu weisen.

Wie lässt sich die Frage, warum Florian und Gerti keine Lieblingsmärchen im herkömmlichen Sinne haben, beantworten? Im Gespräch mit der Mutter wurde ersichtlich, dass diese Märchen für nicht sonderlich wertvoll hält. Sie würden Vorurteile über Stiefmütter vermitteln, wobei diese ja in den seltensten Fällen wirklich so böse und grausam seien, wie es im Märchen beschrieben wird. Agnes Gutter hatte darauf hingewiesen, dass die strikte Ablehnung dieser Märchenfigur von Seiten der Eltern immer auch ein Stück weit ihre eigenen Ängste und Sorgen spiegelt (vgl. Gutter, 1968, S. 24 ff.). Außerdem werde, so die Mutter von Florian und Gerti weiter, in den Märchen einem nachgiebigen und gütigen Charakter gehuldigt, der in der heutigen Welt nicht mehr zielführend und daher nicht mehr tragbar sei. Im Leben würde schließlich auch nicht immer alles gut ausgehen und daher würden die Märchen falsche Hoffnungen wecken. Ich möchte annehmen, dass es für die Kinder, die zwar in ihrem Vater einen Märchenerzähler gefunden hatten, entlastender war, sich aufgrund dieser Ablehnung der Mutter nicht weiter oder tiefer mit Märchen zu beschäftigen. Mein Gefühl, diese Kinder würden vieles „unverdaut" verschlingen, könnte in diesem Zusammenhang bedeuten, dass sie nicht die Möglichkeit wahrnehmen (konnten), sich auf ein Märchen wirklich einzulassen.

Für die Fragestellung dieser Untersuchung bedeutet dies, dass die Einstellung der nächsten Bezugspersonen gegenüber den Märchen von enormer Bedeutung ist. Die Umwelt beeinflusst die Aneignung und Darstellung eines Lieblingsmärchens maßgeblich. Vermutlich ist es die entschiedene Ablehnung der Märchen durch die Mutter, die den Kindern das Wahrnehmen der Möglichkeit des Ausdrucks psychischer Konflikte im Märchen erschwert.

Nicht zuletzt kann der Umgang von Gerti und Florian mit Märchen aber auch bedeuten, dass nicht alle Kinder auf Märchen ansprechen und in ihnen Unterstützung für ihre Schwierigkeiten und Sorgen finden. Besonders in der Erzählung von Florian wurde deutlich, dass Märchen – meines Erachtens besonders in filmischen Darstellungen, die Gewalt, Aggression und Angst in konkreten Bildern zeigen – durchaus auch belastend wirken können. Dies ist wahrscheinlich auch deshalb der Fall, weil Florian den Schreckgestalten ganz alleine begegnen musste, also ohne schützende und stärkende Absicherung.

Spiderman und die kleine Hexe

Alina und Michi, zwei Geschwister von sechs und acht Jahren, erzählten mir die vielleicht ungewöhnlichsten „Märchen".[39] Michi, der – nach meinen anfänglichen Ausführungen über die Inhalte des bevorstehenden Gespräches -erzählte, wie seine Mama ihm als kleinen Jungen fast jeden Abend ein Märchen vorgelesen hatte und er daher eine ganze Reihe kennen würde, antwortete auf meine Frage nach seinem Lieblingsmärchen wie aus der Pistole geschossen: „Batman ... und Spiderman".

> *Michi: Ich mag „Batman", weil der Papa den „Batman" mag und weil der so viele Waffen hat und ... äh ... weil er cool ist! (...) Und „Spiderman" war ich im Kino!*

Ich bat auch Michi mir sein „Lieblingsmärchen" zu erzählen und er entschied sich für „Spiderman", weil man bei dem mehr Spaß haben könne, der kann sich nämlich *„so lustig herumseilen"*. Es wurde sofort deutlich, wie unterschiedlich die Erzählung eines solchen filmischen „Science Fiction-Märchens" im Vergleich zu einem echten Volksmärchen ausfällt. Hier eine kleine Textprobe aus der sehr detaillierten Schilderung von Michi über die Eingangsszene, die Verwandlung des Peter Parker in Spiderman:

> *Michi: Und dann geht er mal mit der Schule in so ein Spinnen Museum und da sind zuerst ganz normale Spinnen, Vogelspinnen und so, und dann gibt es da so, ähm fünfzehn Spinnen, die nicht normal sind, die Kräfte haben, und dann sagt er einem Mädchen: Aber das sind nur vierzehn! Und dann hat die gesagt: O-o! Ja und dann sieht man da ganz weit oben das Spinnennetz und die Spinne da oben, die fehlt, und dann will gerade der Peter Parker von der Mary Jane ein Foto machen und da seilt sich die so runter, geht auf seiner Hand und dann beißt sie ihm rein. Dann tut er so: schau! (schüttelt die Hand, als wolle er etwas loswerden und lacht dabei) Da ist sie weg, krabbelt sie schnell weg. Und dann, wie er wieder daheim ist, weil der war schlank und hat so eine Brille gehabt, und dann am Morgen hat er mit der Brille gar nichts mehr ordentlich gesehen, weil der „Spiderman" mit der Maske und der Brille davor ... (lacht)*

Zunächst scheint sich die Erzählung sehr eng an die konkreten Bilder der Filmgeschichte anzulehnen. Es wird zum Beispiel genau nachvollziehbar, wie Peter Parker auf den Biss der Spinne reagiert und auch an den szenischen Übergängen lässt sich die Darstellungsweise des Films leicht erahnen. Die exakte Beschreibung bestimmter Details, etwa das Spinnennetz an der Decke des Museums, war in keiner Märchenerzählung vorgekommen und wäre für ein „echtes" Märchen auch untypisch. Weiters entspricht die Erzählung nicht dem für ein Märchen charakteristischen Handlungsbogen, in dem zunächst ein Unglück geschieht oder sich eine Entwicklungsaufgabe stellt, die dann glücklich überwunden wird. Im Grunde liegt auch keine Entwicklung des Helden vor, die ein Märchen im Regelfall kennzeichnet. In Michis Darstellung kommt die Geschichte ferner zu keinem besonders guten Ende: Spiderman besiegt zwar nach mehrmaligen und harten Kämpfen seinen Gegner, den grünen Kobold, doch muss er dann erfahren, dass er damit den Vater seines besten Freundes ermordet hat, der ihn dafür nun hasst.

Abgesehen von den Unterschieden dieser Erzählung gegenüber einem Volksmärchen, ist leicht zu erkennen, was an dieser Geschichte für Michi gewinnend wirkt. Als ich ihm anbot, sich mit Hilfe der Zaubermaschine in „Spiderman" hineinzu- „beamen", bekam Michi große Augen und meinte: „*Woa!*" Er genoss es, in der Phantasie die Rolle dieses Superhelden zu übernehmen und somit über all jene übermenschlichen Fähigkeiten zu verfügen, die Spiderman hat:

Michi: [Er kann] Netze schießen, auf die Wände klettern und Häuser und – ich steh mal kurz auf – ich bin der Spiderman und du bist jetzt ein Böser.
Verena: Ja?
Michi: Ich kann dich dann so einnetzen, dass du dann ganz weiß bist, und dich nicht mehr rühren kannst.
Verena: So wie ein Kokon, oder?
Michi: Ja, wie eine Raupe, und „Netzbomben": der tut dann so (macht die Bewegung vor), also das sieht man nicht genau, das wird dann eine weiße Kugel und die schießt er dann. Und ... und, stell dir mal vor da drüben, da ist ja die Annabell (die Puppe der Schwester), ja die kann er dann so herziehen, ja und dann lässt er los, und dann schlägt er dem eine.

In diesem Ausschnitt wird ersichtlich, wie genau Michi jedes Detail wahrgenommen hatte und wie fasziniert er von den „technischen" Möglichkeiten ist.

Dass das technische Equipment in Michis Wahrnehmung beachtlich ist, wird auch an seiner Zeichnung erkennbar. Die beiden Hauptgestalten, Spiderman und den grünen Kobold, zeichnete er sehr präzise und originalgetreu, was etwa an der genauen Wiedergabe und Ausführung der Bekleidung von Spiderman ersichtlich ist. Mit viel Mühe und Geduld malte Michi das kennzeichnende Spinnennetz auf Spidermans rote Brust, die Hände, Füße und auf die Gesichtsmaske mit den eigentümlichen Augenschlitzen. Er fertigte Skizzen über den „Gleiter" des Kobolds und dessen Inbetriebnahme an (siehe Bildteil, Abbildung 7) und erklärte mir genau, wie der Gleiter zu bedienen sei und welche Funktionen er erfülle, etwa an welcher Stelle die „Koboldskugeln" ausgefahren werden könnten.

An einer anderen Stelle vertraute er mir an, dass er manchmal davon träumt, selbst wie Spiderman zu sein: *„Ich stell mir in der Schule immer, lehne ich mich auf den Tisch und stell mir immer vor, und im Bett..."*.

Verena: Und warum wäre das so toll, Spiderman zu sein?
Michi: Weil ich dann ganz cool kämpfen könnte und auf die Wände klettern könnte und Netz schießen.
Verena: Viele Dinge, die andere Leute nicht können?
Michi: Nein! (verschmitzt)
Verena: (lacht) Fast niemand, würde ich sagen.
Michi: Das kann niemand!

Michis Mutter beschrieb ihn im Gespräch als einen „*Träumer*". Er hätte manchmal Phasen, wo er auch in der Schule etwas nachlässt, weil er einfach ins Träumen kommt und alles um ihn an Bedeutung verliert. Schon als kleiner Junge habe er sich oft mit seinen Blättern und Buntstiften zurückgezogen und stundenlang alleine vor sich hingemalt. Wenn er sich ärgert, dann verschwindet er einfach in seinem Zimmer und will alleine sein. Michi sei sehr sensibel, wenn er sich nicht wohl fühlt, dann ist er „*zu Tode betrübt*", und auch wenn es in der Schule nicht so gut läuft, macht ihm das sehr zu schaffen. Er nimmt oft Details wahr, die anderen gar nicht auffallen und will dann genau verstehen und ausprobieren, wie das funktioniert. Sehr wichtig ist ihm sein Vater, Michi – so die Mutter – ist richtiggehend „*Papa-fixiert*". Er habe aber auch eine andere Seite, manchmal gibt er sich nämlich ganz „*cool*" und kann, selbst wenn seine Schwester zum Beispiel hinfällt, ganz gelassen reagieren. Er hat einen Freund, der ihm morgens in der Schule sogar die Schulsachen auspacken würde, und Michi kann das richtig genießen.

Ich denke, diese Informationen geben deutliche Hinweise dafür, warum Michi von „Spiderman" fasziniert ist. In der Rolle dieses Helden, der sich hoch oben über den Dächern durch die Lüfte schwingt und übermenschliche Fähigkeiten besitzt, muss jede Hürde – zumindest in der Phantasie – kleiner wirken und bewältigbar sein. Spiderman bietet die Vorlage für atemberaubende und beflügelnde Phantasien.

Die sechsjährige Alina ist ein sehr aufgewecktes und lebendiges Kind. Während des Gespräches war sie ständig in Bewegung und zeigte sich in ihrer direkten, starken und sympathisch-frechen Art sehr gesprächig. Ich hatte das Gefühl, sie genoss, dass jemand neugierig auf ihre Erzählungen war und dies auch noch aufgezeichnet wurde. Von Anfang an gab die kleine Alina mit ihrer lustigen Zahnlücke und dem schelmischen Lächeln den Ton im Gespräch an. Sie hatte ein illustriertes Märchenbuch zur Hand genommen, blätterte darin und „plapperte" darauf los. Jeder bösen Märchengestalt, meist waren es Hexen oder Stiefmütter, verpasste sie eine „*Watsche*" mit der flachen Hand und mit jedem Mal sagte sie genussvoll: "*Watsche, Watsche, Watsche*". Unvermittelt stand sie danach auf und ging zum Bücherregal, um ein weiteres Buch zu holen, es war „Hänsel und Gretel", aus dem sie sofort vorzulesen begann. Alina war offensichtlich sehr bemüht, mir zu zeigen, was sie schon alles konnte und über Märchen wusste, sodass es aussichtslos anmutete, sie in ihrem geschäftigen Treiben zu unterbrechen.

Alina machte bald deutlich, was sie von der Hexe in „Hänsel und Gretel" – die einzige Figur, die sie zu beeindrucken schien – hält. Sie las aus dem Märchenbuch vor und unterbrach dann plötzlich:

Alina: Knusper, knusper Häuschen, wer schnuppert an meinem Häuschen... oh jetzt kommt's jetzt kommt's jetzt kommt sie! (in freudig-ängstlicher Steigerung) Ich hass die Hexe! (ganz langsam und betont)
Verena: Du hasst die Hexe? Warum denn?
Alina: Ich hab immer geweint bei der Hexe.
Verena: Du hast geweint?
Alina: Ja. Stinkende Socke!

Es wurde in dieser Szene zwar spürbar, dass das Auftreten der Hexe von Alina mit Spannung erlebt wurde, doch schien diese Figur eher machtlos angesichts der taffen Reaktion. Später fragte ich Alina, ob sie sich ins Märchen versetzen lassen würde und welche Gestalt sie dann sein wollte. Sie erwiderte, sie wäre gerne Gretel, *„weil, dann könnt ich die [Hexe] hineinstecken und weil's auch ein Mädchen ist. (...) Ich würde die Hexe in den Ofen hinein stecken oder [ihr] auf den Po hauen"*.

Erst nach einer Weile bot sich die Gelegenheit, Alina nach ihrem Lieblingsmärchen zu befragen. Sie erklärte sogleich, sie hätte keines und auch nach mehrmaligem Nachfragen und ihren Anstrengungen – *„da muss ich lang nachdenken"* – konnte sie keines nennen. In der weiteren Unterhaltung kamen verschiedene Geschichten zur Sprache, die Alina kannte und mochte. Verblüffend war, dass in fast jeder eine Hexe vorkam. Allerdings waren es „moderne" Hexen – für Alina war vor allem wichtig, dass es *„schöne"* Hexen waren –, etwa die „Hexe Wackelzahn" oder die „Hexe Zilli", eine *„kleine, dünne Hexe"*, die mit ihrem schwarzen, tollpatschigen Kater Zingaro in einem Schloss lebt und sich ständig über dessen Ungeschicklichkeit ärgern muss. Am liebsten, so wurde bald deutlich, war Alina die kleine Hexe „Bibi Blocksberg". Von dem kleinen Mädchen mit den roten Haaren, das auf seinem Besen reiten kann und jede Menge Schabernack mit ihren Mitmenschen treibt, gibt es eine ganze Reihe von Hörspielkassetten. Alina scheint alle zu besitzen und erzählte munter von den Abenteuern der kleinen Hexe.

Alina: [Hexen] brauchen nicht im Supermarkt einkaufen, aber sie können auch, und wer vor ihnen ist, können sie eine Eidechse in die Hose hexen, dass er wegrennt (lacht). Dann sind sie die Ersten, wenn sie was kaufen. Oder wenn sie viel Geld hergeben, dann hexen sie einfach, dass es gratis ist. (...) Hexen gehen aber auch in die Schule, weil bei der Bibi Blocksberg gibt es auch eine Schule, da ist sie mit der Tina, das ist ihre Freundin, mit in die Schule gegangen, da hat sie die Sabrina, ihr Pferd hergehext in die Schule (schelmisch).

Auch im Spiel mit ihrem Bruder Michi übernimmt Alina gerne die Rolle der Hexe. Auf meine Nachfrage, was sie dann zusammen spielen würden, erzählte sie: *„Dass ich ihn verzaubere, weil ich ihn nicht mag, oder als Witz. Wenn er zum Beispiel so lustig mich findet, und dann mich auslacht, dann kann ich ihn verhexen. Oder wenn ich mitlache und es so lustig finde, dass ich ihn verhexe"*. Auch mich versuchte sie gegen Ende des Gespräches mit ihren Tricks zu verzaubern: sie drehte die Glühbirne aus der Windung und freute sich schelmisch, dass ich darauf hereinfiel und glaubte, sie hätte wirklich das Licht fortgehext.

In Alinas Zeichnung ist eine bausbäckige Bibi Blocksberg mit fliegenden Haaren auf ihrem Besen zu erkennen, wie sie im Sonnenschein Richtung Stadt fliegt (siehe Bildteil, Abbildung 8). Die Mickey Maus entstand gegen Ende des Malprozesses, als Alina zufällig die Schablone in ihrer Schublade fand und diese sofort nachzuzeichnen begann.

Die Mutter erzählte im Gespräch über die Kinder nicht sehr viel von Alina, sie meinte:

> *Mutter: Da kann ich gar nicht viel sagen. Die Alina ... ist in ihrer Welt einfach so glücklich, sie hat ihre bestimmten Freunde, sie ist glücklich, wenn man Spiele mit ihr macht, sie hockt sich auch genauso in das Zimmer hinein und spielt alleine, ähm ... Sie kann schon Anführerin sein, glaube ich, aber sie kann sich auch unterordnen und in der Gemeinschaft arbeiten, das ist sie gewohnt, dadurch dass sie Geschwister hat, sage ich mal.*

In schwierigen Situationen, „*wenn irgendetwas ist und es geht nicht nach ihrem Schädele, dann geht sie, schmeißt die Tür zu und weint in ihrem Zimmer*". Interessant fand ich, wie Michi seine Schwester und seine Mutter beschreibt. Alina erzählte im Gespräch, dass ihr Bruder einmal eine „*tolle Hausaufgabe*" hatte, er „*hat nämlich Lügen schreiben müssen*" und dann auf Papier festgehalten, „*dass die Mama und ich eine Hexe bin. (...) Ich hab da einen Besen, der ist braun – die „Bibi Blocksberg" hat einen braunen – und die Mama hat einen grünen Besen, einen hellgrünen*".

Vermutlich ist es demnach eine bestimmte Hexengestalt, die Alina „verzaubert", und in der sie offenbar in mancher Hinsicht auch wieder erkannt zu werden scheint. Auf mich zumindest wirkte Alina wie eine quirlige und temperamentvolle kleine Hexe, die genau weiß, was sie will und es auf ihre gewitzte Art liebt, mit anderen ihre Streiche zu spielen. „Bibi Blocksberg" und die anderen Hexen könnten demnach ein Vorbild für Alina sein, oder zumindest so etwas wie eine Vorlage, eine Möglichkeit wie man das Leben meistern kann.

Michi und Alina haben also in anderen Geschichten, als Märchen es sind, die Bilder gefunden, die sie ansprechen und ein Stück weit auf ihrem Lebensweg begleiten. Mit den Märchen gemeinsam haben diese Geschichten, den Schauplatz einer phantastischen Welt, in der Dinge möglich werden, die wir als „nicht real" bezeichnen würden. Allerdings lassen sich auch einige Merkmale ausmachen, die diese Formen moderner (Kinder-)Literatur von den Volksmärchen unterscheiden. Einige wurden in der Diskussion von Michis Erzählweise gegenüber den Märchendarstellungen bereits genannt. An dieser Stelle möchte ich nochmals zusammenfassend erörtern, was diese Unterschiede für die Fragestellung dieser Untersuchung nahe legen. Ich habe aufgezeigt, dass in den Schilderungen dieser „modernen" Geschichten Details und Einzelheiten weiter in den Vordergrund rücken. Dadurch bleibt der Phantasie der Kinder weniger Spielraum für eigene Ausgestaltungen und daher enthalten diese Literaturformen weniger Hinweise auf Momente, die eine Beschreibung der Lebenssituation des Kindes möglich machen. In den Gesprächen wurde deutlich, dass durch die Märchen um einiges vielfältigere und umfassendere Bilder der Innen- und Außenwelt der Kinder zugänglich wurden. Ich nehme an, dies liegt vor allem auch an der einfachen und stark strukturierten Form der Märchen.

Während bei den Märchenerzählungen der Kinder meist auch bestimmte Ereignisse und Handlungsabfolgen von Bedeutung waren, stand bei den in diesem Abschnitt beschriebenen Geschichten lediglich eine Figur im Mittelpunkt des Interesses. Durch diese wird sicherlich einiges über die Wünsche und bewunderten Eigenschaften und Fähigkeiten der Kinder erfahrbar, es sind aber eher statische Informationen, die zudem wenig über systemische Zusammenhänge verraten, in denen die Kinder leben. Darüber hinaus scheinen die vielen Episoden und Folgen, in denen diese Geschichten erzählt werden, weniger günstig auf die Kinder zu wirken. Es wird nämlich nur selten ein bestimmter Handlungsablauf erkennbar, der eine ermutigende Botschaft an das Kind enthält. In den meisten Märchen steht eine Entwicklung im Vordergrund des Geschehens, die von einer misslichen Lage ausgehend zu Glück und Erfolg führt. Dem Zuhörer bieten sie also mehr als eine Gestalt, in die man sich hineinfühlen kann. Sie zeigen fast immer auch einen Weg und eine Lösung auf und weisen damit in eine hoffnungsvolle Zukunft.

Diskussion der Ergebnisse

Neun Kinder haben mir im Rahmen der Untersuchung ihr „Lieblingsmärchen" erzählt. Fünf von ihnen, Ruben, Alan, Anna, Mathias und Max, gaben ein Volksmärchen wieder, mit dem sie sich – nach eigenen Aussagen und nach Schilderung der Mütter – häufig und zumeist in verschiedenen Darstellungsformen beschäftigen oder beschäftigt haben. Vor allem kannten die Kinder ihre Märchen von Erzählungen der Eltern und Großeltern, vom selbstständigen Lesen sowie von Hörspielkassetten und Verfilmungen. Besonders bei Max traten noch weitere Spielformen, das Rollenspiel und das Märchenrätsel, in den Vordergrund. Es kann demnach angenommen werden, dass die Faszination für ein bestimmtes Märchen in der häufigen Beschäftigung mit ihm ihren Ausdruck findet. Damit können die Ausführungen von Angeline Bauer (2002), Bruno Bettelheim (2000) und Helga Zitzlsperger (1993) bestätigt werden, in denen die aktive und vertiefte Auseinandersetzung mit dem Märchen als Voraussetzung für dessen Wirksamkeit gefordert wird.

In den Gesprächen wurden aufgrund der Unterschiede zwischen den vielfältigen Darstellungsformen der Märchen verschiedene Konsequenzen für die Märchenrezeption und die Wirkung dieser Geschichten ersichtlich. So zeigte sich klar, dass besonders Märchenfilme die Kinder in ihren Vorstellungen stark beeinflussen. Nach Jan-Uwe Rogge (1983, S. 129 ff.), führen die illustrierten Darstellungen zu einer „Bindung der Phantasietätigkeit des Kindes". Bei Anna beispielsweise, die das Märchen „Schneewittchen und die sieben Zwergen" erzählte, rückten die im ursprünglichen Märchen nicht vorhandenen Tiere aufgrund ihrer liebenswerten Darstellung im Film in den Vordergrund, die böse Stiefmutter erhielt ein festgelegtes Aussehen und die differenzierten und individualisierten Zwerge wirkten eher verwirrend. Anna bevorzugte – dies wird auch in ihrer Zeichnung ersichtlich – die Vorstellung des echten Märchens, in der jeder Zwerg dem anderen gleicht und sie als einheitliche Gruppe eine andere, ferne Existenz verkörpern. Die Darstellung ungleicher Zwerge mit je persönlichen und vermenschlichten Charakteren wirkt dieser symbolischen Wahrnehmung eher entgegen. Rogge erklärt: „Durch die Konkretisierung des Phantastisch-Wunderbaren gehen Eindimensionalität und Flächenhaftigkeit verloren" (ebd., S. 130), die nach Lüthi (1947) die Wirkkraft der Märchen erst begründen.

Differenzieren möchte ich diesbezüglich gegenüber den Hörspielkassetten. Diesen vielfach sehr professionell gesprochenen Erzählungen gelingt oftmals die stimmliche und szenische Unterstreichung bestimmter Märchenszenen, die Eltern oder Erzähler mit wenig Erfahrung im Märchenerzählen so nicht erreichen können. Damit gewinnen diese Darstellungen als zusätzliche „Märchenerfahrung" durchaus an Bedeutung. Die Vertrautheit und Intimität, die zwischen Hörer und Erzähler in der vis-à-vis-Interaktion entsteht, geht dabei aber ebenso verloren, wie die Möglichkeit des Erzählers, sich an den Reaktionen und Bedürfnissen des Kindes zu orientieren. Dies aber sind grundlegende Elemente der ursprünglichen Märchenerzählung und Grundsteine für die Wirksamkeit der Märchen (vgl. Bauer, 2002), weshalb in meinen Augen moderne Medien in der Märchenrezeption nur als zusätzliche Variante ihre Berechtigung erhalten.

Zwei Kinder, Alina und Michi, beschrieben nach meiner Aufforderung, ihr Lieblingsmärchen zu erzählen, „moderne Märchen", Geschichten aus der neueren Kinder- und Science Fiction-Literatur, denen in ihrem subjektiven Empfinden ebenso hohe Bedeutung zukommt und mit denen sie sich ebenso intensiv beschäftigen, wie die anderen Kinder mit den Volkserzählungen. Besonders im Vergleich der Darstellungen dieser „neuen" Geschichten von Michi und Alina mit denen der Kinder, die Volksmärchen vorgetragen hatten, werden Unterschiede zwischen den Märchen und anderen Literaturformen einsichtig. Es hat sich gezeigt, dass die Schilderung etwa eines „Science Fiction-Märchens" von der Erzählung eines Märchens in der Form abweicht, und dies auch Konsequenzen für den szenischen Informationsgehalt hat, der über die Geschichten vermittelt werden konnte. Das heißt, über die Darbietung einer Erzählung aus anderen Genres wurden weniger Hinweise auf die Lebenswelt des erzählenden Kindes zugänglich, als dies bei den Lieblingsmärchen der Fall war. Damit stimmen die Ergebnisse dieser Untersuchung mit der Einschätzung Bruno Bettelheims überein, der bereits 1977 formulierte: „Über die inneren Probleme des Menschen (…) und über die richtigen Lösungen für seine Schwierigkeiten in jeder Gesellschaft erfährt man mehr aus ihnen [den Märchen] als aus jeder anderen Art von Geschichten im Verständnisbereich des Kindes" (Bettelheim, 2000, S. 11).

Gerti und Florian schienen zunächst keine derartigen für das persönliche Empfinden herausragenden Geschichten zu haben, was aus ihren spezifischen Umweltbedingungen und ihrem drängenden Verlangen nach immer Mehr und Neuem zu erklären versucht wurde. Letztlich hatten sich aber beide für ein bestimmtes Märchen entschieden, und besonders in der Darstellung von Gerti wurde deutlich, welch grundlegende Erfahrungen und Erlebnisweisen in ihrem Märchen zum Ausdruck kommen. Florian verknüpfte in seiner Erzählung gleich mehrere märchenhafte Vorlagen und schien seine überwältigenden Konfliktthemen nur über dieses Zusammenlegen vieler Geschichten vermitteln zu können. Ich möchte annehmen, dass diese beiden Kinder bei der Entscheidung für ein Lieblingsmärchen stärkere Widerstände erlebten als die anderen. Dies wurde an den Schwierigkeiten und Zweifeln erfahrbar, die Gerti und Florian erst überwinden mussten, bevor sie ein Märchen nennen konnten und sich damit festlegten. Letztlich wurden in diesen Geschichten ihre Anliegen im Vergleich zu den Erzählungen der anderen Kinder aber eindeutiger und leichter zugänglich. Dies bedeutet, dass wenn einem Kind die Wahl seines Lieblingsmärchens auch schwer fällt, die letztliche Entscheidung sehr lohnende Hinweise auf ihre Erlebnisweisen beinhalten kann. Zusammenfassend zeigten die Erzählungen dieser Kinder auf, dass Märchen nicht für alle Kinder gleich unbefangen und leicht zugänglich sind. Einigen scheint der direkte Weg zu den Möglichkeiten der Märchen versperrt oder zumindest nur erschwert gangbar zu sein.

In den Gesprächen wurde weiterhin deutlich, dass die Begeisterung mit der die Märchen erlebt werden, nur schwer an einem bestimmten Alter festzumachen ist. Bei dem sechsjährigen Mathias wurde die gegenwärtige Faszination für sein Lieblingsmärchen „Der Wolf und die sieben jungen Geißlein" besonders nachdrücklich spürbar. Anna (10 Jahre), Alan (8 Jahre) und Max (7 Jahre) gaben hingegen an, weniger oder keine Märchen mehr zu lesen und zu hören, weil sie andere Geschichten mittlerweile interessanter finden. Durch ihre Erzählungen wurde aber erkennbar, dass die Lieblingsmärchen in ihrem Erleben noch sehr lebendig sind. Die neu entdeckte Faszination für Märchen des zehnjährigen Ruben, der nach dem Wiederfinden einer Hörspielkassette dieser wieder vermehrt und sehr begierig lauscht, zeigt indes, dass selbst mit zehn Jahren Märchen noch sehr aktuell sein können. Es erschien mir sehr eindrücklich, dass gerade der jüngste und einer der ältesten Teilnehmer an der Untersuchung zum Zeitpunkt der Gespräche besonders von den Märchen eingenommen waren. Aufgrund der sehr unterschiedlichen Erlebnisweisen der Kinder lässt sich somit keine exakte Antwort auf die Frage nach dem „Märchenalter", also dem Zeitabschnitt, in dem Kinder besonders empfänglich für Märchen sind, formulieren. Ich nehme an, dass Kinder – falls sie mit Märchen überhaupt in Berührung kommen– sich in einem bestimmten Altersabschnitt intensiver mit diesen phantastischen Geschichten beschäftigen, und später dieses vornehmliche Interesse wieder abklingt. In welchem Alter diese Verläufe auftreten, ist – so möchte ich aufgrund der Ergebnisse der Untersuchung vermuten –individuell verschieden und von unterschiedlichen Einflüssen abhängig, etwa dem familiären Bezug zu den Märchen, dem gegenwärtigen Entwicklungsstand des Kindes, subjektiven Interessen und sozialen Einwirkungen. Eine weiterführende Untersuchung bezüglich des „Märchenalters" und der Einfluss nehmenden Faktoren, auch in Hinblick auf die ungesicherten Angaben in der Literatur, würde sich anbieten (vgl. Bühler, 1958; Dieckmann, 1968; Psaar & Klein, 1980; Schaufelberger, 1991).

In der Untersuchung wurde mehrfach deutlich, welches Gewicht der „Märchen-Einstellung" der nahen Bezugspersonen in Bezug auf die Rezeption und die Bedeutsamkeit dieser Geschichten für das Erleben der Kinder zukommt. Vier Mütter, die nach eigenen Angaben zumeist auch die Rolle der Märchenerzählerin wahrgenommen haben, hielten die Märchen auch persönlich für sehr wichtig. Es waren dies die Mütter jener Kinder, die ein Volksmärchen erzählt hatten. Sie schilderten übereinstimmend eigene wertvoll erlebte Kindheitserlebnisse mit Märchen: *„Ich war ganz verliebt in die Märchen, die haben mir ganz gut gefallen"*. Eine Mutter beschrieb das Märchenerzählen als Tradition, die von Generation zu Generation weitergegeben wurde, wobei sie als Grund die Freude an diesen Geschichten anführte. Alle diese Mütter waren der Überzeugung, ihren Kindern durch die phantastischen Geschichten bedeutsame Erfahrungen zu vermitteln und zu ermöglichen und hoben zum Beispiel die unumgängliche Auseinandersetzung mit antagonistischen Kräften oder die Vermittlung der Hoffnung und des Vertrauens auf ein gutes Ende als positive Merkmale hervor. Damit werden die Ausführungen von Friedericke Smeets bestätigt, die die persönliche Einstellung des Erzählers zum Märchen als zentrales Moment für das Erleben der Kinder betont (vgl. Diergarten & Smeets, 1987, S. 155 ff.).

In den Gesprächen mit den Müttern wurden mitunter auch deren Lieblingsmärchen und unbeantwortete Überlegungen und Verwunderungen über bestimmte Ereignisse in diesen Märchen erfahrbar. Mehrfach deuteten sich eindrucksvolle Verflechtungen zwischen den Märchen der Mütter und denen der Kinder an. So etwa wenn Mutter und Tochter dasselbe Märchen, nämlich „Schneewittchen" nennen, oder durch die Motive des Lieblingsmärchens der Mutter Aspekte hervortreten, die sich stimmig in das Erleben des Kindes einfügen lassen. So schien mir zum Beispiel bedeutend, dass Gertis und Florians Mutter, im Gegensatz zu ihren Kindern, sofort ein Lieblingsmärchen angeben konnte, obwohl sie Märchen im Allgemeinen – wie ausgeführt – eigentlich nicht besonders schätzte. Nach kurzem Überlegen sagte sie leise: „Brüderchen und Schwesterchen" und ging sofort auf andere Themen über. Dieses Märchen erzählt von zwei Geschwistern, die aus dem Hause der Stiefmutter, in dem sie sehr schlecht behandelt wurden, fliehen, und viele Abenteuer bestehen müssen, ehe Brüderchen aus seiner Verzauberung befreit und Schwesterchen Mutter und Königin wird. Kennt diese Mutter etwa das Gefühl des Verstoßen- und nicht Geliebt-Seins, das bei ihren Kindern in dem übergroßen Bedürfnis nach Zuneigung und Halt spürbar wurde? Im Gespräch mit Ruben wurde außerdem einsichtig, wie die Geschichten der Eltern in die Märchen der Kinder einfließen können. Es wäre sicherlich spannend, die Zusammenhänge zwischen Lieblingsmärchen der Eltern und der der Kinder genauer zu beleuchten, und damit unter anderem das Verhältnis zwischen Erzähler und Märchenhörer weiter zu erforschen.

Von Bedeutung erscheint mir in diesem Kontext auch, was in den Erzählungen von Alan, Mathias und Florian deutlich wurde. Während die ersten beiden das Märchen „Der Wolf und die sieben Geißlein" dazu nutzen konnten, gegen ihre mächtigen Gefühle anzutreten, lösten Geschichten über gefährliche Situationen in Florian ängstigende Emotionen erst aus. Ich denke, der Grund dafür liegt ein Stück weit auch in der fehlenden sichernden Atmosphäre, in der Florian diese Geschichten erleben muss. Hierin wird besonders deutlich, dass das Verhältnis des Erzählers zum Märchen von beachtlicher Bedeutung auch für die Aufnahme einer solchen Erzählung durch den Märchenhörer ist (vgl. Bauer, 2002; Diergarten & Smeets, 1987). Die Wirksamkeit der Märchen als „Notgeschichten", wie sie im zweiten Kapitel beschrieben worden ist, wird durch diese Umstände wohl ebenso stark beeinflusst.

Wenden wir uns nun der spezifischen Fragestellung dieser Untersuchung zu. In den Gesprächen wurde eindrücklich erkennbar, dass die Lieblingsmärchen der Kinder wesentliche Aspekte aus ihrem subjektiven Erleben spiegeln. Über die Identifikation mit den Hauptgestalten, das Mitempfinden einer bestimmten Szene oder die vermittelte Bedeutsamkeit einer Handlungsabfolge oder eines bestimmten Objektes gelang es den Kindern, deutlich zu machen, was an dem jeweiligen Lieblingsmärchen für sie zentral ist. Es hat sich gezeigt, dass sowohl in der Auswahl der Märchen, als auch in der Hervorhebung bestimmter Sequenzen oder Erscheinungen das individuelle Erleben der Kinder zum Ausdruck kommen kann. Damit war das praktische Vorgehen der Untersuchung, nämlich die Ermunterung des Kindes zum Erzählen seines Lieblingsmärchens, zielführend. Der Einsatz der Gestaltungsmöglichkeiten Imaginieren, Umformen, Abändern und Malen, wie sie in der Literatur beschrieben werden (vgl. Franzke, 1985), waren von unterschiedlicher Zweckdienlichkeit. Über die Vorstellung, sich in das Märchenland zu „beamen" und dort zu agieren (Imagination), wurden viele Phantasien und Empfindungen des Kindes zugänglich und auch das Zeichnen einer Märchenszene ermöglichte die Verdeutlichung entscheidender Inhalte. Die Aufforderung, das Lieblingsmärchen umzugestalten und zu verändern, war dagegen weniger ergiebig. Nur wenige Kinder konnten sich darauf einlassen und ihr Märchen in einer anderen Version neu erfinden. Ich vermute, dies hängt mit der Form dieser speziellen Erzählungen und dem Erleben der Kinder zusammen. Die Märchen erschienen in den Gesprächen vielfach als so „fertige" Geschichten, dass ich – immer wenn ich in die angesichts meiner Forderung verdutzten Augen der Kinder sah – selbst das Gefühl hatte, Unsinniges zu verlangen.

Das psychoanalytische und tiefenhermeneutische Vorgehen in dieser Untersuchung, also die Wahrnehmung von Übertragungs- und Gegenübertragungsprozessen als Erkenntnismittel, hat sich als sehr sinnvoll erwiesen. Die Frage, warum ein bestimmtes Märchen gerade zum Lieblingsmärchen geworden war, konnte keines der Kinder beantworten. Das heißt, sie hatten keinen freien Zugang zu den Gründen ihrer Bevorzugung, was das Vorliegen unbewusster Entscheidungsmotive nahe legt. Unbewusste Prozesse werden aber – dies hat sich in der Untersuchung gezeigt – vor allem durch die Beachtung szenischer Informationen zugänglich.

Da nur zwei von sieben Kinder dasselbe Märchen gewählt haben, kann dies zunächst die Annahme einer „starken individuellen Variabilität der gewählten Märchenmotive" von Hans Dieckmann (1967a) stützen und darauf hinweisen, dass die Wahl eines bestimmten Märchens weniger durch den Bekanntheitsgrad der Geschichte als durch ihre subjektive Bedeutung getroffen wird. Dies wurde etwa bei Ruben deutlich, der in seiner Darstellung nicht die in der Literatur interpretierten und als bedeutend erachteten Momente hervorgehoben hat, sondern seine ganz eigene Sicht- und Verstehensweise des Märchens vermitteln konnte.

Außerdem wurde über die Lieblingsmärchen der Kinder ein sehr vielseitiges und vielschichtiges Verstehen ihrer Schwierigkeiten, Sorgen und nicht zuletzt Ressourcen möglich. Wie ein Symbol durch seine komplexe und umfassende Ausdruckskraft beeindrucken kann, so kann über dieses auch ein ebenso vielfältiges Bild vermittelt werden. Damit treffen wir auf die Symbolsprache als Erklärungsansatz für die Wirkkraft der Märchen. Jolande Jacobi (1976) hat die Begriffe „Ausdrucks- und Eindruckscharakter" in Bezug auf das Symbol geprägt, die in dem Verstehensprozess der kindlichen Konflikte durch das Märchen zum Tragen kommen. Ich möchte in der Tradition Dieckmanns annehmen, die Kinder haben auf einer unbewussten Ebene ihre eigenen Schwierigkeiten und Konflikte in den Motiven ihrer Märchen wieder entdeckt (vgl. Dieckmann, 1968). Sie haben sich die Symbole in ihren Märchen angeeignet und können somit aus ihnen sprechen. Durch die Deutung der Symbole auf der Grundlage der Analyse der Erzählung der Kinder, ihrer subjektiven Verstehensweisen und Wertungen des Märchens wurden mir als Forscherin so ihre Anliegen zugänglich. Ich möchte hier zum Beispiel an Alan und seine Darstellung des bösen Wolfes erinnern. Es liegt nahe, dass der böse und gefährliche Wolf im Märchen deshalb so faszinierend für Alan war, weil in ihm seine unausgesprochenen Gefühle ein Bild gefunden haben. Das Verständnis des Wolfes als in den Handlungsverlauf der Geschichte eingewobenes Symbol eröffnet ein Verständnis für die Überwältigung, der Alan sich vermutlich gegenübersieht.

Da die Symbole im Märchen aber Sinnbilder sind, die im Sinne Carl Gustav Jungs (1935) etwas zum Ausdruck bringen, das in Worten nicht fassbar ist, zugleich aber, wie Sigmund Freud (1900) als einer der ersten annahm, einem universalen Bedeutungsgrund entstammen, ermöglichen sie ein vielseitiges und zugleich umfassendes Verständnis eines Sachverhaltes. Zum Beispiel wurden über den „Knüppel", der für Max von großer Bedeutung war, Facetten seines Erlebens zugänglich, die in Worten nur schwer so einfach und doch übergreifend hätten vermittelt werden können. Ich möchte in diesem Zusammenhang nochmals an die Ausführungen von Agnes Gutter (1965) erinnern, die die Vieldeutigkeit und Vielschichtigkeit des Symbols als wesentliche Wirkmechanismen hervorgehoben hat.

Was die Kinder über ihre Innen- und Außenwelt durch die Erzählung ihrer Märchen veranschaulicht haben, war jeweils recht unterschiedlich. Eine Zuordnung ihrer entwicklungsbedingten Schwierigkeiten zu bestimmten Formen psychischer Konflikte im Sinne Anna Freuds (1965) fällt dennoch sehr schwer. Man könnte vielleicht festhalten, dass Ruben, Anna, Max und in gewisser Weise auch Florian und Gerti eher äußere Konflikte beschrieben haben, während besonders in den Erzählungen von Alan und Mathias innere Spannungen zum Ausdruck kamen. Grundsätzlich lässt sich eine solche Sonderung aber nur schwer treffen, da Informationen über die Umwelt und über das persönliche Erleben jeweils ineinander fließen und sich eigentlich nicht aufsplitten lassen. Die Vermutung, dass die Kategorisierung im klinischen Setting, das heißt bei ernsthaft gestörten Kindern, leichter fällt – und meines Erachtens auch erst sinnvoll wird – liegt nahe.

Damit kann die Frage nach diagnostischen Möglichkeiten des Lieblingsmärchens zusammenfassend folgendermaßen beantwortet werden: Durch das Lieblingsmärchen eines Kindes kann ein Zugang zu diesem gefunden und ihm ermöglicht werden, sich auf symbolischer Ebene mitzuteilen. Die vom Kind durch besondere Betonung, Ausschmückung oder Auslassung hervorgehobenen wichtigen Momente des Märchens geben Hinweise auf sein subjektives Erleben der Innen- und der Außenwelt sowie auf Bewältigungsstrategien und -möglichkeiten. Durch die Bilder des Märchens wird dem Kind der Ausdruck nur schwer formulierbarer Befindlichkeiten, Erlebnisse oder Wünsche ermöglicht und Loyalitäts- oder Schamgefühle werden vermieden. Zudem kommt das Spielerische eines solchen Vorgehens den kindlichen Bedürfnissen entgegen und fördert einen vertrauensvollen Austausch.

Der Einsatz von Märchen als Medium in therapeutischen Prozessen ist, wie im Literaturteil ausgeführt, bereits gut etabliert. Auch in dieser Untersuchung wurde einsichtig, dass über das Lieblingsmärchen bedeutsame Gefühle und Erlebensweisen erfahrbar und damit reflektierbar gemacht werden konnten. Durch die Arbeit mit dem Lieblingsmärchen könnten somit bedeutende Anteile des psychischen Erlebens bewusst gemacht und bearbeitet werden. In der Arbeit mit Kindern ist ein solches Vorgehen aufgrund der noch nicht voll ausgebildeten Ich-Funktionen wohl weniger angebracht. Anna Freud (1987) etwa hat darauf hingewiesen, dass die „synthetische Funktion des reifen Ich, die beim Durcharbeiten des gedeuteten Materials unschätzbare Dienste leistet (…) beim Kind noch unvollkommen ausgebildet" ist (Freud, A., 1965, S. 2147 f.). Das bedeutet, die Bewusstmachung und der Versuch einer Integration belastender oder abgespaltener Anteile des psychischen Erlebens auf einer bewussten Ebene könnten das Kind aufgrund seiner unzureichend entwickelten Ich-Funktionen überfordern. Daher kann auch die Deutung eines Märchens, wie sie in der Therapie Erwachsener durchaus erfolgreich eingesetzt wird (vgl. Kast, 1986), einem Kind nicht zuträglich sein. Im Bereich der psychologischen Märchenforschung wurde ebenso aufgezeigt, dass die Interpretation der Märchen, Kinder überfordern und um die Wirkung der Symbolwelt bringen würde (vgl. Bauer, 2002; Bettelheim, 2000).

Dennoch bieten sich therapeutische Möglichkeiten durch das Märchen an. Die im zweiten Kapitel angeführten Vorteile der Arbeit mit Märchen in der Therapie scheinen nämlich besonders im Umgang mit Kindern wertvoll und in der Untersuchung ergaben sich Hinweise, die für diese Zugänge und Möglichkeiten sprechen. Besonders das Verweilen in den phantastischen Sphären der Märchenwelt, die zugleich als real und ganz natürlich erlebt wird (vgl. Eindimensionalität bei Lüthi, 1947), scheint eine Bearbeitung der im Märchen fassbaren Aspekte auf symbolischer Ebene zu ermöglichen. Das bedeutet, in der fernen Welt des Märchens können gesellschaftlich wenig akzeptierte Gefühle wie Wut, Hass aber auch Angst und Überforderung ausgelebt und zugleich neue Verhaltens- und Reaktionsweisen erprobt werden. So sind zum Beispiel Ruben in der Gestalt der Moorhexe und des Königs neue Bewältigungsstrategien zugänglich, die er gefahrlos übernehmen und versuchen kann. Anna kann in dem heimischen Zwergenhäuschen eine Art Regression in frühkindliche „halluzinatorische Bedürfnisbefriedigung" (Ferenczi, 1913) erleben und dort vermutlich Kraft und Sicherheit schöpfen. Eine Untersuchung der therapeutischen Möglichkeiten des Lieblingsmärchens an psychisch kranken Kindern könnte sicherlich weitere Hinweise und präzisere Ausblicke erbringen.

In dieser Arbeit eröffneten sich mehrfach Perspektiven präventiver Möglichkeiten durch das Lieblingsmärchen. Zunächst scheint das Märchen den Kindern Bilder für ihre Erlebnisweisen anzubieten, in welchen diese fassbar und damit zum Teil leichter überwindbar werden. Eigene Ängste und Befürchtungen werden ebenso auf die Gestalten der Märchen projiziert, wie aggressive Emotionen und Wünsche. Diese Empfindungen können damit in der phantastischen Welt des Märchens ausgelebt und zumindest teilweise befriedigt werden. Besonders die Erfüllung unbewusster Wünsche, wie Sigmund Freud (1900) sie beschrieben hat und wie wir sie im Zusammenhang mit dem Traum als Ahne und Anverwandter des Märchens kennen gelernt haben, scheint durch das Märchen möglich zu werden und dem Kind Genugtuung und Kraft zu schenken. Ich denke in diesem Zusammenhang etwa an Gerti, die in ihrem Märchen „Goldlöckchen und die drei Bären" jene unbedingte Zuneigung findet, nach der sie fordert. Aber auch Max kann durch die Erringung des Knüppels in den Genuss der Anerkennung, wenn nicht sogar Überflügelung des Vaters gelangen.

Weiters zeigen die Märchen, neben den oft gespiegelten Reaktionsmechanismen der Kinder, auch neue Wege auf. Der Held oder die Heldin gelangen so gut wie immer an das erstrebte Ziel, und es wird auch berichtet, wie das gelingen kann. Oftmals lässt sich der symbolisch vermittelte Lösungsansatz auch auf die Situation des Kindes übertragen, und daher kann angenommen werden, dass in Form dieser Erzählungen den Kindern auch konkrete, aber eben nicht vorgefertigte Bewältigungsmöglichkeiten entgegentreten. Bei Ruben und Anna wurde die Botschaft ihrer Märchen herausgearbeitet und – bei Anna – auch auf ihre Empfänglichkeit für den angebotenen Weg eingegangen. Grundsätzlich scheinen die Märchen jene Hoffnung und Zuversicht zu vermitteln, die für das Wagnis, sich neuen Anforderungen zu stellen, nötig ist. Auch vermitteln sie die Gewissheit, nicht alleine mit den Schwierigkeiten dazustehen und dass bereits vielen Menschen vorher, zumindest aber dem Helden aus dem Märchen, die jeweiligen Hemmnisse und Gefahren begegnet sind. Dafür sprechen die Freude an der wiederholten Begegnung mit den Lieblingsmärchen und die Genugtuung, die zum Beispiel Alan und Mathias erleben, wenn der böse Wolf im tiefen Brunnen jämmerlich ertrinkt. Diese Überlegungen kennen wir bereits aus den Ausführungen von Bruno Bettelheim (2000), Günther Remmert (1991) und J. Mendelsohn (1958), die hiermit untermauert werden konnten.

Es konnte aufgezeigt werden, dass die Lieblingsmärchen – ähnlich wie die Deckerinnerungen im Sinne Sigmund Freuds (1913) – Aussagen über wesentliche Eindrücke aus der Kindheit und dem Erleben dieser Zeit ermöglichen, was einen Zugang zu denselben auch im Erwachsenenalter nahe legen könnte. Ob Erwachsenen die Wiederbelebung der Erinnerung an das Lieblingsmärchen der Kindheit gelingt und ob sich tatsächlich Übereinstimmungen zu Erlebnissen dieser Zeit ergeben, müsste ebenso geprüft werden, wie die Frage, welcher Art diese Konflikte sind und ob wirklich so genannte „Grundprobleme des Lebens" (Dieckmann, 1968) zugänglich werden. Da diese Ergebnisse auf Gesprächen mit gesunden Kindern beruhen, bleibt abschließend noch offen, welche Wirkung sie im Empfinden psychisch kranker Kinder entfalten können. Es wäre sehr interessant zu überprüfen, ob sich ähnliche Ergebnisse auch bei solchen Kindern ergeben, die Schwierigkeiten in bestimmten Bereichen aufweisen, und welche Unterschiede diesbezüglich auftreten. So könnte etwa die Untersuchung ängstlicher oder aggressiver Kinder lohnende Hinweise auf spezifische Möglichkeiten und Wirkungen der Märchen ergeben.

Bildteil

Abbildung 1: Ruben (10 Jahre). Zeichnung zum Märchen „Der Froschkönig"

Abbildung 2: Alan (8 Jahre). Zeichnung vom Wolf und dem jungen Geißlein

Abbildung 3: Anna (10 Jahre). „Schneewittchen und die sieben Zwerge"

Abbildung 4: Mathias (6 Jahre). Zeichnung zum Märchen „Der Wolf und die sieben jungen Geißlein"

Abbildung 5: Gerti (8 Jahre). „Wie der Bär und das Goldlöckchen tanzen"

Abbildung 6: Florian (9 Jahre). Der „menschenpressende" Riese

Abbildung 7: Michi (8 Jahre). Spiderman und der grüne Kobold

Abbildung 8: Alina (6 Jahre). Bibi Blocksberg auf ihrem Besen

Anmerkungen

1 Vom 15. bis 20. Mai 2002 fand in Graz bereits zum 15. Mal das weltweit größte Festival der Fabulierkunst unter dem Motto „Graz erzählt" statt. Die Stadt stand sechs Tage lang ganz im Zeichen der Märchen.
2 Genauere Differenzierungen zwischen Märchen und verwandten Literaturgattungen finden sich bei Lüthi (1962a und b) sowie bei Gutter (1968). Zu den historischen Aspekten des Märchens sei ebenfalls an Lüthi (1962a) und für die Entstehung der Kinder- und Hausmärchen der Gebrüder Grimm an Von der Leyen (1964) verwiesen. Neuere Entwicklungen aus einer kritischen Sicht finden sich bei Doderer (1983).
3 Es sei hier an die 31 Funktionen von Propp (1984) verwiesen, die Greimas (1971) zu zunächst 20 und dann fünf (polare) Funktionen gebündelt hat. Eine zusammenfassende Darstellung gibt Elisabeth May (1998).
4 Der österreichische Kinderanalytiker jüdischer Herkunft Bruno Bettelheim hatte in Wien Germanistik, Kunstgeschichte, Philosophie und Psychologie studiert und war bereits sehr früh mit dem Gedankengut Freuds in Berührung gekommen. Nach seiner Deportation in die Konzentrationslager von Dachau und Buchenwald gelang ihm 1939 die Emigration in die USA, wo er 1952 die Professur für Erziehungswissenschaften, Psychologie und Psychiatrie an der Universität Chicago erhielt. Als Leiter der Sonia Shankman Orthogenic School betreute er psychisch gestörte und insbesondere autistische Kinder und veröffentlichte zahlreiche Bücher zur Kindererziehung, darunter „Kinder brauchen Märchen", welches mittlerweile in der 22. Auflage erschienen ist und als ein Plädoyer für die Sinnvermittlung durch das Märchen verstanden werden kann.
5 Lutz Röhrich (1956) bezieht sich auf die Märchensammlung von Herta Gudde (1931).
6 Konkrete Anleitungen zur Vorbereitung des Erzählens finden sich bei Betz (2001), Diergarten & Smeets (1987).
7 Weiterführendes bei Franz & Kahn (2000) und Rogge (1983).
8 Mehr über diese Kritikpunkte gegen das Märchen bei Doderer (1983).
9 „Wenn von Freud der Traum [wie das Märchen] als via regia zum individuellen Unbewussten angesehen wurde, so ist für Jung und seine Schule die Untersuchung von Mythen und Märchen eine Art Königsweg zum kollektiven Unbewussten" (Lüthi, 1969, S. 426).
10 Erich Franzke (1985) führt die in Kapiteln angeführten Arbeitsweisen jeweils noch genauer aus und gibt konkrete Beispiele. Weiterführendes findet man auch bei Zitzlsperger (1993) und für Anwendungen in der Gestalttherapie bei Lückel (1985).
11 Der 1909 in Bern geborene Max Lüthi studierte Germanistik, Anglistik und Geschichte in Bern, London und Berlin und übernahm 1979 den Lehrstuhl für Europäische Volksliteratur in Zürich. Das Märchen verstand er als kunstvolles Gebilde, als dichterische Endform und bemühte sich in mehreren Veröffentlichungen um die phänomenologische und anthropologische Beschreibung dieser für ihn „europäischen Gattung". Insbesondere durch das 1947 erschienene Buch „Das europäische Volksmärchen", welches zu den Grundwerken der Literaturwissenschaft des 20. Jahrhunderts zählt, verhalf er der Märchenforschung zu internationalem Ansehen.
12 Für die weitere Entwicklung des Symbolbegriffs innerhalb der Psychoanalyse siehe Speidel (1978).
13 Der Begriff des „vor-wissenschaftlichen Denkens", wie Gerhard Haas (1983) ihn verwendet, weist Ähnlichkeiten zum „analogischen Denken" bei Graf Wittgenstein (1965, in Anlehnung an Buber) und dem „primär-prozesshaften Denken" beziehungsweise „Primärvorgang" bei Freud (1895/1900, vgl. Laplanche & Pontalis, 1972) auf.
14 Im Märchen heißt es zu Beginn: *Vor Zeiten war ein König und eine Königin, die sprachen jeden Tag ...ach, wenn wir doch ein Kind hätten!... und kriegten immer keins. Da trug es sich zu, als die Königin einmal im Bade saß, dass ein Frosch aus dem Wasser ans Land kroch und zu ihr sprach ...dein Wunsch wird erfüllt werden, ehe ein Jahr vergeht, wirst du eine Tochter zur Welt bringen.... Was der Frosch gesagt hatte, das geschah, und die Königin gebar ein Mädchen.*
15 Weiterführendes zur Entstehung des Märchens bei Beit, (1952), Diekmann, (1994) und Lüthi, (1962).
16 Das Märchen erzählt vom Tod eines Mädchens, über den seine Mutter nicht hinweg kommt und die Ruhe des Kindes im Grab durch unaufhörliches Weinen stört. Das Mädchen erscheint seiner Mutter mehrfach und klagt, dass es nicht schlafen kann, da sein Totenhemdchen nicht trockne. Die Mutter versteht sein Klagen und fügt sich ins Unabänderliche, wodurch das Kind seinen Frieden findet.
17 Verena Kast (1986) bringt für die Identifikation mit einem Märchenhelden ein gutes Fallbeispiel (S. 46 ff.).

18 Die Deutung von Märchen orientiert sich hierbei am Vorgehen bei der Traumdeutung in der Analytischen Psychologie (vgl. v. Franz, 1986; Jacobi, 1959).
19 Die Imagination wurde im Rahmen therapeutischer Möglichkeiten des Märchens angeführt. Sie bezeichnet die Tätigkeit unserer Vorstellungskraft, welche in therapeutischen Prozessen der analytischen Psychologie genutzt wird. Verena Kast (1989) beschreibt diese Technik ausführlich.
20 Weitere Informationen zur Entwicklung des Märchens zum Kindermärchen bei Schaufelberger (1991) und aus literaturwissenschaftlicher Sicht bei Lüthi (1962).
21 Für eine zusammenfassende Darstellung der geistigen Entwicklung nach Jean Piaget siehe Oerter & Montada (1995, Kap. 11).
22 Wir erinnern uns an dieser Stelle an das vorwissenschaftliche Denken (Haas, 1983), das komplexe Bilddenken, das der symbolischen Ausdrucksweise des Märchens entspricht und besonders Kindern zu Eigen ist.
23 Neuere Untersuchungen legen sogar ein noch früheres Ende dieser Phase nahe (Tyson & Tyson, 2001). In Zusammenhang mit der Entwicklung der Symbolisierungsfähigkeit, als das Annehmen eines Symbols bei Abwesenheit der Mutter (im Sinne des Übergangsobjekts bei Winnicott), wird die Existenz eines gewissen Realitätsempfindens bereits sehr früh angesetzt.
24 Der 1921 geborene Hans Dieckmann studierte Medizin in Berlin, Halle, Leipzig, Jena und Wien und arbeitete als Internist in verschiedenen Berliner Krankenhäusern, darunter in der Charité. Als Therapeut, Dozent am Institut für Psychotherapie in Berlin und hohes Vorstandmitglied in der deutschen und internationalen Gesellschaft für Analytische Psychologie unternahm er Vortragsreisen in die USA, England und Israel und veröffentlichte mehrere Werke zu den Themen Märchen und Traum.
25 Ein Mädchen verschenkt in diesem Märchen all seinen Besitz bis auf ihr letztes Hemd.
26 Weitere Falldarstellungen, die ebenso eindrücklich Übereinstimmungen zwischen der Neurose und dem Lieblingsmärchen beleuchten – vielfach unter Einbeziehung von zusätzlichen Analogien im Traum –, finden sich bei Graf Wittgenstein (1965, S. 41 ff.) und bei Kast (1986, S. 14 ff.).
27 Primordialsymptome sind erste frühe Anzeichen in der Kindheit für später auftretende neurotische Erkrankungen.
28 Auch innerhalb der Transaktionsanalyse nach Berne wurde eine Erklärung für die Funktion der Lieblingsmärchen entwickelt. Geschichten werden in dieser Konzeption als Spiegelungen des Lebensskripts verstanden, das bereits früh den Lebensplan eines Menschen festlegt. (Vgl. Schneider & Gross, 2000; Seifert, 2001).
29 Eine Ausnahme bildet der Versuch, aufgrund der Lieblingsmärchen Hinweise bezüglich der Neuroseform beziehungsweise einer Zuordnung zu Introversion und Extraversion zu finden (vgl. Dieckmann, 1967a, 1991).
30 Erinnern wir uns an dieser Stelle an die Inhalte der symbolischen Bewältigung nach Dieckmann (1966), nämlich die Überwindung äußerer Bedrohungen und innerer Konflikte, die das Märchen unterstützt.
31 In den verschiedensten entwicklungspsychologischen Werken (z.B. Flammer, 1996) findet man Zusammenfassungen der erwähnten Theorien. Besonders sei auf Tyson & Tyson (2001) verwiesen, die in sehr eindrücklicher Weise Kleinkindforschung und psychoanalytische Entwicklungstheorien integrieren und einen gelungenen Überblick vermitteln.
32 Der Begriff „entwicklungsbedingte Störungen" wird hier im Sinne Anna Freuds (1965) verwendet.
33 Im nächsten Abschnitt werde ich genauer auf die Gespräche eingehen und diese Begriffe klären.
34 Der positivistische Wissenschaftsansatz versucht im Gegensatz dazu, die Distanz durch Trennung von Untersuchungsgegenstand, -methode und Forscherpersönlichkeit zu erreichen.
35 Der Zusatz „der eiserne Heinrich" bezieht sich auf den treuen Diener, dem am Ende der Erzählung die eisernen Bande, die er sich um das Herz gelegt hatte, vor Freude über die Erlösung seines Herrn zerspringen. Das Märchen gewinne hierdurch keine zusätzliche Bedeutung und daher dürfte diese Episode vernachlässigt werden (vgl. Bettelheim, 2000, S. 335 f.).
36 Ob doch eine Version dieses Märchens mit dieser Rahmenerzählung besteht, ist mir unbekannt.
37 Diese ursprüngliche Schreibweise ist den Kinder- und Hausmärchen der Brüder Grimm entlehnt. In neueren Fassungen wird der Name der schönen Königstochter „Schneewittchen" geschrieben und oftmals lautet der Titel des Märchens dort „Schneewittchen und die sieben Zwerge". Im Folgenden werde ich zugunsten der leichteren Lesbarkeit die neuere Schreibweise „Schneewittchen" vorziehen.
38 „Tischchen deck dich, Goldesel und Knüppel aus dem Sack" kann schon allein deshalb als „Männer-Märchen" gelten, weil – neben der Ziege – nur männliche Figuren darin vorkommen.
39 Michi und Alina sind die Geschwister des zehnjährigen Ruben aus dem ersten Abschnitt dieses Kapitels.

Literaturverzeichnis

Adoum, Jorge Enrique (1983). Der Stachel im Märchen. Über die kulturelle Kolonialisierung lateinamerikanischer Jugend. In: Doderer, Klaus (Hrsg.). Über Märchen für Kinder von heute: Essays zu ihrem Wandel und ihre Funktion. (S. 47-56). Weinheim, Basel: Beltz Verlag.

Ahren, Y. von & Melchers, C. B. (1987). Hauptbild und Gegenbild in der Intensivberatung. In: Zeitschrift für klinische Psychologie, Psychopathologie, Psychotherapie, 35, S. 74-81.

Bauer, Annemarie (1988). Märchenkinder – Kindermärchen. Soziale und emotionale Realitäten in kindzentrierten Märchen der Brüder Grimm. In: Büttner, Christian & Ende, Aurel (Hrsg.). Und wenn sie nicht gestorben sind ... Lebensgeschichten und historische Realitäten. (S. 189-211). Basel: Beltz Verlag.

Bauer, Angeline (2002). Heilende Märchen. Geschichten, die Kinder stark machen. Märchen gegen Kinderängste und -sorgen. Damit das Selbstbewusstsein wächst. München: Südwest Verlag.

Bärmann, Fritz (1985). Erzählen wider die Kälte. In: Grundschule, 1, S. 11.

Beit, Hedwig von (1952). Symbolik des Märchens. Versuch einer Deutung. (Bd. 1). Bern: A. Francke AG. Verlag.

Bernfeld, Siegfried (1978). Psychoanalyse als Gespräch. In: Psyche, 32, S. 355-373.

Bettelheim, Bruno (1977). Rotkäppchen war meine erste Liebe. In: Psychologie heute, 4, S. 65-69.

Bettelheim, Bruno (1987). Hänsel und Gretel, mein Lieblingsmärchen. In: Stork, Jochen (Hrsg.). Das Märchen – ein Märchen? Psychoanalytische Betrachtungen zu Wesen, Deutung und Wirkung der Märchen. (S. 137-155). Stuttgart, Bad Cannstatt: Frommann-Holzboog Verlag.

Bettelheim, Bruno (2000). Kinder brauchen Märchen. (22. Aufl.). München: Deutscher Taschenbuch Verlag.

Betz, Felicitas (2001). Märchen als Schlüssel zur Welt. Eine Anleitung zum Erzählen und zum Gespräch mit Kindern. (9. vollst. veränd. Aufl.). Lahr: Verlag Ernst Kaufmann.

Böhm, Angelika (1997). Der pädagogische sowie therapeutische Wert des Märchens für die psychische Entwicklung des Kindes. Unveröffentlichte Diplomarbeit. Universität Wien.

Brüder Grimm. Kinder- und Hausmärchen. (basiert auf der Originalausgabe der J. G. Cottaschen Verlagsbuchhandlung). Stuttgart: Magnus Verlag.

Buchwald, Ellinor. (1969). Symbolik im Märchen. In: Laiblin, Wilhelm (Hrsg.). Märchenforschung und Tiefenpsychologie. (S. 404-408). Darmstadt: Wissenschaftliche Buchgesellschaft.

Bühler, Charlotte & Bilz, Josephine (1958). Das Märchen und die Phantasie des Kindes. München: Johann Ambrosius Barth.

Burnbauer, Barbara (1984). Angstabwehr und Märchenrezeption. Unveröffentlichte Dissertation. Grund- und Integrativwissenschaftliche Fakultät der Universität Wien.

Coulacoglou, Carina (1996). Märchentest. Fairy Tale Test - FTT. Ein projektiver Persönlichkeitstest für Kinder. München: Ernst Reinhard Verlag.

Dellisch, Heide (1998). Unbewusstes - Bewusstes. Der therapeutische Weg aus der Irrationalität. In: Sedlak, Franz & Gerber, Gisela (Hrsg.). Dimensionen integrativer Psychotherapie. (S. 189-200). Wien: Facultas - Univ. Verlag.

Dettmering, Peter (2001). Geburtsphantasien im Märchen. In: Studien zur Kinderpsychoanalyse, XVII, S. 118-134.

Devereux, Georges (1967). Angst und Methode in den Verhaltenswissenschaften. München: Carl Hanser Verlag.

Diatkine, René (1987). Über das Ausgesprochene und Nichtausgesprochene im Zaubermärchen. In: Stork, Jochen (Hrsg.). Das Märchen - ein Märchen? Psychoanalytische Betrachtungen zu Wesen, Deutung und Wirkung der Märchen. (S. 64-83). Stuttgart, Bad Cannstatt: Frommann-Holzboog Verlag.

Dieckmann, Hans (1966). Der Wert des Märchens für die seelische Entwicklung des Kindes. In: Praxis der Kinderpsychologie und Kinderpsychiatrie, 2, S. 50-55.

Dieckmann, Hans (1967a). Das Lieblingsmärchen der Kindheit und seine Beziehung zu Neurose und Persönlichkeitsstruktur. In: Praxis der Kinderpsychologie und Kinderpsychiatrie, 16, S. 202-208.

Dieckmann, Hans (1967b). Zum Aspekt des Grausamen im Märchen. In: Praxis der Kinderpsychologie und Kinderpsychiatrie, 16, S. 298-306.

Dieckmann, Hans (1968). Das Lieblingsmärchen der Kindheit als therapeutischer Faktor in der Analyse. In: Praxis der Kinderpsychologie und Kinderpsychiatrie, 17, S. 288-292.

Dieckmann, Hans (1969). Die symbolische Sprache des Märchens. In: Laiblin, Wilhelm (Hrsg.). Märchenforschung und Tiefenpsychologie. (S. 442-470). Darmstadt: Wissenschaftliche Buchgesellschaft.

Dieckmann, Hans (1991). Gelebte Märchen. (3. Aufl.) Hildesheim: Gerstenberg Verlag.

Dieckmann, Hans (1994). Märchen in der Psychotherapie. In: Zeitschrift für Analytische Psychologie und ihre Grenzgebiete, 25, S. 278-296.

Diergarten, Anne & Smeets, Friederike (1987). Komm ich erzähl dir was: Märchenwelt und kindliche Entwicklung. München: Kösel Verlag.

DiLeo, Joseph H. (1992). Die Deutung von Kinderzeichnungen. Karlsruhe: Gerardi Verlag für Kunsttherapie.

Doderer, Klaus (Hrsg.). (1983). Über Märchen für Kinder von heute: Essays zu ihrem Wandel und ihre Funktion. Weinheim, Basel: Beltz Verlag.

Döpfner, Manfred; Schmeck, Klaus & Berner, Walter (1994). Elternfragebogen über das Verhalten von Kindern und Jugendlichen. Deutsche Fassung der Child Behavior Checklist (CBCL). Köln: KJFD, Arbeitsgruppe Kinder-, Jugend- und Familiendiagnostik.

Drewermann, Eugen (1992). Lieb Schwesterlein, lass mich herein. Grimms Märchen tiefenpsychologisch gedeutet. (3. Aufl.). München: Deutscher Taschenbuch Verlag.

Eifermann, Rivka R. (1987). Märchen – eine via Regia zum Kind im Erwachsenen. In: Stork, Jochen (Hrsg.). Das Märchen – ein Märchen? Psychoanalytische Betrachtungen zu Wesen, Deutung und Wirkung der Märchen. (S. 83-115). Stuttgart, Bad Cannstatt: Frommann-Holzboog Verlag.

Erikson, Erik H. (1973). Identität und Lebenszyklus. Frankfurt am Main: Suhrkamp Taschenbuchverlag, 1994.

Esterl, Arnica (2002). Die Märchenleiter. Welches Märchen erzähle ich meinem Kind? Stuttgart: Verlag Freies Geistesleben.

Fatke, Reinhard (1990). Kinder erfinden Geschichten. Erkundungsfahrten in die Phantasie. In: Duncker, Ludwig; Maurer, Friedemann & Schäfer, Gerd E. (Hrsg.). Kindliche Phantasie und ästhetische Erfahrung. Wirklichkeiten zwischen ich und Welt. (S. 47- 62). Langenau – Ulm: Armin Vaas Verlag.

Fatke, Reinhard (1994). Die Bedeutung von Ausdrucksformen des Kinderlebens für die Entwicklung und Erziehung der Kinder. In: Fatke, Reinhard. Ausdrucksformen des Kinderlebens. Phantasie, Spiele, Wünsche, Freundschaft, Lügen, Humor, Staunen. (S. 107-115). Bad Heilbrunn: Klinikhardt Verlag.

Ferenczi, Sandor (1913). Entwicklungsstufen des Wirklichkeitssinnes. In: Ferenczi, Sandor (1964). Bausteine zur Psychoanalyse. (Bd. I: Theorie, S. 62-83). (2. unveränd. Aufl.). Bern, Stuttgart: Hans Huber Verlag.

Fetscher, Iring (1972). Wer hat Dornröschen wachgeküsst? Das Märchen-verwirrbuch. Frankfurt am Main: Fischer Taschenbuch Verlag.

Flammer, August (1996). Entwicklungstheorien: psychologische Theorien der menschlichen Entwicklung. (2., vollst. überarb. Aufl.). Bern, Göttingen, Toronto, Seattle: Huber Verlag.

Fleck-Baugert, Rose (1994). Kinder setzen Zeichen. München: Kösel Verlag.

Flick, Uwe; Kardorff, Ernst von & Steinke, Ines (Hrsg.). (2000). Qualitative Forschung: Ein Handbuch. Reinbek bei Hamburg: Rowohlt Taschenbuch Verlag.

Fraiberg, Selma (1972). Die magischen Jahre in der Persönlichkeitsentwicklung des Vorschulkindes. Reinbek bei Hamburg: Rowohlt Taschenbuch Verlag.

Franz, Kurt & Kahn, Walter (Hrsg.) (2000). Märchen – Kinder – Medien. Beiträge zur medialen Adaption von Märchen und zum didaktischen Umgang. (Schriftenreihe der Dt. Akademie für Kinder- und Jugendliteratur Volkach e.V., Bd. 25). Hohengehren: Schneider Verlag.

Franzke, Erich (1985). Märchen und Märchenspiel in der Psychotherapie. Der kreative Umgang mit alten und neuen Geschichten. Bern/Stuttgart/Toronto: Hans Huber Verlag.

Freud, Anna (1965). Wege und Irrwege in der Kinderentwicklung. In: Die Schriften der Anna Freud. (Bd. VIII). Frankfurt am Main: Fischer Taschenbuchverlag, 1987.

Freud, Sigmund (1895). Entwurf einer Psychologie. In: Aus den Anfängen der Psychoanalyse. (S. 297-384). Frankfurt am Main: Fischer Verlag, 1962.

Freud, Sigmund (1900). Die Traumdeutung. In: Gesammelte Werke: Werke aus den Jahren 1900-1901. (Bd. II + III). Frankfurt am Main: Fischer Taschenbuch Verlag, 1999.

Freud, Sigmund (1905). Drei Abhandlungen zur Sexualtheorie. In: Gesammelte Werke: Werke aus den Jahren 1904-1905. (Bd. V, S. 27-146). Frankfurt am Main: Fischer Taschenbuch Verlag, 1999.

Freud, Sigmund (1913). Märchenstoffe in Träumen. In: Gesammelte Werke: Werke aus den Jahren 1913-1917. (Bd. X, S. 2-9). Frankfurt am Main: Fischer Taschenbuch Verlag, 1999.

Freud, Sigmund (1914/15). Aus der Geschichte einer infantilen Neurose. In: Gesammelte Werke: Werke aus den Jahren 1917–1920 (Bd. XII, Kap. 3 u. 4, S. 42-75). Frankfurt am Main: Fischer Taschenbuch Verlag, 1999.

Freud, Sigmund (1919). Das Unheimliche. In: Gesammelte Werke: Werke aus den Jahren 1917–1920. (Bd. XII, Kap. 3, S. 259-268). Frankfurt am Main: Fischer Taschenbuch Verlag, 1999.

Fritz, Henriette (1997). Märchen in der Psychotherapie, im Besonderen in der analytischen Psychologie. Unveröffentlichte Diplomarbeit. Universität Klagenfurt.

Fromm, Erich (1951). Märchen, Mythen, Träume. Eine Einführung in das Verständnis einer vergessenen Sprache. In: Sozialistischer Humanismus und humanistische Ethik. Gesamtausgabe. (Bd. IX, S. 171-309). München: Deutscher Taschenbuch Verlag, 1999.

Grempel, Franz (1975). Reifungskrisen des Kindes in Traumanalyse und Märchenwelt. Salzburg: Otto Müller Verlag.

Gutter, Agnes (1968). Märchen und Märe. Psychologische Deutung und pädagogische Wertung. Solothurn/Schweiz: Antonius-Verlag.

Haas, Gerhard (1983). Wozu Märchen gut sind. Überlegungen zur zeitgenössischen Märchendiskussion und Märchendidaktik. In: Doderer, Klaus (Hrsg.). Über Märchen für Kinder von heute: Essays zu ihrem Wandel und ihre Funktion. (S. 157-174) Weinheim, Basel: Beltz Verlag.

Halbfas, Hubertus (1985). „Magister narrans" oder Der Lehrer als Erzähler. In: Grundschule, 1, S. 12-15.

Heindrichs, Heinz-Albert (2000). Das Märchen – eine Urform synästhetischen Erlebens. In: Franz, Kurt & Kahn, Walter (Hrsg.). Märchen – Kinder – Medien. Beiträge zur medialen Adaption von Märchen und zum didaktischen Umgang. (S. 7-13). Hohengehren: Schneider Verlag.

Herman, Lisa (1997). Good enough fairy tales for resolving sexual abuse trauma. In: The Arts in Psychotheray, 24, S. 439-445.

Hermanns, Harry (2000). Interviewen als Tätigkeit. In: Flick, Uwe; Kardorff, Ernst von & Steinke, Ines (Hrsg.). Qualitative Forschung: Ein Handbuch. (S. 360-368). Reinbek bei Hamburg: Rowohlt Taschenbuch Verlag.

Hitzler, Ronald (1993). Verstehen: Alltagspraxis und wissenschaftliches Programm. In: Jung, Thomas & Müller-Doohm, Stefan (Hrsg.). „Wirklichkeit" im Deutungsprozess. Verstehen und Methoden in den Kultur und Sozialwissenschaften. (S. 223-240). Frankfurt am Main: Suhrkamp Taschenbuchverlag.

Hopf, Christel (2000). Qualitative Interviews – ein Überblick. In: Flick, Uwe; Kardorff, Ernst von & Steinke, Ines (Hrsg.). Qualitative Forschung: Ein Handbuch. (S. 349-360). Reinbek bei Hamburg: Rowohlt Taschenbuch Verlag.

Jacobi, Jolande (1959). Die Psychologie von C.G. Jung. Eine Einführung in das Gesamtwerk. (5. rev. u. ergänzt. Aufl.). Zürich, Stuttgart: Rascher Verlag.

Jakoby, Mario; Kast, Verena & Riedel, Ingrid (1978). Das Böse im Märchen. (Psychologisch gesehen; 33). Fellbach: Bonz.

Jung, Carl Gustav (1921/50). Psychologische Typen. In: Gesammelte Werke. (Bd. 6). Solothurn, Düsseldorf: Walter Verlag, 1994.

Jung, Carl Gustav (1935/54). Über die Archetypen des kollektiven Unbewussten. In: Archetyp und Unbewusstes. (S. 77-113). Augsburg: Bechtermünz Verlag, 2000.

Jung, Carl Gustav (1936). Über den Begriff des kollektiven Unbewussten. In: Archetyp und Unbewusstes. (S. 114-125). Augsburg: Bechtermünz Verlag, 2000.

Jung, Carl Gustav (1946/48). Zur Phänomenologie des Geistes im Märchen. In: Archetyp und Unbewusstes. (S. 206-250). Augsburg: Bechtermünz Verlag, 2000.

Jung, Carl Gustav (1952). Symbole der Wandlung. (Einleitung, 2. Teil). In: Symbol und Libido. (S. 127-147). Augsburg: Bechtermünz Verlag, 2000.

Karlinger, Felix (1994). Menschen im Märchen: Studien zur Volkserzählung. Wien: Verlag Edition Praesens.

Kast, Verena (1986). Märchen als Therapie. Olden: Walter Verlag.

Kast, Verena (1989). Imagination als Kraft der Freiheit. Dialog zwischen Ich und Unbewusstem. (3. Aufl.). Olten: Walter-Verlag.

Kast, Verena (1999). Wege aus Angst und Symbiose. Märchen psychologisch gedeutet. (10. Aufl.). München: Deutscher Taschenbuch Verlag.

Kast, Verena (2001). Vom Vertrauen in das eigene Schicksal. Der Teufel mit den drei goldenen Haaren. Stuttgart: Kreuz Verlag.

Klosinski, Gunther (1978). Einsatz einer kombinierten „Mal- und Märchentherapie" bei einer Pubertätsmagersucht. In: Praxis der Kinderpsychologie und Kinderpsychiatrie, 27 (6), S. 206-215.

Klosinski, Gunther (1998). Möglichkeiten und Grenzen der Kunsttherapie bei Pubertierenden und Adoleszenten aus der Sicht des Jugendpsychiaters. In: Zeitschrift für Musik-, Tanz- und Kunsttherapie, 9 (1), S. 17-24.

Klußmann, Rudolf (1988). Psychoanalytische Entwicklungspsychologie, Neurosenlehre, Psychotherapie: eine Übersicht. Berlin, Heidelberg: Springer Verlag.

König, Hans-Dieter (2000). Tiefenhermeneutik. In: Flick, Uwe; Kardorff, Ernst von & Steinke, Ines (Hrsg.). Qualitative Forschung: Ein Handbuch. (S. 556-569). Reinbek bei Hamburg: Rowohlt Taschenbuch Verlag.

Krüger, R.T. (1992). Der Märchen-Assoziationstest. In: Psychodrama, 5, S. 229-238.

Laiblin, Wilhelm (Hrsg.). (1969). Märchenforschung und Tiefenpsychologie. Darmstadt: Wissenschaftliche Buchgesellschaft.

Laplanche, Jean & Pontalis, J.-B. (1972). Das Vokabular der Psychoanalyse. Frankfurt am Main: Suhrkamp Taschenbuch Verlag.

Leithäuser, Thomas & Volmerg, Birgit (1988). Psychoanalyse in der Sozialforschung. Eine Einführung am Beispiel einer Sozialpsychologie der Arbeit. Opladen: Westdeutscher Verlag.

Leithäuser, Thomas & Volmerg, Birgit (1979). Anleitung zur empirischen Hermeneutik. Psychoanalytische Textinterpretation als Sozialwissenschaft-liches Verfahren. Frankfurt am Main: Suhrkamp Verlag.

Lorenz, Emil (1931). Hänsel und Gretel. In: Imago. Zeitschrift für Anwendung der Psychoanalyse auf die Natur- und Geisteswissenschaften, 17, S. 119-125.

Lurker, Manfred (1990). Die Botschaft der Symbole. In Mythen, Kulturen und Religionen. München: Kösel Verlag.

Lutzmayer, Irene (1999). Die Bedeutung der Märchen in der Therapie. Unveröffentlichte Diplomarbeit. Universität Wien.

Lückel, Regine (1985). Gestalttherapeutische und integrative Arbeit mit Märchen. Paderborn: Junfermann Verlag.

Lüthi, Max (1947). Das europäische Volksmärchen. Form und Wesen. Bern: A. Francke AG. Verlag.

Lüthi, Max (1962a). Märchen. Stuttgart: J.B. Metzlersche Verlagsbuchhandlung.

Lüthi, Max (1962b). Es war einmal. Vom Wesen des Volksmärchens. Göttingen: Vandenhoeck & Ruprecht.

Lüthi, Max (1969a). So leben sie noch heute. Betrachtungen zum Volksmärchen. Göttingen: Vandenhoeck & Ruprecht.

Lüthi, Max (1969b). Psychologie des Märchens. In: Laiblin, Wilhelm (Hrsg.). Märchenforschung und Tiefenpsychologie. (S. 421-427). Darmstadt: Wissenschaftliche Buchgesellschaft.

Mahler, Margret & Furer, Manuel (1968). Symbiose und Individuation. Psychosen im frühen Kindesalter. (Bd.1). (3. Aufl.). Stuttgart: Klett Cotta Verlag, 1983.

May, Elisabeth (1998). „Der springende Punkt": Die Funktion von Märchen und konstruierten Metaphern im therapeutischen Prozess. Hamburg: Kovac Verlag.

Mallet, Carl-Heinz (1985). Kopf ab! Gewalt im Märchen. Hamburg, Zürich: Rasch und Röhring Verlag.

Mendelsohn, J. (1958). Die Bedeutung des Volksmärchens für das seelische Wachstum des Kindes. In: Praxis der Kinderpsychologie und Kinderpsychiatrie, 7, S. 152-156.

Mentzos, Stavros (1982). Neurotische Konfliktverarbeitung. München: Kindler Verlag.

Merkel, Johannes (2000). Spielen, Erzählen, Phantasieren. Die Sprache der inneren Welt. München: Antje Kunstmann Verlag.

Metzger, M. & Mommsen, K. (1981) Fairy Tales as Ways of Knowing. Essays on Märchen in Psychology, Society and Literature. Bern: Peter Lang Verlag.

Müller, Emanuel Paul (1998). Märchen zeigen Wege. Leben, Tod und Wiedergeburt. München: Wilhelm Heyne Verlag.

Müller, Erwin (1928). Psychologie des deutschen Volksmärchens. München: Kösel und Pustet Verlag.

Nadig, Maya & Reichmayr, Johannes (2000). Paul Parin, Fritz Morgenthaler und Goldy Parin-Matthèy. In: Flick, Uwe; Kardorff, Ernst von & Steinke, Ines (Hrsg.). Qualitative Forschung: Ein Handbuch. (S. 72-84). Reinbek bei Hamburg: Rowohlt Taschenbuch Verlag.

Neumann-Schönwetter, Marina (1981). Es war einmal ein Konflikt...Das Verhältnis von Außenwelt und Innenwelt im Märchen. In: Psychologie heute, 8, S. 14-18.

Oerter, Rolf & Montada, Leo (1995). Entwicklungspsychologie. (3. vollst. überarb. Aufl.). Weinheim: Psychologie Verlags Union.
Ortner, Gerlinde (1999). Märchen die Kindern helfen. Geschichten gegen Angst und Aggression und was man beim Vorlesen wissen sollte. (7. Aufl.). München: Deutscher Taschenbuch Verlag.
Overdick, Wilhelm (1990). Mit Märchen ermutigen – Janina. In: Zeitschrift für Individualpsychologie, 15 (3), S. 223-236.

Paede, Paul (1986). Krankheit, Heilung und Entwicklung im Spiegel der Märchen. Frankfurt a. M.: Vittorio Klostermann.
Parin, Paul (1985). Erfahrungen mit der Psychoanalyse bei der Erfassung gesellschaftlicher Wirklichkeit. In: Institutsgruppe Psychologie Universität Salzburg (Hrsg.) Jenseits der Couch. Psychoanalyse und Sozialkritik. (S. 25-48). Frankfurt am Main: Fischer Taschenbuch Verlag.
Peseschkian, Nossrat, (1986). Der Kaufmann und der Papagei. Orientalische Geschichten als Medien in der Psychotherapie. Frankfurt am Main: Fischer Taschenbuch Verlag.
Peseschkian, Nossrat (1997). Der nackte Kaiser oder wie man die Seele der Kinder versteht und heilt; positive Psychotherapie in mit Weisheiten und Geschichten. Augsburg: Pattloch Verlag.
Petermann, Franz & Windmann, Sabine (1993). Sozialwissenschaftliche Erhebungstechniken bei Kindern. In: Markefka, Manfred & Nauck, Bernhard (Hrsg.). Handbuch der Kindheitsforschung. (S. 125-139). Neuwied, Kriftel, Berlin: Luchterhand Verlag.
Piaget, Jean & Inhelder, Bärbel (1991). Die Psychologie des Kindes. (4. Aufl.). München: Deutscher Taschenbuch Verlag.
Piaget, Jean (1992). Das Weltbild des Kindes. (3. Aufl.). München: Deutscher Taschenbuch Verlag.
Polender, Anna (1982). Entspannungs-Übungen. Eine Modifikation des Autogenen –Trainings für Kleinkinder. In: Praxis der Kinderpsychologie und Kinderpsychiatrie, 2 (31), S. 15-19.
Propp, Ja. Wladimir (1984). Morfologia della fiaba. (4. ediz.) Roma: Newton Compton editori.
Psaar, Werner & Klein, Manfred (1980). Wer hat Angst vor der bösen Geiß? Zur Märchendidaktik und Märchenrezeption. (2. Aufl.). Braunschweig: Westermann Verlag.

Quirin, Gerstl (1969). Das Märchen in psychologischer Sicht. In: Laiblin, Wilhelm (Hrsg.). Märchenforschung und Tiefenpsychologie. (S. 418-420). Darmstadt: Wissenschaftliche Buchgesellschaft.

Rausch-Schott, Barbara (1993). Märchen und Therapie. Eine theoretische Untersuchung. Unveröffentlichte Diplomarbeit. Paris-Lodron Universität, Salzburg.
Rechthaler, Alexandria (1987). Grimmsche Märchen in der Betreuung von Heimkindern. Unveröffentlichte Dissertation. Paris-Lodron Universität, Salzburg.
Remmert, Günther, W. von (1991). Märchenhafte Phantasiereisen als Katalysatoren für seelische Entwicklung. In: Wege zum Menschen, 43, S. 97-109.

Remschmidt, Helmut (Hrsg.). (2000). Kinder- und Jugendpsychiatrie. Eine praktische Einführung. (3., neu bearb. und erw. Aufl.). Stuttgart: Thieme Verlag.
Riklin, Franz (1969). Wunscherfüllung und Symbolik. In: Laiblin, Wilhelm (Hrsg.). Märchenforschung und Tiefenpsychologie. (S.13-43). Darmstadt: Wissenschaftliche Buchgesellschaft.
Rogge, Jan-Uwe (1983). Märchen in den Medien. Über Möglichkeiten medialer Märchenadaption. In: Doderer, Klaus (Hrsg.). Über Märchen für Kinder von heute: Essays zu ihrem Wandel und ihre Funktion. (S. 129-154). Weinheim, Basel: Beltz Verlag.
Röhrich, Lutz (1956). Märchen und Wirklichkeit. Eine volkskundliche Untersuchung. Wiesbaden: Franz Steiner Verlag.
Röhrich, Lutz (1969). Die Deutung von Volksmärchen. In: Laiblin, Wilhelm (Hrsg.). Märchenforschung und Tiefenpsychologie. (S. 357-379). Darmstadt: Wissenschaftliche Buchgesellschaft.
Rölleke, Heinz (1985). Märchenforschung lohnt sich. In: Grundschule, 1, S. 29-31.
Rosenkötter, Rose Maria (1980). Das Märchen – eine vorwissenschaftliche Entwicklungspsychologie. In: Psyche, 34, S. 168-207.

Salz, Ilona & Salz, Michi (1992). ...Und sie lebten glücklich...: zur Lebensweisheit in Märchen. Neuwied, Berlin, Kiftel: Luchterhand.
Schäfer, Marcella (1993). Märchen lösen Lebenskrisen. Tiefenpsychologische Zugänge zur Märchenwelt. Freiburg: Herder Verlag.
Schaufelberger, Hildegard (1991). Märchenkunde für Erzieher. Grundwissen für den Umgang mit Märchen. (3. Aufl.). Freiburg: Herder Verlag.
Schenda, Rudolf (1983). Märchen erzählen – Märchen verbreiten. Wandel in den Mitteilungsformen einer populären Gattung. In: Doderer, Klaus (Hrsg.). Über Märchen für Kinder von heute: Essays zu ihrem Wandel und ihre Funktion. (S. 25-43). Weinheim, Basel: Beltz Verlag.
Scherf, Walter (1982). Lexikon der Zaubermärchen. Stuttgart: Kröner Verlag.
Schieder, Brigitta (2000). Märchenarbeit mit Kindern im Spiegel der Grundmotivationen. In: Existenzanalyse, 17, S. 39-41.
Schneider, Jakob Robert & Gross, Brigitte (2000). Ach wie gut, dass ich es weiß: Märchen und andere Geschichten in der systemisch-phänomenologischen Therapie. Heidelberg: Carl Auer Systeme.
Seifert, Angela (2001). Befreit durch einen Wutausbruch. Rumpelstilzchen. (2. Aufl.). Stuttgart: Kreuz Verlag.
Simon-Wundt, Traudel (1997). Märchendialoge mit Kindern – ein psychodia-gnostisches Verfahren. München: Pfeiffer Verlag.
Skolek, Reinhard (1994). Die Lehranalyse in der Analytischen Psychologie C. G. Jungs. In: Führmann, Renate & Petzold, Hilarion (Hrsg.). Lehrjahre der Seele. Lehranalyse, Selbsterfahrung, Eigentherapie in den Psycho-therapeutischen Schulen. (S. 133-169). Paderborn: Junfermann Verlag.
Speidel, Hubert (1978). Über den Symbolbegriff in der Psychoanalyse. In: Psyche, 32 (4), S. 289-328.
Stork, Jochen (Hrsg.). (1987). Das Märchen – ein Märchen? Psychoanalytische Betrachtungen zu Wesen, Deutung und Wirkung der Märchen. Stuttgart, Bad Cannstatt: Frommann-Holzboog Verlag.

Stork, Jochen (1998). Vom Kinderbuch zum Märchen. Wege der Phantasiebildung in den ersten Lebensjahren. In: Kinderanalyse, 6, S. 329-421.
Strasser, Philomena (2001). Kinder legen Zeugnis ab: Gewalt gegen Frauen als Trauma für Kinder. Innsbruck, Wien, München: Studienverlag.
Stumpfe, Ortrud (1965). Die Symbolsprache der Märchen. Münster Westf.: Aschendorff Verlag.
Süssenbacher, Gottfried (1982). Die Verwendung eines Märchenentwurfs zur Auflösung einer pathogenen Doppelbindung: Fallbericht zur Behandlung einer Windphobie. In: Praxis der Kinderpsychologie und Kinderpsychiatrie, 31, S. 185-190.

Tyson, Phyllis & Tyson, Robert L. (2001). Lehrbuch der psychoanalytischen Entwicklungspsychologie. (2. Aufl.). Stuttgart, Berlin, Köln: Kohlhammer Verlag.

Von Beit, Hedwig (1952). Symbolik des Märchens. Versuch einer Deutung. Bern: A. Francke AG. Verlag.
Von der Leyen, Friedrich (1953). Die Welt der Märchen. (Bd. 1). Düsseldorf: Eugen Diederichs Verlag.
Von der Leyen, Friedrich (1954). Die Welt der Märchen. (Bd. 2). Düsseldorf: Eugen Diederichs Verlag.
Von der Leyen, Friedrich (1964). Das deutsche Märchen und die Brüder Grimm. Düsseldorf, Köln: Eugen Diederichs Verlag.
Von der Leyen, Friedrich. (1969). Das Märchen. In: Laiblin, Wilhelm (Hrsg.). Märchenforschung und Tiefenpsychologie. (S. 386-390). Darmstadt: Wissenschaftliche Buchgesellschaft.
von Franz, Marie-Louise (1986). Psychologische Märcheninterpretation. Eine Einführung. München: Kösel Verlag.

Wesselski, Albert (1931). Versuch einer Theorie des Märchens. Reichenberg i. B.: Sudetendeutscher Verlag Franz Kraus.
Wittgenstein, Ottokar Graf (1965). Märchen, Träume, Schicksale. Düsseldorf, Köln: Eugen Diederichs Verlag.
Wölfl, Ursula (1985). Geschichten erfinden. In: Grundschule, 1, S. 36-38.
Wolfram, Elise (1912). Psychologie in Märchengestalt. Leipzig: Verlag von Max Altmann.

Zitzlsperger, Helga (2000). Märchenrezeption von Kindern. In: Franz, Kurt & Kahn, Walter (Hrsg.), Märchen – Kinder – Medien. Beiträge zur medialen Adaption von Märchen und zum didaktischen Umgang. (S.14-30). Hohengehren: Schneider Verlag.
Zitzlsperger, Helga (1993). Kinder spielen Märchen. Schöpferisches Ausgestalten und Nacherleben. (4., überarb. Aufl.). Weinheim, Basel: Beltz Verlag.Anhang

Anhang

Märchen als Schlüssel zur Welt

Zwei Märchen als Anregung zum Märchen-Erleben

Liebe Eltern, liebes Kind,
Ich habe Märchen schon als kleines Kind geliebt. Wenn meine Mutter das dicke Märchenbuch zur Hand nahm, dann war das immer ein ganz besonderer Moment. Die Erinnerung daran erweckt den Zauber von damals noch heute in mir.
Im Laufe meines Studiums begann ich zu verstehen, was diesen Zauber ausmacht und wie wichtig Märchen für Kinder und ihre Entwicklung werden können.
Mit diesem kleinen Büchlein möchte ich Ihnen und Ihrem Kind ein wenig von dem schenken, was für mich so wichtig geworden ist. Ich möchte für Sie die Märchenkiste öffnen und anhand von zwei nicht sehr bekannten Märchen der Gebrüder Grimm zeigen, welche Möglichkeiten diese phantastischen Geschichten für uns bereithalten.
Ich werde ein Märchen für Ihr Kind und eines für Sie erzählen und versuchen, Ihnen eine Ahnung von den Bedeutungen der darin vorkommenden Bilder zu vermitteln. Märchen ermöglichen besonders Kindern wunderbare Erlebnisse auch für den Alltag. Dazu möchte ich Ihnen einige Anregungen geben.
In der Hoffnung, dass sie Freude an diesem kleinen Büchlein finden, danke ich Ihnen und vor allem Ihrem Kind für die Mitarbeit an meiner Untersuchung.

Vielen herzlichen Dank!

Ein Märchen für Ihr Kind

Der goldene Schlüssel

Zur Winterszeit, als einmal ein tiefer Schnee lag, musste ein armer Junge hinausgehen und Holz auf einem Schlitten holen.
Wie er es nun zusammengesucht und aufgeladen hatte, wollte er, weil er so erfroren war, noch nicht nach Hause gehen, sondern erst Feuer anmachen und sich ein bisschen wärmen.
Da scharrte er den Schnee weg und wie er so den Erdboden aufräumte, fand er einen kleinen, goldenen Schlüssel.
Nun glaubt er, wo der Schlüssel wäre, müsste auch das Schloss dazu sein, grub in der Erde und fand ein eisernes Kästchen.
„Wenn der Schlüssel nur passt!", dachte er, „es sind gewiss kostbare Sachen in dem Kästchen."
Er suchte, aber es war kein Schlüsselloch da, endlich entdeckte er eines, aber so klein, dass man es kaum sehen konnte. Er probierte und der Schlüssel passte glücklich.
Da drehte er einmal herum und nun müssen wir warten, bis er vollends aufgeschlossen und den Deckel aufgemacht hat, dann werden wir erfahren, was für wunderbare Sachen in dem Kästchen waren.

Brüder Grimm

Die Bilder des Märchens

Im unscheinbaren Märchen vom *goldenen Schlüssel* passiert nicht viel. Gerade dann, wenn es beginnt spannend zu werden, bricht die Erzählung ab. Dennoch, oder gerade deshalb, stecken in dieser kleinen Geschichte eine Reihe von Symbolen, die Kinder ansprechen.

Das Märchen erzählt von einer Situation, der wir Menschen häufig begegnen. Wir finden einen Teil, den Anfang von etwas und müssen auf der Spur bleiben, um ans Ziel zu gelangen, denn wo ein Schlüssel, da ist auch ein Schloss. In dem Märchen steckt die Neugier und die Gewissheit, die wir brauchen um in bestimmten Lebenssituationen am Ball zu bleiben. Die Kinder werden das Märchen wahrscheinlich vergessen. Finden sie in ihrem Leben aber einen Schlüssel, werden sie aufgrund dessen, was das Märchen in ihnen belebt hat, dem Schatz auf der Spur bleiben, bis sie ihn entdeckt haben.

Welcher Art dieser Schatz ist – das verschweigt uns das Märchen. Dies ist ein besonderer Kunstgriff, denn so bleibt es der Phantasie und den Wünschen jedes einzelnen überlassen, was in dem geheimnisvollen Kästchen steckt.

Das Märchen spricht von der Neugier auf das, was das Leben bringen mag. Es ist zugleich aber auch Symbol für den Reichtum, aus dem Kinder schöpfen können, wenn wir ihnen den Zugang zur Welt der Bilder und Symbole ermöglichen. In der Bildsprache der Märchen erfassen die Kinder, auf eine ursprünglichere und umfassendere Weise die ganze Welt. Ohne Belehrungen und Erklärungen sammeln Kinder auf diesem Wege behutsam und still Schätze für das Leben.

Praktische Anregungen zum Märchen

Dieses Märchen sollte zur Winterszeit, vielleicht am Abend, wenn es zu dämmern beginnt und allmählich die Nacht hereinbricht, erzählt werden.
Bevor wir aber mit dem Erzählen beginnen, müssen die Kinder mit einigen Bildern vertraut werden, die dieses Märchen verwendet. Dazu gibt es viele Möglichkeiten im Alltag. Wenn wir sie nutzen, öffnen wir unseren Kindern das Tor zur Symbolwelt der Märchen (und nicht nur ihnen, denn wir Erwachsene haben den Zugang zu dieser Welt meist verloren), und damit zum tieferen Verständnis ihrer Botschaft.
Ein wichtiges Bild des Märchens ist die *Kälte* und der *Schnee*. Daher sollte das Märchen auch im Winter erzählt werden, denn dann haben die Kinder die Kälte im Gefühl. Vielleicht gelingt es einmal einen Nachmittag im Schnee zu verbringen, einen Spaziergang durch den verschneiten Wald zu unternehmen und dabei mit den Kindern zu untersuchen, was der Schnee alles bedeckt... Verlegen wir das Unternehmen in den Hof oder Garten, wird Schneeschaufeln zum Erlebnis.
Am Abend können Sie und Ihr Kind dann, wie der arme Junge im Wald, die Wichtigkeit der *Wärme* und des *Feuer*s hautnah erleben. Vielleicht haben Sie ja selbst einen Kachelofen oder gar einen offenen Kamin zu Hause, oder Sie kennen jemanden, den Sie besuchen könnten? Dazu heiße Schokolade oder Tee mit Keksen und das Wohlgefühl ist perfekt.

An einem anderen Tag sollten die Kinder irgendeine *Schlüssel*-Erfahrung machen können. Ein besonders kleiner oder besonders großer Schlüssel hat dabei sicher-

lich den größeren Reiz als ein gewöhnlicher Wohnungsschlüssel. Vielleicht gibt es auch das dazugehörige Schloss, das die Kinder erforschen können, zum Beispiel in einer Kirche oder Kapelle, einem Keller, Schuppen oder an einer kleinen Schatulle. Reden Sie mit den Kindern über ihre Schlüsselerfahrungen: Hat sich schon mal jemand eingeschlossen? Den Fahrradschlüssel verloren, den Autoschlüssel verlegt?
Wenn die Kinder die wichtigsten Bilder – Schnee, Feuer, Schlüssel, Schloss – kennen gelernt haben, kann bei guter Gelegenheit das Märchen erzählt werden. Besonders Vorschulkinder sollten nicht mit dem Schluss des Märchens allein gelassen werden. Es wäre günstig, diesen auf irgendeine Weise zusammen zu erleben und den Kindern zu vermitteln, dass sie selbst entdecken können, was in dem Kästchen steckt. Etwa mit folgenden Worten: „*Das Märchen verrät uns nicht, was in dem Kästchen war... aber vielleicht könnt ihr es selbst entdecken? Macht einmal die Augen zu und wartet, ob ihr das Kästchen vielleicht sehen könnt... ist es offen? ...was ist drin? ...*" Es kann auch ein Spiel daraus entstehen, indem zum Beispiel zwei Kinder, oder ein Elternteil und das Kind, sich gegenübersetzen und beginnen aus einer imaginären Kiste die verschiedensten Dinge herauszuziehen.
Wenn es den Kindern gelingt sich darauf einzulassen, und wenn sie erzählen, was sie in dem Kästchen finden, geben sie uns damit wichtige Hinweise auf Erwünschtes, Erträumtes und Entbehrtes.

Ein Märchen für Sie

Das Märchen von der Unke

Es war einmal ein kleines Kind, dem gab seine Mutter jeden Tag ein Schüsselchen mit Milch und Weckbrocken, und das Kind setzte sich damit hinaus in den Hof. Wenn es aber anfing zu essen, so kam die Haus-Unke aus einer Mauerritze hervor gekrochen, senkte ihr Köpfchen in die Milch und aß mit. Das Kind hatte seine Freude daran, und wenn die Unke nicht gleich kam, so rief es ihr zu:
Unke, Unke, komm geschwind,
komm herbei, du kleines Ding,
sollst dein Bröckchen haben,
an der Milch dich laben."
Da kam die Unke gelaufen und ließ es sich gut schmecken. Sie zeigte sich auch dankbar, denn sie brachte aus ihrem heimlichen Schatz allerlei schöne Dinge: glänzende Steine, Perlen und goldene Spielsachen. Die Unke trank aber immer nur Milch und ließ die Brocken liegen. Da nahm das Kind einmal sein Löffelchen, schlug ihr damit sanft auf den Kopf und sagte: „Du Ding iss auch Brocken." Die Mutter, die in der Küche stand, hörte, dass das Kind mit jemand sprach, und als sie sah, dass es mit seinem Löffelchen nach einer Unke schlug, so lief sie mit einem Scheit Holz heraus und tötete das gute Tier.
Von der Zeit an ging eine Veränderung mit dem Kind vor. Es war, solange die Unke mit ihm gegessen hatte, groß und stark geworden, jetzt aber verlor es seine

schönen roten Backen und magerte ab. Nicht lange, so fing in der Nacht der Totenvogel an zu schreien, und das Rotkehlchen sammelte Zweiglein und Blätter zu einem Totenkranz und bald hernach lag das Kind auf der Bahre.
Brüder Grimm in der Erzählfassung von Vilma Mönckeberg

Die Bilder des Märchens

Die Brüder Grimm bemerken zu diesem seltsam, traurigen Märchen: „... Unke nennt man in Hessen und Westfalen die Ringelnatter, die gern Milch trinkt und nicht giftig ist". Das Märchen knüpft mit dem Bild der Unke an einen alten Glauben an, den Glauben an Hausschlangen als gute Hausgeister. Tatsächlich zeigt uns der erste Teil der Erzählung eine innige und angstfreie Verbindung zwischen der Schlange und dem kleinen Kind. Das Märchen erzählt uns das Miteinander von Kind und Unke in warmen Tönen: Das kleine Mädchen ruft nach der Unke, bis diese aus der Mauerritze hervor gekrochen kommt. Die Unke aber bringt allerlei Schätze aus ihrem Versteck hervor.
Was möchte uns das Märchen sagen? Warum tötet die Mutter die Unke und warum muss das kleine Mädchen sterben?
Das Märchen erzählt von einer Tragödie, die sich immer wieder zwischen Kind und Erziehern abspielt, ja sogar abspielen muss. Das Kind lebt auf einer anderen Bewusstseinsstufe als wir Erwachsenen. Es hat zu den Dingen und Tieren auf der Welt einen andersartigen Zugang als Erwachsene, es kann ihr nämlich noch unmit-

telbarer begegnen. Wir haben meist längst vergessen, wie wir als Kinder erlebt haben, und sind jetzt in unserem Bewusstsein völlig anders ausgerichtet. Deshalb haben wir Schwierigkeiten damit, uns in die kindliche Mentalität hinein zu versetzen. Wir können die Welt nicht mehr mit Kinderaugen wahrnehmen, weil wir keine Kinder mehr sind.

Das Märchen erzählt also vom Abschied von kindlichen Wahrnehmungsmustern, der durch eine Grobheit der Mutter herbeigeführt wird. Wir alle kennen dieses Geschehen und sind von zwei Seiten her daran mitbeteiligt: als Kind haben wir diese kleinen Verletzungen selbst erlebt und als Erwachsene fügen wir sie oft ahnungslos und ungewollt unseren Kindern zu.

Ein solches Fehlverhalten wird niemals ganz aus der Welt zu schaffen sein, weil wir nie ganz erfassen können, was eine Situation an Empfindlichkeiten und Möglichkeiten enthält. Wir können manchmal schlichtweg nicht verstehen und begreifen, welche Bedeutung ein Ereignis, ein Sachverhalt für unsere Kinder hat. Wir werden uns um Verständnis und Einfühlung bemühen, aber bei allem guten Willen wird es doch immer wieder passieren, dass wir zu Akteuren werden, die mit einem Holzscheit in der Hand daher kommen und zerstören.

Das *Märchen von der Unke* schenkt uns aber zugleich Trost. Es beschönigt nichts und gaukelt uns nichts vor, sondern stellt diese kleinen Verletzungen als verhängnisvolle Notwendigkeiten dar. Denn das naiv-glückliche Kind in unserem Innern, das die Wirklichkeit mit dem notwendigen Tod (der zu uns gehört wie das Leben) nicht akzeptieren will, muss sterben. So wie das kleine Mädchen nach dem Tod der Unke gestorben ist. Nur so ist Erwachsenwerden möglich. Das „Kind" muss

sterben, wenn auch Schmerzen damit verbunden sind.
So spielt das Märchen auf verschiedenen Ebenen. Auf einer mahnt es uns: „Hüte dich, kleine Kinder zu verletzen!". Auf einer anderen bringt es zum Ausdruck: „Es wird doch geschehen, auch gegen deine Absicht!". Auf einer dritten Ebene tröstet es: „In bestimmter Hinsicht ist solcher Tod sogar notwendig, denn er gehört zum Leben dazu!".

Praktische Anregungen zum Märchen

Das *Märchen von der Unke* erzählt uns, ohne zu beschönigen, wie es auf der Welt zugeht, was das Leben von uns verlangt. Es ermöglicht uns Erwachsenen aber auch einen Zugang zu der Welt der Kinder. Es macht uns darauf aufmerksam, dass Kinderaugen anders wahrnehmen und dass es viel Feingefühl erfordert, verantwortungsvoll damit umzugehen. Zugleich eröffnet uns das Märchen die Möglichkeit mit dem *Kind in uns* in Kontakt zu treten. Das könnte uns helfen die Kinder besser zu verstehen. Vielleicht haben Sie ja Lust, sich auf folgendes Experiment einzulassen. Versuchen Sie das begriffliche Denken zu verlassen und die Gedanken in der Tagwelt zurückzulassen. Machen Sie es sich dazu in einem ruhigen Moment bequem und lehnen sie sich zurück. Versuchen Sie nur noch die Bilder, die aus Ihrem Inneren aufsteigen, zuzulassen. Sehen Sie das Kind, wie es im Hof sitzt? Vor ihm das Schüsselchen Milch und die Brocken Brot? Schauen Sie einfach ihren inneren Bildern zu!

Versuchen Sie, sich in das Kind hinein zu denken. Werden Sie selbst dieses Kind und lassen Sie geschehen, was sich vor Ihrem inneren Auge zeigt!
Schreiben Sie im Anschluss daran auf, was sich in dieser kleinen Imaginationsübung abgespielt hat. Das ist sehr wichtig, denn oft wird klarer was man in Bildern gesehen und erlebt hat, wenn wir es in Sprache übersetzen.
Danach sollten Sie das Märchen nochmals laut lesen. Sie werden feststellen, dass sich durch die Übung das Verständnis für das Märchen ein Stück erweitert hat – ohne direkt darüber zu reden. Märchen sprechen ja in Bildern, und Bilder sind zunächst zum Schauen da. So entfalten sie ihre Wirkung und etwa in dieser Weise nehmen Kinder sie wahr.

Die Ausarbeitung dieses Falters beruht auf dem Werk von Betz, Felicitas (2001) *„Märchen als Schlüssel zur Welt. Eine Anleitung zum Erzählen und zum Gespräch mit Kindern".*

Einige Literaturtipps zum Thema Märchen

Betz, Felicitas (2001). „Märchen als Schlüssel zur Welt. Eine Anleitung zum Erzählen und zum Gespräch mit Kindern" (9. vollst. veränd. Aufl.). Lahr: Ernst Kaufmann Verlag
Praktische Anleitung zum Erarbeiten, Erzählen und Erleben von Märchen mit Kindern mit wertvollen, originellen Anregungen.

Bauer, Angeline (2002). „Heilende Märchen. Geschichten, die Kinder stark machen. Märchen gegen Kinderängste und -sorgen. Damit das Selbstbewusstsein wächst" München: Südwest Verlag
Sehr schön gestaltetes Werk für Eltern und ihre Kinder. Anhand von weniger bekannten Märchen werden verschiedene Inhalte wie Freundschaft, Tod, Behinderung, Geschwisterrivalität, Ängste usw. thematisiert.

Salz, Ilona & Salz, Martin (1992). „...Und sie lebten glücklich...: zur Lebensweisheit in Märchen" Neuwied, Berlin, Kiftel: Luchterhand Verlag
Einfach formulierte Darstellung der Bedeutung und Möglichkeiten der Märchen für die Entwicklung der Kinder.

Zitzlsperger, Helga (1993). „Kinder spielen Märchen. Schöpferisches Ausgestalten und Nacherleben" (4. überarb. Aufl.). Weinheim, Basel: Beltz Verlag
Einführung in das Verhältnis des Märchens zur Entwicklung des Kindes, mit praktischen Vorschlägen zur kreativen Märchengestaltung, etwa im Rollenspiel, mit verschiedensten Materialien und Techniken, mit Instrumenten und Rhythmen und vieles mehr.

Lilli Gast
Zur Psychoanalyse an der
Universität.

Danielle Bazzi
Das Setting als *garde folie*.

Judith Valk
100 Jahre Traumdeutung.

Ernst Federn
Das Ich und der Soziale Ort

Günter Franzen
"Vater unser?"

Arin Sharif-Nassab
A Process of Healing.

Dorothea Steinlechner-Oberläuter
Rudolf Ekstein (1912 - 2005)

Malomar Lund Edelweiss
Die schlechten Beziehungen unter
Analytikern.

WERKBLATT 55
Psychoanalyse & Gesellschaftskritik 2/ 2005

Einzelheft: € 13 plus Versand / sfr 20,–
Jahresabo Österreich: € 23,– incl. Versand
Jahresabo Deutschland: € 25,– incl. Versand
Jahresabo Schweiz: sfr 38,– incl. Versand
Jahresabo Übersee: € 28,– incl. Versand

Redaktion und Bestellungen:

Hirschgasse 76/8, A-4020 Linz
redaktion@werkblatt.at

www.werkblatt.at